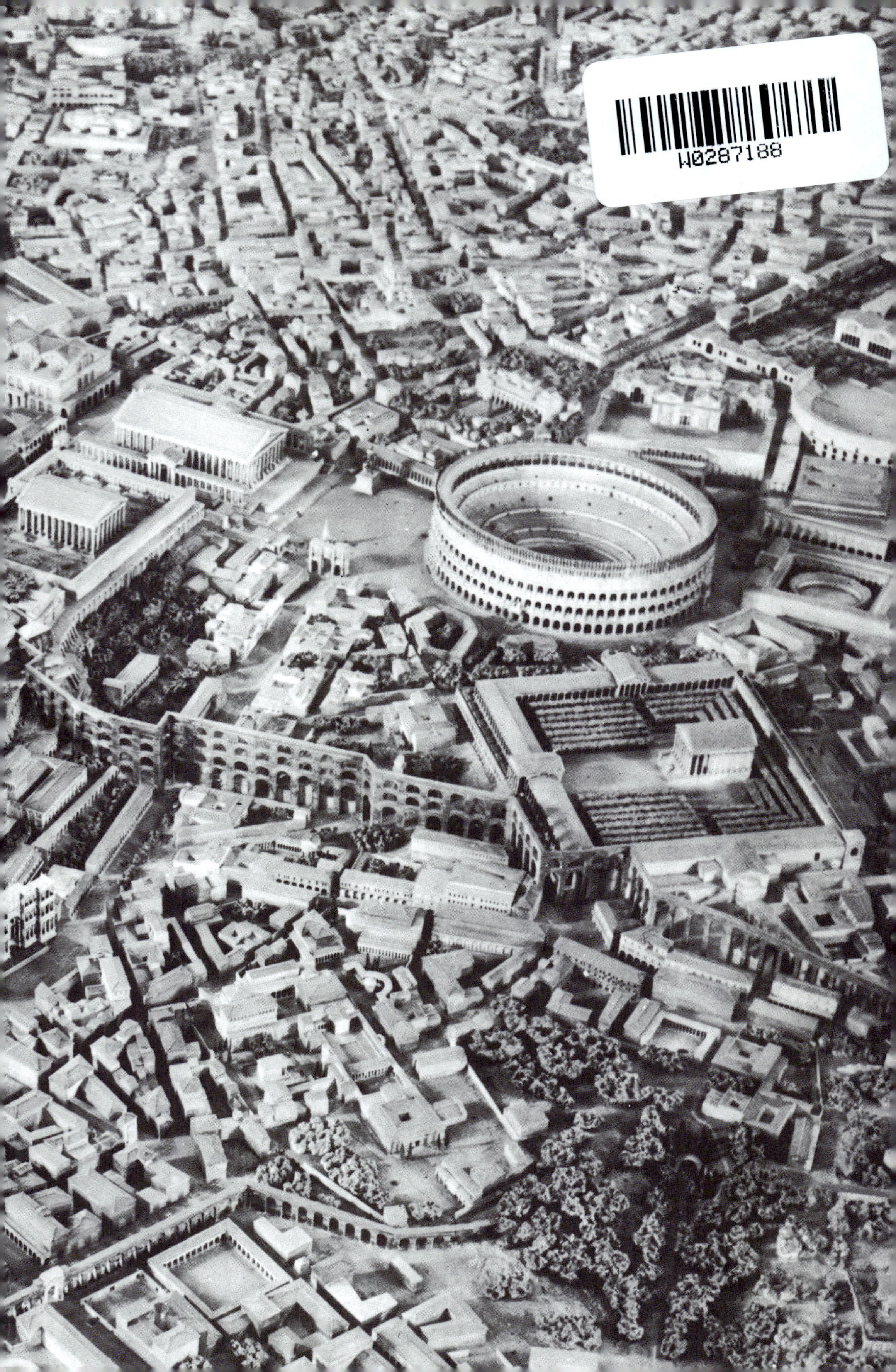

MILLET
Christophe.
1ère S4

# abrégé de grammaire latine

**CLASSES DE 2^e^, 1^re^, T.**

**Exemples-types 1979**

COLLECTION DIRIGÉE PAR R. MORISSET
Inspecteur Général de l'Instruction Publique

J. GASON, professeur de première supérieure (ch.) au Lycée Henri IV
A. THOMAS, professeur agrégé au lycée Fustel de Coulanges à Strasbourg
E. BAUDIFFIER, professeur au lycée Kléber à Strasbourg

ÉDITIONS MAGNARD ■ 122, BOULEVARD SAINT-GERMAIN ■ PARIS 6

# histoire de la langue latine

## DE L'« INDO-EUROPÉEN » AU LATIN.

Le latin se rattache à la vaste famille des langues indo-européennes. Ces langues présentent des ressemblances de vocabulaire, de morphologie et de syntaxe qui permettent de les considérer comme issues d'une **langue commune, l'indo-européen.**

Cette langue mère fut parlée, il y a quelque 7 000 ans, par des hommes qui habitaient une région située dans les steppes du sud de la Sibérie et de la Russie. Ces hommes se sont livrés à de lentes migrations et se sont séparés du noyau primitif en direction de l'ouest et du sud. Ils se sont installés, à des dates différentes, dans des régions allant de l'Europe occidentale aux confins de l'Inde; ils ont, par suite de la supériorité de leur civilisation, imposé aux peuples plus anciennement établis leur domination et leur langue. Mais, séparées de la souche primitive, **les langues indo-européennes se sont progressivement différenciées** selon les besoins et les contacts nouveaux, tout en conservant des caractères communs.

Vers la fin du II^e^ millénaire un groupe indo-européen devait se fixer en Italie sous le nom d'Osques, Ombriens et Latins.

## LA DIFFUSION DU LATIN.

Le latin n'était donc, à l'origine, qu'un dialecte indo-européen parlé dans une petite région d'Italie, le Latium.

**L'expansion politique de Rome permit à la langue latine de s'imposer d'abord dans toute l'Italie, puis dans la majeure partie de l'Empire romain.** (Mais la Grèce et le bassin oriental de la Méditerranée, hellénisé depuis la conquête d'Alexandre, continuèrent à parler grec.) Le latin est ainsi devenu, avec le grec, l'une des deux langues de civilisation du monde antique.

## LES ÉTAPES DE L'HISTOIRE DU LATIN.

Le latin fut d'abord une **langue de paysans**; il ne commença à prendre une forme littéraire qu'après la conquête de la Grande Grèce (III^e^ siècle) qui mit Rome en contact avec l'hellénisme. **L'histoire de la langue latine se confond alors avec celle de sa littérature**[1].

Au cours de cette longue histoire, **le latin a évolué lentement** (de même que le français s'est modifié au cours des siècles).

Mais le prestige des prosateurs de l'époque cicéronienne (en particulier **Cicéron** et **César**) et des poètes du siècle d'Auguste (en particulier **Virgile**) a imposé la langue de ces auteurs comme modèle aux écrivains des siècles suivants. Encore aujourd'hui, quand on rédige un thème, c'est César et Cicéron que l'on s'efforce d'imiter[2] et les « règles » de la grammaire latine correspondent à la langue de ces auteurs.

## DU LATIN AUX LANGUES ROMANES.

**La langue parlée, plus libre et moins fixée que le latin littéraire, évolua plus vite que la langue écrite** (de même qu'aujourd'hui le français parlé a évolué et diffère de la langue écrite). De plus, dans les différents pays conquis par Rome, elle se modifia selon les habitudes de prononciation des peuples étrangers : le latin perdit son unité et donna naissance aux différentes **langues romanes :** italien, français, provençal, espagnol, portugais, romanche (de l'est de la Suisse), roumain.

## PERSISTANCE DU LATIN.

A partir du V^e^ siècle ap. J.C. le latin s'était effacé comme langue littéraire, mais il se maintint comme **langue savante.** S'enrichissant au fur et à mesure des nouveaux besoins de la pensée, il resta jusqu'au XVII^e^ siècle la langue de l'enseignement dans les Universités (le quartier de la Sorbonne à Paris ne s'appelle-t-il pas le Quartier latin ?), la langue internationale utilisée dans toute l'Europe par les diplomates pour rédiger des traités, par les gens instruits et les savants pour correspondre, par les écrivains pour rédiger des livres de portée universelle. Le latin, toujours vivant, a ainsi continué à exercer son influence sur le français, et n'a jamais cessé d'être le réservoir où l'on puisait pour former de nouveaux mots français d'origine savante.

---

**1.** On se reportera à **R. Morisset et G. Thévenot : LES LETTRES LATINES.**

**2.** Les particularités de la langue de certains auteurs (archaïsmes, hellénismes, tournures poétiques ou postclassiques) sont signalées dans les introductions et les notes des **LETTRES LATINES.**

# la prononciation

1. La prononciation restituée est celle des Latins du Ier siècle avant J.C. telle que les grammairiens modernes ont pu la reconstituer, la restituer.

PRINCIPE : **Chaque lettre se prononce,** et **toujours de la même façon.**

| Lettre | Prononciation | Exemples | Lettre | Prononciation | Exemples |
|---|---|---|---|---|---|
| **A** | *a* | audit *(a-ou-di-t)* | **M** | *m* (sans nasalisation) | templum *(té-m-plou-m)* |
| **B** | *b* | bene *(bé-né)* | **N** | *n* (sans nasalisation) | sapientia *(sa-pi-é-n-ti-a)* |
| **C** | *k* | cecidi *(ké-ki-di)* | **O** | *o* | moenia *(mo-é-ni-a)* |
| **D** | *d* | deus *(dé-ouss)* | **P** | *p* | pulcher *(poul-k-hé-r)* |
| **E** | *é* | diei *(di-é-i)* | **QU** | *kou* | aqua *(a-kou-a)* |
| **F** | *f* | facio *(fa-ki-o)* | **R** | *r* | pulcher *(poul-k-hé-r)* |
| **G** | *g* dur *(goût)* | agnus *(a-g-nouss)* | **S** | *ss, ç* | rosa *(ro-ssa)* |
| **H** | « aspiré » | hora *(ho-ra)* | **T** | *t* | gratia *(gra-ti-a)* |
| **I** | *i* | diei *(di-é-i)* | **U** | *ou* | monui *(mo-nou-i)* |
| **J** | *y (yeux)* | ejus *(é-youss)* | **V** | *ou (ouate)* | amavi *(a-ma-oui)* |
| **K** | *k* | Kalendae *(kalé-n-da-é)* | **X** | *ks (excès)* | exeo *(ék-sé-o)* |
| **L** | *l (mille)* | villa *(ouil-la)* | **Y** | *u* | Pythia *(Pu-thi-a)* |

REMARQUES :

1. Le signe ᴗ surmonte une voyelle brève : **ă** = **a** bref (comme dans *patte*).
Le signe — surmonte une voyelle longue : **ā** = **a** long (comme dans *pâte*).

2. Les diphtongues **(ae, au, eu, oe)** sont toujours longues. On les prononce en faisant entendre successivement, mais de façon continue, les deux voyelles qui les composent.

3. L' « aspiration » de l'**h**, très faible à l'initiale, n'est plus sensible à l'intérieur des mots (d'où des contractions du type nihil > nil).

4. En latin, il n'existait qu'un seul signe pour écrire **i** et **j**, **u** et **v**. Ex. : **Juvenis** s'écrivait **IVVENIS** (majuscules), **iuuenis** (minuscules). Les lettres **j** et **v** ont été ajoutées au XVIe siècle pour rendre la lecture plus facile.

2. L'ACCENT. Dans les mots latins de plusieurs syllabes, une syllabe était prononcée de façon plus aiguë et sans doute plus forte que les autres. Elle portait l'accent tonique.

- Dans les mots de deux syllabes, l'accent tonique est sur la première :
Ex. : **bóna - cúra - rósae** [la diphtongue compte pour une seule syllabe].
- Dans les mots de plus de deux syllabes, l'accent tonique se trouve :
— sur l'avant-dernière syllabe (pénultième), si elle est longue par nature ou par position (cf. § 457) ; } **monḗre**
— sur la syllabe qui précède l'avant-dernière (antépénultième), si la pénultième est brève. } **légĕre**
- Les mots d'une seule syllabe ont aussi l'accent tonique, sauf certaines exceptions (prépositions, conjonctions).

REMARQUES :

1. Quelques mots d'une seule syllabe appelés **enclitiques** se joignent au mot qui les précède et reportent l'accent sur la dernière syllabe de celui-ci. Les principaux enclitiques sont les conj. de coord. **-que** : *et*, **-ve** : *ou*, la particule interrogative **-ne** : *est-ce que*, l'indéfini **quis** : *quelqu'un* :

Erat erít**que**. *Il était et il sera.* Dixerít **quis**. *Quelqu'un pourrait dire.*

ainsi que la préposition **cum** : *avec*, quand elle se soude à un pronom personnel ou relatif (§ 180 et 195, R.).

2. Pratiquement, seuls les mots de trois syllabes ou plus présentent une difficulté d'accentuation. Pour tous ces mots, nous indiquons l'accent.

# I. le nom

## A. les déclinaisons

3. La déclinaison latine comprend six **cas**, c'est-à dire six formes prises par le nom selon sa fonction :

Nominatif — Vocatif — Accusatif — Génitif — Datif — Ablatif.

► Un 7e cas, le locatif, n'apparaît que sous forme de traces (cf. § 22).

4. Il y a 5 déclinaisons de noms, caractérisées par leur **génitif** singulier :

| | 1 | 2 | 3 | 4 | 5 |
|---|---|---|---|---|---|
| NOMINATIF SG.<br>GÉNITIF SG. | -a<br>**-ae** | -us, -er, -um<br>**-i** | variable<br>**-is** | -us, -u<br>**-us** | -es<br>**-ei** |

► En retranchant la terminaison du génitif singulier, on obtient le **radical**.

5. TRAITS COMMUNS AUX 5 DÉCLINAISONS :

1. Sauf à la 2e déclinaison (type dóminus), le vocatif se confond avec le nominatif.
2. Les noms neutres ont trois cas semblables : nominatif, vocatif et accusatif. Au pluriel, ces trois cas comportent un **-a**.
3. Les noms masculins et féminins ont | l'accusatif sg. terminé par **-m** | l'accusatif pl. terminé par **-s**.
4. Les terminaisons du datif et de l'ablatif pluriel sont semblables.

### 1re DÉCLINAISON

GÉN. SG. : -AE

(FÉMININS — quelques masculins)

6. Type : **rosa**, **ae**, f. : *la rose, une rose.*

| | | |
|---|---|---|
| SINGULIER | NOMINATIF | ros**a** |
| | VOCATIF | ros**a** |
| | ACCUSATIF | ros**am** |
| | GÉNITIF | ros**ae** |
| | DATIF | ros**ae** |
| | ABLATIF | ros**ā** |
| PLURIEL | NOMINATIF | ros**ae** |
| | VOCATIF | ros**ae** |
| | ACCUSATIF | ros**as** |
| | GÉNITIF | ros**árum** |
| | DATIF | ros**is** |
| | ABLATIF | ros**is** |

7. PARTICULARITÉS DE LA 1re DÉCLINAISON :

**1. Família**, ae, f. : *famille* a gardé un génitif singulier archaïque en **-as** dans :

**paterfamílias**, m. : *père de famille* — **materfamílias**, f. : *mère de famille*.

**2. Dea** : *déesse* et **fília** : *fille* font généralement au datif-abl. pl. **deábus** et **filiábus**.

# 2e DÉCLINAISON

GÉN. SG. : -ī

8. Types :

| | (MASC. et FÉM.) **dóminus, i,** m. *maître* | (MASCULINS) **puer, púeri,** m. *enfant* | **ager, agri,** m. *champ* | (NEUTRES) **templum, i,** n. *temple* |
|---|---|---|---|---|
| SG. N. | dómin**us** | puer | ager | templ**um** |
| V. | dómin**e** | puer | ager | templ**um** |
| AC. | dómin**um** | púer**um** | agr**um** | templ**um** |
| G. | dómin**i** | púer**i** | agr**i** | templ**i** |
| D. | dómin**o** | púer**o** | agr**o** | templ**o** |
| AB. | dómin**o** | púer**o** | agr**o** | templ**o** |
| PL. N. | dómin**i** | púer**i** | agr**i** | templ**a** |
| V. | dómin**i** | púer**i** | agr**i** | templ**a** |
| AC. | dómin**os** | púer**os** | agr**os** | templ**a** |
| G. | domin**órum** | puer**órum** | agr**órum** | templ**órum** |
| D. | dómin**is** | púer**is** | agr**is** | templ**is** |
| AB. | dómin**is** | púer**is** | agr**is** | templ**is** |
| | | **puer-**← RADICAL → | **agr-** | |

9. PARTICULARITÉS DE LA 2e DÉCLINAISON :

**1. Deus**, dei, m. : *dieu* peut se décliner régulièrement, mais on trouve aussi :
— au nominatif-vocatif pl., à côté de dei : **dii, di**
— au datif-ablatif pl., à côté de **deis** : **diis, dis**
— au génitif pluriel, à côté de **deórum** : **deum.**

► Le vocatif singulier de **deus** n'est pas usité dans la langue classique.

**2. Vir**, viri, m. : *homme* se décline sur puer, mais son radical est en **-ir :**

vir, vir, virum, viri, viro, viro - viri, viri, viros, virórum, viris, viris.

**3. Vulgus**, i : *la foule, les gens* — virus, i : *poison* — pélagus, i : *mer* sont du **neutre**. Leur accusatif singulier est donc en **-us**. Ils n'ont pas de pluriel.

**4. Locus**, i, m. : *lieu* forme d'habitude un pluriel neutre : **loca**, órum.

**5.** Les noms en **-ĭus** ont un vocatif singulier contracté en **-ī :**

Tu quoque, **mi fili!** *Toi aussi, mon fils!* **Vérgili!** *(ô) Virgile!*

**6.** Les noms en **-ĭus**, **-ĭum** présentent parfois, au génitif singulier, au lieu des formes en **-ii**, des formes contractées en **-ī : ingénium**, gén. **ingénii**, parfois écrit **ingéni**.

**7.** Un ancien génitif pluriel en **-um** (au lieu de **-órum**) a été conservé :

— dans des expressions consacrées par l'usage :

pater **deum** hominúmque : *(Jupiter), père des dieux et des hommes*
praeféctus **fabrum** : *chef des soldats du génie* praeféctus **sócium** : *chef des alliés*

— dans les composés de **vir** (ex. : **triúmvir** - gén. pl. : **triúmvirum**)
— dans les noms de monnaies (cf. § 169)
— en poésie, dans de très nombreux noms.

10.

| | RADICAUX TERMINÉS PAR UNE CONSONNE (imparisyllabiques) | | RADICAUX EN -i- (parisyllabiques et faux imparisyllabiques) | | | |
|---|---|---|---|---|---|---|
| Types ► | **consul, -ulis**, m. : *consul* | **fulgur, -uris**, n. : *éclair, foudre* | **civis, -is**, m. : *citoyen* | **urbs, urbis**, f. : *ville* | **mare, -is**, n. : *mer* | **ánimal, -ális**, n. : *être vivant* |
| SG. N. | consul | fulgur | civis | urbs | mare | ánimal |
| V. | consul | fulgur | civis | urbs | mare | ánimal |
| AC. | cónsul**em** | fulgur | civ**em** | urb**em** | mare | ánimal |
| G. | cónsul**is** | fúlgur**is** | civ**is** | urb**is** | mar**is** | animál**is** |
| D. | cónsul**i** | fúlgur**i** | civ**i** | urb**i** | mar**i** | animál**i** |
| AB. | cónsul**e** | fúlgur**e** | civ**e** | urb**e** | mar**i** | animál**i** |
| PL. N. | cónsul**es** | fúlgur**a** | civ**es** | urb**es** | már**ia** | animál**ia** |
| V. | cónsul**es** | fúlgur**a** | civ**es** | urb**es** | már**ia** | animál**ia** |
| AC. | cónsul**es** | fúlgur**a** | civ**es** | urb**es** | már**ia** | animál**ia** |
| G. | cónsul**um** | fúlgur**um** | cív**ium** | úrb**ium** | már**ium** | animál**ium** |
| D. | consúl**ibus** | fulgúr**ibus** | cív**ibus** | úrb**ibus** | már**ibus** | animál**ibus** |
| AB. | consúl**ibus** | fulgúr**ibus** | cív**ibus** | úrb**ibus** | már**ibus** | animál**ibus** |

11. Les **IMPARISYLLABIQUES** présentent au génitif sg. une ou deux syllabes de plus qu'au nominatif.

Leur génitif pluriel est en **-UM** (et pour les neutres, le N.V. Acc. pl. est en **-A**).

12. **a)** MASCULINS ET FÉMININS (type **consul**).

Le nominatif peut être dépourvu de terminaison ou présenter la terminaison **-s**. Pour décliner ces noms, partir du radical (obtenu en retranchant **-is** au gén. sg.) : **sanguis**, inis, m. : *sang* (radical : sanguin-) — **cívitas**, átis, f. : *cité* (radical : civitat-)

► Autres ex. : **miles**, itis, m. : *soldat* — **quies**, quiétis, f. : *repos* — **pes**, pedis, m. : *pied* — **lapis**, idis, m. : *pierre* — **custos**, ódis, m. : *gardien* — **fraus**, fraudis, f. : *ruse* — **virtus**, útis, f. : *courage* — **Venus**, eris, f. : *Vénus* — **mos**, moris, m. : *coutume* — **lux**, lucis, f. : *lumière* — **rex**, regis, m. : *roi* — **judex**, icis, m. : *juge* — **régio**, ónis, f : *contrée, région* — **pulchritúdo**, inis, f. : *beauté* — **Júppiter**, Jovis, m. : *Jupiter*

► PARTICULARITÉ : **bos**, bovis, m. ou f. : *bœuf, vache* - gén. pl. : **boum** - dat.-abl. pl. : **bubus (bobus)**

13. Par exception, certains mots, quoique parisyllabiques, se déclinent comme consul :

| | *père* | *mère* | *frère* | *homme jeune* | *vieillard* | *chien* |
|---|---|---|---|---|---|---|
| N. SG. | **pater**, m. | **mater**, f. | **frater**, m. | **júvenis**, m. | **senex**, m. | **canis**, m. |
| G. SG. | patris | matris | fratris | júvenis | senis | canis |
| G. PL. | patr**um** | matr**um** | fratr**um** | júven**um** | sen**um** | can**um** |

► De même, **paréntes** : *parents* fait au gén. pl. **paréntum**.

14. **b)** NEUTRES (type **fulgur**, § 10). Ce sont surtout des mots en :

| **-en/-inis** | **-us/-oris** | **-us/-eris** |
|---|---|---|
| **flumen**, inis, n. : *cours d'eau, fleuve* | **corpus**, oris, n. : *corps* | **scelus**, eris, n. : *crime* |

► On trouve aussi quelques noms isolés. Exemples :

| | | |
|---|---|---|
| **ver**, veris, n. : *printemps* | **aes**, aeris, n. : *bronze, airain* | **jus**, juris, n. : *droit* |
| **marmor**, oris, n. : *marbre* | **os**, oris, n. : *bouche, visage* | **caput**, itis, n. : *tête, capitale* |
| **cor**, cordis, n. : *cœur* | **rus**, ruris, n. : *campagne* | **iter**, itíneris, n. : *chemin, voyage* |

15. Les **PARISYLLABIQUES** ont le même nombre de syllabes au nominatif et au génitif sg. Les noms masculins et féminins ont un nominatif en **-is** (type **civis**), parfois en **-es** (ex. : **clades**, is, f. : *défaite*) ou en **-er** (ex. : **imber**, -bris, m. : *pluie*). Les neutres ont un nominatif en **-e**. Ces noms ont un génitif pluriel en **-IUM** (et pour les neutres, l'abl. sg. en **-I**, le N.V. Acc. pl. en **-IA**).

16. PARTICULARITÉS : Ont l'acc. sg. en **-im** et l'abl. sg. en **-i** :

**1.** le nom irrégulier **vis**, f. : *violence, force* (sans génitif ni datif sg.) :
vis, **vim**, —, —, **vi** - **vires**, vires, vírium, víribus, víribus.

**2.** des noms géographiques (Ex. : **Tíberis**, is, m. : *le Tibre*)

**3.** quelques noms communs féminins :

| | | |
|---|---|---|
| **puppis**, is : *poupe* | **turris**, is : *(une) tour* | **febris**, is : *fièvre* |
| **secúris**, is : *hache* | **tussis**, is : *toux* | **sitis**, is : *soif* |

► L'ablatif sg. en i se rencontre parfois dans les noms parisyllabiques masc. et fém. :
Ex. : **igne** ou **igni** (de **ignis**, **is**, **m.** : *feu*) - **nave** ou **navi** (de **navis**, **is**, **f.** : *navire*).

17. Les **FAUX IMPARISYLLABIQUES** ont perdu, par évolution phonétique, une voyelle au nominatif sg., mais se déclinent comme les parisyllabiques. Ils se reconnaissent :

— pour les noms masc. et fém., aux **deux consonnes qui terminent le radical** (avant la terminaison **-is** du génitif singulier). Exemples :

**urbs**, u**RB**is, f. : *ville* **mens**, me**NT**is, f. : *esprit*

— pour les noms neutres, à leur nominatif en **-al** et en **-ar**.

18. PARTICULARITÉ : Quelques imparisyllabiques m. ou f. monosyllabes se déclinent comme urbs.
Ex. : **lis**, litis, f. : *procès* — **nix**, nivis, f. : *neige*.

## 4e DÉCLINAISON — GÉN. SG. : -US

## 5e DÉCL. — GÉN. SG. : -EI

19. Types : **exércitus, us**, m. *armée* | **cornu, us**, n. *corne, aile (d'une armée)*

20. **res, rei**, f. *chose*

| | | exércitus | cornu | res |
|---|---|---|---|---|
| SG. | N. | exércit**us** | corn**u** | **res** |
| | V. | exércit**us** | corn**u** | **res** |
| | AC. | exércit**um** | corn**u** | **rem** |
| | G. | exércit**us** | corn**us** | **rei** |
| | D. | exercít**ui** | córn**ui** | **rei** |
| | AB. | exércit**u** | corn**u** | **re** |
| PL. | N. | exércit**us** | córn**ua** | **res** |
| | V. | exércit**us** | córn**ua** | **res** |
| | AC. | exércit**us** | córn**ua** | **res** |
| | G. | exercít**uum** | córn**uum** | **rerum** |
| | D. | exercít**ibus** | córn**ibus** | **rebus** |
| | AB. | exercít**ibus** | córn**ibus** | **rebus** |

21. PARTICULARITÉS DE LA 4e DÉCLINAISON :

**1.** **Domus**, us, f. : *maison* fait à l'abl. sg. **domo** - A l'acc. pl., on trouve **domus** ou **domos** ; au gén. pl., **dómuum** ou **domórum** - Pour le locatif **domi**, cf. § 22.

**2.** Certains noms ont un dat.-abl. pluriel en **-ubus**. Exemples :

| | | | |
|---|---|---|---|
| **arcus**, us, m. : *arc* | D.-AB. : **árcubus** | **quercus**, us, f. : *chêne* | D.-AB. : **quércubus** |
| **lacus**, us, m. : *lac* | **lácubus** | **tribus**, us, f. : *tribu* | **tríbubus** |

## REMARQUES GÉNÉRALES SUR LES DÉCLINAISONS

22. LE LOCATIF est un cas du singulier, indiquant le lieu où l'on est (question **ubi**). Il est en **-ae** à la 1re décl., en **-i** ailleurs. On le rencontre dans les noms suivants :

— noms de villes et de petites îles, au singulier des deux premières déclinaisons :

| 1re DÉCLINAISON | 2e DÉCLINAISON |
|---|---|
| (Sum) **Romae** : *à Rome* (Roma, ae, f.) | **Lugdúni** : *à Lyon* (Lugdúnum, i, n.) |
| **Íthacae** : *à Ithaque* (Íthaca, ae, f.) | **Rhodi** : *à Rhodes* (Rhodus, i, f.) |

— trois noms communs :

| 2e DÉCL. | 3e DÉCL. | 4e DÉCL. |
|---|---|---|
| **humus**, i, f. : *sol* | **rus**, ruris, n. : *campagne* | **domus**, us, f. : *maison* |
| (Sum) **humi** : *par terre* | **ruri** : *à la campagne* | **domi** : *à la maison, chez moi, chez toi...* |

► Retenir l'expression **domi militiaéque (domi bellíque)** : *‹ à la maison et au service militaire ›, dans la vie civile et dans la vie militaire, en temps de paix et en temps de guerre.*

23. NOMS EMPRUNTANT LEURS FORMES A PLUSIEURS DÉCLINAISONS.

**vas, vasis**, n. : *récipient, vase* - pluriel : **vasa, órum** (2e D.) : *vases, bagages (d'une armée)*
**vesper, eris**, m. : *soir* - AC. **vésperum** - GÉN. **vésperi** (2e D.)
**réquies, étis**, f. : *repos* - AC. **réquiem** - GÉN. **requiéi** - AB. **réquie** (5e D.)
**plebs, plebis**, f. : *plèbe* - GÉN. **plebéi** (5e D.)
et **plebi** (2e D.) dans : **tribúnus plebi** : *tribun de la plèbe*
**plebi scitum** : *décret du peuple*

► Le dictionnaire renseignera éventuellement sur d'autres anomalies plus rares.

24. LES NOMS D'ORIGINE GRECQUE ont parfois des formes inspirées du grec. On trouve surtout : des acc. sg. terminés par **-n** (au lieu de -m), des acc. sg. en **-a**, des gén. sg. en **-os**. Les dictionnaires indiquent ces formes. Le tableau ci-dessous est à consulter, non à apprendre.

| 1re DÉCLINAISON | | | |
|---|---|---|---|
| N. | Aené**as**, m. : *Énée* | comét**es** (cométa), m. : *comète* | Andrómache (-a), f. : *Andromaque* |
| V. | Aenéa | cométe (cométa) | Andrómache (Andrómacha) |
| AC. | Aené**an** (Aenéam) | comét**en** (cométam) | Andrómach**en** (Andrómacham) |
| G. | Aenéae | cométae | Andrómach**es** (Andrómachae) |
| D. | Aenéae | cométae | Andrómachae |
| AB. | Aenéā | cométe (cométā) | Andrómache (Andrómachā) |
| **2e DÉCLINAISON** | | | |
| N. | Del**os** (Delus), f. : *Délos* | Íli**on** (Ílium), n. : *Ilion, Troie* | Pérseus, m. : *Persée* |
| V. | Dele | Íli**on** (Ílium) | Pérse**u** |
| AC. | Del**on** (Delum) | Íli**on** (Ílium) | Pérse**a** (Pérseum) |
| G. | Deli | Ílii | Pérse**os** (Pérsei) |
| D. | Delo | Ílio | Pérsei (Pérseo) |
| AB. | Delo | Ílio | Pérseo |
| **3e DÉCLINAISON** | | | |
| N. | aer, m. : *l'air* | Thetis, f. : *Thétis* | Sócrates, m. : *Socrate* |
| V. | aer | Thetis | Sócrat**e** (Sócrates) |
| AC. | áer**a** (áerem) | Thétidem (Thet**im**, **-in**, **-ida**) | Sócrat**en** (Sócratem) |
| G. | áeris | Thétid**os** (Thétidis) | Sócratis (Sócrat**i**) |
| D. | áeri | Thétidi | Sócrati |
| AB. | áere | Thétide | Sócrate |

## LE GENRE DES NOMS

25. GENRE imposé par le SENS.

**A. MASCULIN :** — êtres mâles, peuples
— cours d'eau, vents, mois

**B. FÉMININ :** — êtres féminins
— arbres, pays, îles

26. GENRE indiqué par le TYPE DE DÉCLINAISON.

### A. MASCULIN

- 2ᵉ D. : — tous les noms des types **puer** et **ager**,
  — la majorité des noms du type **dóminus**.

  ► EXCEPTIONS : 1. arbres et terres - **humus** : *sol* ► FÉMININ
  2. **vulgus** - **virus** - **pélagus** (cf. § 9 n° 3) ► NEUTRE

- 3ᵉ D. : les noms en **-or/-oris** et **-os/-oris**.

  ► EXCEPTIONS : 1. **soror** : *sœur* - **uxor** : *épouse* - **arbor** : *arbre* ► FÉMININ
  2. **marmor** : *marbre* - **aequor** : *plaine, mer* ► NEUTRE

- 4ᵉ D. : la majorité des noms du type **exércitus**.

  ► EXCEPTIONS : **domus** : *maison* - **manus** : *main*
  **pórticus** : *portique* - **tribus** : *tribu* ► FÉMININ

### B. FÉMININ

- 1ʳᵉ D. : la majorité des noms du type **rosa**.

  ► EXCEPTIONS : hommes et cours d'eau. ► MASC.

- 3ᵉ D. : a) les noms en : **-as/-átis** **-us/útis** **-o/ónis** consonne + **s**
  **-es/-étis** **-us/údis** **-o/-inis** **-x**

  ► EXCEPTIONS : **sermo**, ónis : *conversation* **fons**, ntis : *source*
  **ordo**, inis : *rang* **mons**, ntis : *mont*
  **grex**, gregis : *troupeau* **pons**, ntis : *pont* ► MASC.

  b) les noms parisyllabiques.

  ► EXCEPTIONS : **imber**, bris : *pluie* - **collis**, is : *colline*
  **finis**, is : *fin* - **fascis**, is : *faisceau*
  **ignis**, is : *feu* - **mensis**, is : *mois*
  **orbis**, is : *cercle* - **piscis**, is : *poisson* ► MASC.

- 5ᵉ D. : presque tous les noms du type **res**.

  ► EXCEPTIONS : **dies** : *jour* - **merídies** : *midi* ► MASC.
  Toutefois **dies** est du féminin, au sens de *date, jour fixé* : **die dictā** : *au jour dit.*

### C. NEUTRE

- 2ᵉ D. : noms du type **templum**.
- 4ᵉ D. : noms du type **cornu**.
- 3ᵉ D. : imparis. du type **fulgur** (noms en **-en/-inis**, **-us/-oris**, **-us/-eris**, etc.)
  parisyll. du type **mare** (et les noms en **-al/-ális** et **-ar/-aris**).

## LE NOMBRE DES NOMS

27. Le latin emploie souvent le singulier d'un nom avec un sens collectif :
**hostis** : *les ennemis* - **miles** : *les soldats* - **judex** : *les juges* - **vestis** : *les vêtements*

28. Les poètes emploient parfois le pluriel avec la valeur d'un singulier :
Rex **sceptra** tenens. *Le roi tenant **son sceptre**.*

29. Quelques noms ont un SENS DIFFÉRENT AU SINGULIER ET AU PLURIEL :

| | |
|---|---|
| **líttera**, ae, f. : *lettre de l'alphabet* | **lítterae**, árum : 1. *lettre* (envoyée à quelqu'un) 2. *les lettres, la littérature* |
| **cópia**, ae, f. : *abondance* | **cópiae**, árum : *les troupes* |
| **fortúna**, ae, f. : *sort, hasard, chance* | **fortúnae**, árum : *les biens, la fortune* |
| **auxílium**, ii, n. : *aide, secours* | **auxília**, órum : *troupes auxiliaires* |
| **impediméntum**, i, n. : *obstacle, empêchement* | **impediménta**, órum : *les bagages* |
| **pars**, partis, f. : *la partie* | **partes**, ium : *les parties, le rôle, le parti* |
| **aedes**, aedis, f. : *le temple* | **aedes**, ium : *la maison* |
| **finis**, finis, m. : *fin, limite* | **fines**, ium : *les frontières, le territoire* |
| **parens**, -ntis, m. : *père*; f. : *mère* | **paréntes**, um : *les parents (le père et la mère)* |
| (**ops** inusité), opis, f. : *pouvoir, aide, secours* | **opes**, opum : *ressources, puissance* |

# B. les fonctions du nom

Les pronoms et les adjectifs employés comme noms ont les mêmes fonctions que les noms. Leur syntaxe sera donc étudiée dans les pages suivantes en même temps que celle des noms.

## I. LE NOM SUJET

30. Le sujet d'un verbe est :

- au NOMINATIF pour un verbe à un mode personnel ou à l'infinitif de narration :
  **Sicília** magna ínsula est. *La **Sicile** est une grande île.*
  Quotídie **Caesar** fruméntum flagitáre. *Chaque jour **César** réclamait du blé.*
- à l'ACCUSATIF dans une proposition subordonnée infinitive :
  Scio **vitam** esse brevem. *Je sais que **la vie** est courte.*
- à l'ABLATIF dans la proposition participiale à l'ablatif absolu :
  **Pártibus** factis, verba fecit leo. ***Les parts** ayant été faites, le lion parla.*

## II. LE NOM MIS EN APOSTROPHE

31. Le nom mis en apostrophe est au VOCATIF :
Tu quoque, **mi fili!** *Toi aussi, **mon fils!***

## III. LE NOM EN EXCLAMATION

32. Le nom en exclamation est le plus souvent à l'ACCUSATIF :
O fortunátos **agrícolas!** *Bienheureux **les paysans**!* **Me** míserum! *Que **je** suis malheureux!*

## IV. LE NOM EN APPOSITION

33. Un nom en apposition est au même cas que le nom auquel il est apposé :
Teréntiam, Marci **fíliam**, laudas. *Tu loues Térentia, **fille** de Marcus.*

► En français, l'apposition est parfois introduite par la préposition **de** :
*La ville **de Rome**.* Urbs **Roma**. *L'île **de Sicile**.* Ínsula **Sicília**.

## V. LE NOM COMPLÉMENT D'OBJET

### A. LE COMPLÉMENT D'OBJET A L'ACCUSATIF

34. Le complément d'objet d'un verbe transitif est généralement à l'ACCUSATIF :

Amo **patrem**. *J'aime **mon père**.* Ímitor **patrem**. *J'imite **mon père**.*

35. DOUBLE ACCUSATIF.

Les verbes **docére** et **rogáre** se traduisent différemment selon que leur complément d'objet désigne une chose ou une personne :

| | |
|---|---|
| **dóceo áliquem** : *j'instruis quelqu'un* | **dóceo áliquid** : *j'enseigne quelque chose* |
| **rogo áliquem** : *j'interroge quelqu'un* | **rogo áliquid** : *je demande quelque chose* |

Si ces deux constructions se trouvent réunies, on a un double accusatif :

Dóceo **púeros grammáticam**. *J'enseigne **la grammaire aux enfants.***

Rogant **Cicerónem senténtiam**. *Ils demandent **son avis à Cicéron.***

► On rencontre aussi parfois cette construction avec :
**póscĕre, postuláre, flagitáre** (áliquem áliquid) : *demander, réclamer (qque ch. à qqu'un).*

36. CONSTRUCTION DES VERBES COMPOSÉS AVEC LE PRÉFIXE **TRANS-** :

**trajícĕre** : *faire traverser* **tradúcĕre** : *faire passer* **transportáre** : *transporter*

Ces verbes peuvent être accompagnés, en plus de leur complément d'objet à l'accusatif, d'un second complément à l'accusatif qui dépend de la préposition **trans**.

Trajícĕre cópias **flumen**. *Faire traverser **le fleuve** à des troupes.*
(= jácĕre cópias **trans flumen**) ⟨*Faire passer des troupes **au-delà du fleuve.***⟩

► Au passif, cet accusatif dépendant de **trans** subsistera. Cópiae **flumen** trajiciúntur.

37. ACCUSATIF D'OBJET INTERNE.

Avec quelques verbes, bien qu'ils soient intransitifs, on trouve parfois à l'accusatif un nom de même racine que le verbe. Ce nom est accompagné d'un adjectif épithète :

Vívĕre **vitam beátam**. *Vivre (mener) **une vie heureuse**.*

### B. LE COMPLÉMENT D'OBJET A D'AUTRES CAS QUE L'ACCUSATIF

38. OBJET AU GÉNITIF.

Verbes exprimant le souvenir ou l'oubli :
**meminísse** : *se souvenir de* **oblivísci** : *oublier*

**Beneficiórum** mémini. *Je me souviens **des bienfaits**.*

ainsi que le verbe
**miseréri** : *avoir pitié de*

Miserére **nostri**. *Aie pitié **de nous**.*

39. OBJET AU DATIF.

1. Composés de **sum** (sauf absum et possum) :

Vires **mihi** desunt. *Les forces **me** manquent.*

2. Verbes exprimant la bienveillance, l'hostilité :

| | | |
|---|---|---|
| **favére** : *favoriser* | **núbĕre** : *épouser (= prendre pour mari)* | **fídĕre**, **confídĕre** : *avoir confiance en, se fier à* |
| **párcĕre** : *épargner* | **imminére** : *menacer* | **diffídĕre** : *se défier de* |
| **occúrrĕre** : *rencontrer* | **invidére** : *envier, jalouser* | **irásci** : *s'irriter contre* |
| **servíre** : *être l'esclave de* | **studére** : *s'appliquer à, étudier* | |

Stúdeo **amicítiae**. *Je recherche **l'amitié**.*

40. OBJET A L'ABLATIF.

1. Les 6 verbes déponents suivants :

| | | |
|---|---|---|
| **frui** : *jouir de* | **uti** : *se servir de, utiliser* | **niti** : *s'appuyer sur* |
| **fungi** : *s'acquitter de* | **vesci** : *se nourrir de* | **potíri** : *s'emparer de* |

Utor **memóriā.** *J'utilise **ma mémoire.***

► Mais **potíri** est accompagné du génitif dans l'expression : **rerum potíri** : ***s'emparer du pouvoir, être maître du pouvoir, avoir la suprématie, la souveraineté.***

2. Verbes de sentiment :

| | | |
|---|---|---|
| **gaudére**, **laetári** } *se réjouir de* | **maerére**, **dolére** } *s'affliger de* | **gloriári** : *se glorifier de* |

Helvétii **suā victóriā** gloriabántur. *Les Helvètes se glorifiaient **de leur victoire**.*

3. Verbes exprimant l'abondance (ou la privation) :

| | |
|---|---|
| **abundáre**, **redundáre** } *abonder en, regorger de* | **carére** : *manquer de, être privé de* |
| | **egére, indigére** : *manquer de, avoir besoin de* |

Abúndat **divítiis; nullā re** caret. *Il regorge **de richesses**; il ne manque **de rien**.*

## VI. LE NOM ATTRIBUT

41. L'attribut désigne une qualité attribuée au sujet ou au c. d'objet par l'intermédiaire d'un verbe. Il est au même cas que le nom ou le pronom auquel il se rapporte.

42. L'ATTRIBUT DU SUJET peut être uni au sujet par l'intermédiaire de :

| | | |
|---|---|---|
| **esse** : *être* | **vidéri** : *sembler, paraître* | **nasci** : *naître* |
| **fíeri** : *devenir* | **manére** : *rester, demeurer* | **mori** : *mourir* |

**Servus** natus erat, **rex** mórtuus est. *Il était né **esclave**, il mourut **roi**.*

Il peut aussi, comme en français, se rencontrer en latin avec certains verbes passifs :

Fílius a patre **Quintus** vocátur. *Le fils est appelé **Quintus** par son père.*

43. L'ATTRIBUT DE L'OBJET est uni au c.o.d. par un verbe actif :

Pater fílium **Quintum** vocat. *Le père appelle son fils **Quintus**.*

EXEMPLES DE VERBES ACCOMPAGNÉS

| **A L'ACTIF** D'UN ATTRIBUT DU C.O.D. : | **AU PASSIF** D'UN ATTRIBUT DU SUJET : |
|---|---|
| **fácĕre, effícĕre, réddĕre** : *faire, rendre* | **fíeri, éffici, reddi** : *être fait, être rendu* |
| **vocáre, appelláre, nomináre** : *appeler* | **vocári, appellári, nominári** : *être appelé* |
| **dícĕre** : *dire, appeler* - **crédĕre** : *croire* | **dici** : *être dit, être appelé* - **credi** : *être cru* |
| **elígĕre, delígĕre** : *choisir (comme)* | **éligi, déligi** : *être choisi (comme)* |
| **habére, dúcĕre** : *considérer (comme), tenir (pour)* | **habéri, duci** : *être considéré (comme), passer (pour)* |

44. LATINISMES.

1. On dira : Mihi nomen est **Petrus** ou Mihi nomen est **Petro**. *Je m'appelle **Pierre**.*
   (L'attribut s'accorde soit avec le nominatif **nomen**, soit avec le datif **mihi**.)
2. Le verbe **utor** ayant un c. d'objet à l'ablatif, l'attribut sera aussi à l'ablatif.
   Rex Atto **áugure** usus est. *Le roi prit Attus **comme augure**.*

## VII. LE NOM COMPLÉMENT D'OBJET SECOND
### (complément d'attribution et nuances de sens voisines)

Le complément d'attribution désigne, au sens strict, la personne ou la chose *à qui l'on attribue, l'on donne* quelque chose. Mais à ce premier sens se rattachent diverses nuances (intérêt, possession, destination ou résultat, etc.).

45. Le complément d'attribution est au DATIF :

Do panem **fratri.** *Je donne du pain **à mon frère.***

46. Inversement, le datif désigne parfois la personne *à qui l'on enlève* quelque chose :

**Mihi** praeda erípitur. *On m'arrache une proie.*

► Mais ces verbes peuvent aussi se construire avec **ab** + **ABL.**

47. De nombreux verbes composés à l'aide d'une préposition (**ad - ante - cum - in - inter - ob - prae - sub - super**) se construisent avec un complément au datif :

Injícĕre terrórem **hosti.** *Inspirer de la terreur **à l'ennemi.***

► Mais si le verbe est pris au sens propre, le compl. est introduit par la préposition répétée :

Injícĕre se **in médios hostes**. *Se jeter **au milieu des ennemis**.*

48. DATIF D'INTÉRÊT : Le complément d'intérêt désigne la personne *dans l'intérêt de qui, pour qui* (ou *contre l'intérêt de qui, contre qui*) se fait quelque chose :

Pater non **sibi** labórat, sed **líberis suis**. *Le père travaille non **pour lui**, mais **pour ses enfants**.*

► mihi (tibi, ei) vidétur : *Il me (te, lui) semble - il me (te, lui) semble bon.*
mihĭ vídeor, tibi vidéris, sibi vidétur... : *Je m'imagine, tu t'imagines, il s'imagine...*
*Je crois, tu crois, il croit...*

49. DATIF DE POSSESSION : **Esse** + DATIF se traduit souvent par *avoir.*

**Mihi est** liber. ***J'ai** un livre.*

50. DATIF DE DESTINATION : Il indique, dans quelques expressions traditionnelles, *en vue de quoi, avec quel résultat* l'action est faite :

Cănĕre **recéptui**. *Sonner [**pour**] **la retraite**.*

Diem constitúĕre **collóquio**. *Fixer un jour **pour l'entretien**.*

51. DOUBLE DATIF : Certains verbes (esse - veníre, míttĕre, relínquĕre, vértĕre, tribúĕre - dare) peuvent être accompagnés de deux compléments au datif :
— un complément d'attribution ou d'intérêt indiquant *pour qui* l'action est faite ;
— un complément indiquant *en vue de quoi, avec quel résultat* l'action est faite :

Hoc erit **tibi dolóri**. { *Ceci sera **pour toi** ⟨ **une chose d'où résultera une douleur** ⟩.* / *Ceci **te causera de la douleur**.* }

Mílites **praesídio castris** relíquit. *Il laissa des soldats **pour la garde du camp**.*

► Expressions à retenir :

| | | |
|---|---|---|
| míttĕre auxílio | álicui | : *envoyer au secours de qqu'un* |
| veníre auxílio | álicui | : *venir au secours de qqu'un* |
| esse auxílio | álicui | : *apporter du secours à qqu'un* |
| esse gaúdio | álicui | : *causer de la joie à qqu'un* |
| esse impediménto | álicui | : *être un obstacle pour qqu'un* |
| esse ódio | álicui | : *être un objet de haine pour, être haï de qqu'un* |
| esse úsui | álicui | : *être utile à qqu'un* |
| esse curae | álicui | : *donner du souci à qqu'un* |
| esse salúti | álicui | : *sauver qqu'un* |
| vértĕre vítio | álicui | : *reprocher à qqu'un* |
| tribúĕre virtúti | álicui | : *faire un mérite à qqu'un* |
| dare { dono / múneri } | álicui | : *donner en présent à, faire cadeau à qqu'un* |

## VIII. LE NOM COMPLÉMENT CIRCONSTANCIEL

### 52. INSTRUMENT MOYEN } *(de, par, avec, au moyen de, à l'aide de qque ch.)* { ABLATIF sans préposition.

**Ferire gládio.** *Frapper **avec une épée**.*

► Certains ablatifs de moyen se traduisent en français par des compléments différents :

equo, curru, nave vehi : *se déplacer à cheval, en char, en bateau*
proélio, pugnā, bello víncĕre : *vaincre au combat, à la guerre*
miscére aquā vinum : *mélanger l'eau et le vin, mêler l'eau au vin*
pédibus ire : *aller à pied*

De même, les compléments suivants sont, en latin, des ablatifs de moyen :

1. ablatif de PRIX (indiquant le prix d'une chose, donc le moyen de la payer) :

   Hunc librum **vigínti ássibus emi**. *J'ai acheté ce livre **vingt as**.*

2. ablatif de CHÂTIMENT (indiquant la peine infligée, donc le moyen de punir) :

   **Exsílio** damnátus. *Condamné **à l'exil**.*

3. ablatif indiquant la PARTIE (le moyen de saisir) :

   Téneo lupum **aúribus**. *Je tiens le loup **par les oreilles**.*

4. ablatif de LIEU
   — question **ubi**, quand l'idée de moyen l'emporte sur celle de lieu :

   Mílites **castris** tenére. *Tenir les soldats **dans le camp**.*

   — question **quā**, pour indiquer la route, la porte, le pont utilisés (cf. § 64, n° 2).

5. ablatif indiquant EN COMBIEN DE TEMPS une action a été terminée (cf. § 82).
6. ablatif du NOM DE CHOSE COMPLÉMENT DU VERBE PASSIF (cf. § 90, n° 1).

### 53. CAUSE *(de, par, en raison de, par l'effet de, à la suite de)* { ABLATIF sans préposition.

**Fame** intériit. *Il est mort **de faim**.*

► Mais le complément de cause est souvent introduit par une préposition :
**ob, propter** + ACC. : *à cause de* - **ex, de** + ABL. : *par suite de.*

### 54. MANIÈRE *(de, à, avec, selon)* : ABLATIF sans préposition.

1. **Avec des noms déterminés par un adjectif ou un complément de nom :**

   **Magnā voce** clamat. *Il crie **fort**. 〈**d'une voix forte**.〉*

   ► Mais on trouve parfois **cum** + ABL. : **Magnā cum curā**. ***Avec un grand soin**.*

2. **Dans des expressions usuelles où le nom est employé sans détermination :**

   **jure** : *à bon droit* - **injúriā** : *à tort* - **siléntio** : *en silence* - **ratióne** : *avec méthode*

### 55. ACCOMPAGNEMENT *(avec, en compagnie de)* : **cum** + ABLATIF.

**Cum amíco** cenábam. *Je dînais **avec un ami**.*

► Le complément d'accompagnement exprime une idée d'hostilité dans :

Pugnáre **cum áliquo**. *Combattre **contre quelqu'un**.*

Bellum **gérĕre cum áliquo**. *Faire la guerre **à quelqu'un**.*

## LE COMPLÉMENT CIRCONSTANCIEL DE RELATION (OU DE POINT DE VUE)

Le complément de relation indique *à quoi s'étend une affirmation, sur quel point précis elle porte*. (Traduction : *en ce qui concerne, sous le rapport de, pour ce qui est de, quant à*).

56. ACCUSATIF DE RELATION.

On trouve à l'accusatif de relation des pronoms neutres :

**Id** te móneo. ⟨ *Je t'avertis **en ce qui concerne cela**.* ⟩ *Je t'**en** avertis.*
**Nihil** studétis. *Vous ne vous appliquez **à rien**.* **Id** stúdeo. *Je m'applique **à cela**.*
Ego **id** cogor. ⟨ *Je suis contraint **quant à cela**.* ⟩ *J'**y** suis contraint.*

► L'accusatif de relation se rencontre rarement avec un nom, sauf en poésie :
Lácrimis **óculos** suffúsus. ⟨ *Inondé de larmes en ce qui concerne les yeux.* ⟩
*Les yeux inondés de larmes.*

57. GÉNITIF DE RELATION.

Le génitif de relation se rencontre surtout pour exprimer le motif d'une accusation ou d'une condamnation :

Accusáre **furti**. *Accuser **de vol**.* Damnáre **furti**. *Condamner **pour vol**.*

► Le génitif indique aussi la nature du châtiment dans l'expression :
Damnáre **cápitis**. *Condamner **à mort**.*

58. ABLATIF DE RELATION.

L'ablatif de relation indique à quel point de vue une affirmation est vraie :

**Virtúte** vincis. *Tu l'emportes **en courage** (**par ton courage**).*
**Meā senténtiā, meo judício.** ***A mon avis.***

## LES COMPLÉMENTS CIRCONSTANCIELS DE LIEU

59. Le latin distingue 4 questions de lieu :

| 1. UBI... ? | 2. QUO... ? | 3. UNDE... ? | 4. QUĀ... ? |
|---|---|---|---|
| **Ubi** es? *Où es-tu ?* | **Quo** is? *Où vas-tu ?* | **Unde** redis? *D'où reviens-tu ?* | **Quā** iter facis? *Par où passes-tu ?* |
| LIEU **OÙ L'ON EST** | **OÙ L'ON VA** | **D'OÙ L'ON VIENT** | **PAR OÙ L'ON PASSE** |

60. Aux trois questions **ubi**, **quo**, **unde**, pour indiquer l'endroit précis, le latin construit :

1. avec préposition
   - a) les noms communs (sauf **domus, rus, humus**)
   - b) les noms propres de pays (Itália)
2. sans préposition
   - a) les noms propres de villes et de petites îles (dont le nom est le même que celui de leur unique ville)
   - b) domus, us, f. : *maison* - rus, ruris, n. : *campagne* - humus, i, f. : *sol*.

► Pour indiquer la proximité, le voisinage, on emploie toujours des prépositions (§ 72).

**61.** QUESTION
**UBI**

**1.** Pour les noms communs et les noms de pays : **in** + ABLATIF.

Ámbulat **in horto**. *Il se promène **dans le jardin**.*

► Cet exemple montre qu'il peut y avoir un mouvement, pourvu que ce mouvement reste à l'intérieur du lieu.

**2.** Pour les noms propres de villes (et de petites îles) des deux premières déclinaisons au singulier, et pour les trois noms domus, rus, humus. } LOCATIF.

Sum **Lugdúni**. *Je suis **à Lyon**.* Sum **domi**. *Je suis **chez moi**.*

**3.** Pour les noms de ville des deux premières déclin. au pluriel, et tous les noms de ville de la 3e décl. } ABLATIF sans prép.

Natus est **Athénis**. *Il est né **à Athènes**.* Vivit **Carthágine**. *Il vit **à Carthage**.*

**62.** QUESTION
**QUO**

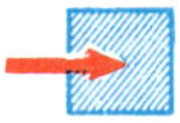

**1.** Pour les noms communs et les noms de pays : **in** + ACCUSATIF.

Venit **in hortum**. *Il vient **dans le jardin**.*

**2.** Pour tous les noms de ville (et de petites îles), et pour les trois noms **domus, rus, humus** } ACCUSATIF sans préposition.

Eo **Lutétiam**. *Je vais **à Lutèce**.* Eo **domum**. *Je vais **chez moi**.*

**63.** QUESTION
**UNDE**

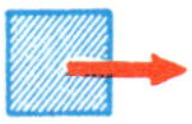

**1.** Pour les noms communs et les noms de pays : **ex** + ABLATIF.

Rédeo **ex urbe**. *Je reviens **de la ville**.*

**2.** Pour tous les noms de ville (et de petites îles), et pour les trois noms **domus, rus, humus** } ABLATIF sans préposition.

Rédeo **Romā**. *Je reviens **de Rome**.* Rédeo **domo**. *Je reviens **de chez moi**.*

**64.** QUESTION
**QUĀ**

La distinction à faire ici est différente. Le latin emploie :

**1.** Pour tous les noms de lieu, y compris ceux de villes : **per** + ACCUSATIF.

Iter feci **per Gálliam**. *Je suis passé **par la Gaule**.*
Iter feci **per Romam**. *Je suis passé **par Rome**.*

**2.** Pour les moyens de communication :
route **(via, iter)** - porte **(porta)** - pont **(pons)** } ABLATIF sans préposition.

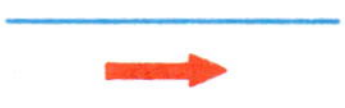

Ibam **viā Sacrā**. *J'allais **par la voie Sacrée**.*

## REMARQUES SUR LES COMPLÉMENTS DE LIEU

**65.** Le complément de lieu des verbes signifiant *placer*, *poser* (**collocáre, pónĕre**) répond à la question **ubi** :

Cópias **in hibérnis** collocávit. *Il plaça les troupes* ***dans leurs quartiers d'hiver***.

**66.** Le complément de lieu des verbes signifiant *rassembler, réunir* (**cógĕre, collígĕre**), *arriver* (**advenire**) répond à la question **quo** :

**In unum locum** cópias coegérunt. *Ils rassemblèrent les troupes* ***en un seul endroit***.

**67.** Si les noms propres de villes sont accompagnés d'un nom commun **(urbs, óppidum)** en apposition, ou de **ipse**, on emploie la préposition devant le nom commun ou devant **ipse**. De là les tournures :

**a)**

| | | | |
|---|---|---|---|
| Sum **in urbe Romā**. | *Je suis* ***dans*** | ***la ville de Rome.*** | **in ipsā Romā** : ***à Rome même.*** |
| Eo **in urbem Romam**. | *Je vais* ***dans*** | | **in ipsam Romam** : ***à Rome même.*** |
| Rédeo **ex urbe Romā**. | *Je reviens* ***de*** | | **ex ipsā Romā** : ***de Rome même.*** |

**b)**

| | | | |
|---|---|---|---|
| Sum **Romae, in urbe nóbili**. | *Je suis* | ***à*** | ***Rome, ville célèbre.*** |
| Eo **Romam, in urbem nóbilem**. | *Je vais* | ***à*** | |
| Rédeo **Romā, ex urbe nóbili**. | *Je reviens* | ***de*** | |

**68.** Si les noms **domus** et **rus** sont déterminés par un adjectif ou un complément de nom, ils se construisent avec une préposition, comme les autres noms communs :

**In parvā domo** hábitat. *Il habite* ***dans une petite maison***.

**69.** A la question **ubi**, on trouve souvent l'ABLATIF sans préposition :

1. quand il s'agit d'un groupe de mots formé du nom **locus** : *lieu* et d'un adjectif :

   **Aequo loco** pugnáre. *Combattre* ***dans un endroit plat***.

2. quand il s'agit d'un groupe de mots formé d'un nom et de l'adjectif **totus** : *tout entier* (parfois **omnis** : *tout, chaque* - **univérsus** : *tout entier* - **médius** : *le milieu de)* :

   **Toto orbe** terrárum sunt animália. ***Sur toute la terre****, il y a des êtres vivants.*

3. dans l'expression : **terrā maríque** : ***sur terre et sur mer***.

**70.** A la question **unde**, il arrive que la préposition ne soit pas répétée devant le complément des verbes composés de **ab, de, ex** :

Cópias **castris** edúcĕre. *Faire sortir les troupes* ***du camp***.

**71.** Plus généralement, aux questions **ubi, quo, unde,** la préposition est souvent omise par les poètes :

Devenére **locos beátos**. *Ils arrivèrent* ***dans des endroits riants***.

**72.** LE VOISINAGE (ou proximité) s'exprime toujours à l'aide de prépositions.

**1.** QUESTION **UBI** :

— personne : **apud** + ACC. — Sum **apud dóminum**. *Je suis* ***chez le maître***.

— chose : **prope, ad, apud** + ACC. — Sum **prope urbem**. *Je suis* ***près de la ville***.

— ville : **apud, ad** + ACC. — Victi sunt cónsules **ad (apud) Cannas**. *Les consuls furent vaincus* ***près de Cannes***.

**2.** QUESTION **QUO** :

**ad** + ACCUSATIF

**Ad dóminum** accéssit. *Il alla* ***chez le maître***.
**Ad urbem** accéssit. *Il alla* ***vers la ville***.
**Ad Romam** accéssit. *Il alla* ***vers Rome***.

**3.** QUESTION **UNDE** :

**ab** + ABLATIF

Rédeo **a dómino**. *Je reviens* ***de chez le maître***.
Rédeo **ab urbe**. *Je reviens* ***des abords de la ville***.
Rédeo **a Romā**. *Je reviens* ***des environs de Rome***.

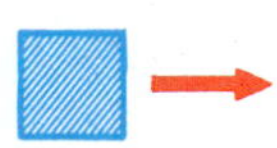

## COMPLÉMENTS CIRCONSTANCIELS SE RATTACHANT AUX COMPLÉMENTS DE LIEU

73. **DISTANCE** (indique la distance qui sépare un lieu d'un autre)
**ÉTENDUE** (indique l'espace sur lequel s'étend un lieu) } ACCUSATIF.

Hortus **ducéntos passus** abest a villā.
*Le jardin est **à deux cents pas** de la ferme.*

Hortus **ducéntos passus** in longitúdinem patet.
*Le jardin s'étend **sur une longueur de deux cents pas**.*

74. **BUT** : **ad** + ACCUSATIF.

On rencontre le complément de but avec des verbes comme :

**hortári** : *exhorter* **dúcĕre** : *conduire* **impéllĕre** : *pousser*

Románi **ad pugnam** se paravérunt. *Les Romains se préparèrent **au combat**.*

75. **ORIGINE**, avec les participes **ortus, natus** : *né de, issu de*

| pour désigner **la famille** : | pour **le père et la mère** : | pour **un ancêtre** : |
|---|---|---|
| ABLATIF sans prép. | ABL. sans prép., ou **ex** + ABL. | **ab** + ABL. |
| **Equéstri loco** natus. | **Jove** natus - **E Jove** natus. | **A Jove** natus. |
| *Né **d'une famille de chevaliers**.* | *Fils **de Jupiter**.* | *Descendant **de Jupiter**.* |

76. **PROVENANCE** : **ab** (parfois **ex**) + ABLATIF.

Accépi lítteras **a patre**.
*J'ai reçu une lettre **de mon père**.*

Opem **ab áliquo** pétĕre.
*Demander aide **à quelqu'un**.*

► Noter :
- **accípĕre** áliquid ab áliquo : *recevoir, apprendre qque ch. de qqu'un*
- **audíre** áliquid ab (ex) áliquo : *apprendre qque ch. de qqu'un*
- **émĕre** áliquid ab áliquo : *acheter qque ch. à qqu'un*
- **impetráre** áliquid ab áliquo : *obtenir qque ch. de qqu'un*
- **súmĕre, cápĕre** áliquid ab áliquo : *prendre qque ch. à qqu'un*
- **pétĕre** áliquid ab áliquo
- **quaérĕre** áliquid ab (ex) áliquo } *demander qque ch. à qqu'un*
- **postuláre** áliquid ab (ex) áliquo

77. **SÉPARATION**.

On emploie le plus souvent :

| **ab** + ABL. (pour un nom de personne) | ABLATIF seul (pour un nom de chose) |
|---|---|
| Pátriam **a régibus** liberávit. | Pátriam **servitúte** liberávit. |
| *Il délivra sa patrie **des rois**.* | *Il libéra sa patrie **de l'esclavage**.* |

► Ce complément s'emploie par exemple avec les verbes :

**liberáre** : *délivrer, libérer (de)* **divídĕre** : *séparer (de)*
**spoliáre** : *dépouiller (de)* **prohibére** : *écarter (de), tenir loin (de)*

Mais l'usage de la préposition est loin d'être fixé en latin.

78. **MATIÈRE** (dont un objet est tiré) : **ex** + ABL.

Vas **ex auro** factum. *Un vase fait **en or**.*

# LES COMPLÉMENTS CIRCONSTANCIELS DE TEMPS

## A. COMPLÉMENTS DE TEMPS A L'ABLATIF

79. La DATE (question **quando**? *quand ?*) s'exprime en général par l'ABLATIF sans prép.

**1.** avec les noms indiquant une division du temps (*année, saison, jour, heure*, etc.) :

**Tértiā horā** véniet. *Il viendra **à la troisième heure**.* **Vere.** ***Au printemps.***

**2.** avec d'autres noms, s'ils sont déterminés par un adjectif ou un compl. de nom :

**Extrémā senectúte.** ***Dans son extrême vieillesse.*** **Advéntu Caésaris.** ***A l'arrivée de César.***

► Mais si ces noms ne sont pas déterminés, on emploie **in** + ABLATIF :

**In senectúte.** ***Dans sa vieillesse.*** **In pace.** ***En temps de paix.***

80. DATE RÉPÉTÉE : On intercale **quisque** : *chaque* entre l'adj. ordinal et le nom :

Tértio **quoque** anno. *⟨Chaque troisième année.⟩* ***Tous les trois ans.***

81. DATE RELATIVE (antérieure ou postérieure à un événement) : on intercale entre l'adjectif et le nom les adverbes **ante** : *auparavant* - **post** : *après*.

Duóbus **ante** annis. Tértio **ante** anno. *Deux ans **auparavant**.*

Paucis **post** diébus. *Peu de jours **après**.*

82. LE TEMPS EMPLOYÉ pour mener à bien une action s'exprime par l'ABL. (moyen) :

**Tribus annis** urbem cepit. *Il prit la ville **en trois ans**.*

## B. COMPLÉMENTS DE TEMPS A L'ACCUSATIF

83. La DURÉE (question **quámdiu?** *pendant combien de temps?*) s'exprime par l'ACC.

**Tres annos** regnávit. *Il a régné **(pendant) trois ans**.*

► Mais on emploie : 1. **per** + ACC. pour indiquer que l'action dure sans interruption :

**Per duos dies** iter fecérunt. *Ils ont marché **pendant deux jours (de suite)**.*

2. l'ABLATIF **sans préposition** si le nom est déterminé par l'adjectif **totus** :

**Totā nocte.** ***Pendant toute la nuit.***

84. DURÉE INACHEVÉE : Pour indiquer *depuis combien de temps* dure une action, on intercale entre l'adjectif ordinal et le nom l'adverbe **jam** : *désormais*.

Quartum **jam** annum regnat. *⟨C'est désormais la quatrième année qu'il règne.⟩*

*Il règne **depuis trois ans. Il y a trois ans qu'**il règne.*

## C. COMPLÉMENTS DE TEMPS INTRODUITS PAR DES PRÉPOSITIONS

85. Les prépositions servent à exprimer diverses nuances.

**1.** PRÉPOSITIONS + **ABLATIF** :

**a pueritiā** / **a púero** : *depuis l'enfance*
**ab Urbe cónditā** : *depuis la fondation de Rome*

**ex eo témpore** : *depuis ce moment, depuis lors*
**e consulátu** : *au sortir du consulat*

**de médiā nocte** : *au milieu de la nuit*
**de tértiā vigíliā** : *au cours de la 3e veille*

**2.** PRÉPOSITIONS + **ACCUSATIF** :

**ad (usque ad) senectútem** : *jusqu'à la vieillesse*
**ad (sub) vésperum** : *vers le soir*

**ante bellum** : *avant la guerre*
**ante paucos dies** : *peu de jours auparavant*
**ante hos tres dies** : *il y a trois jours, depuis trois jours*

**per bellum** : *pendant la guerre*

**post bellum** : *après la guerre*
**post tres dies** : *trois jours après, dans trois jours*

**in diem vívěre** : *vivre au jour le jour*
**in dies (síngulos)** : *de jour en jour*
**in annum creátus** : *nommé pour l'année*

## QUELQUES COMPLÉMENTS DE VERBES DE CONSTRUCTIONS DIFFICILES

86. **Ínterest, refert** : *il importe à, il est de l'intérêt de.*

**1.** GÉNITIF si le complément est un nom, ou un pronom de la 3ᵉ personne.

Ínterest **regis**. *Il importe* ***au roi****.* **Ejus (eórum, eárum)** ínterest. *Il* ***lui (leur)*** *importe.*

**2.** ABLATIF féminin sg. **meā, tuā, nostrā, vestrā** dans les tournures :

Ínterest **meā (tuā - nostrā - vestrā)**. *Il* ***m'****importe (Il* ***t'****importe - Il* ***nous - vous*** *importe).*

**3.** parfois **ad** + ACCUSATIF si le complément est un nom de chose.

**Ad honórem nostrum** ínterest. *Il importe* ***à notre honneur****.*

87. **Opus est** álicui áliquā re. 〈*Il est besoin pour qqu'un de qq. ch.*〉, *qqu'un a besoin de qq. ch.*

**Mihi** opus est **libris**. *J'ai besoin* ***de livres****.*

88. **Minári - gratulári** álicui áliquam rem. *Menacer, féliciter qqu'un de qque ch.*

**Mihi mortem** minátur. *Il* ***me*** *menace* ***de mort****.* **Mihi victóriam** gratulátur. *Il* ***me*** *félicite* ***de ma victoire****.*

89. **Certiórem fácĕre** áliquem { alicújus rei / de áliquā re } *informer qqu'un de qque ch.*

au passif : **cértior fíeri** { alicújus rei / de áliquā re } *être informé de quelque chose* / *apprendre quelque chose*

**De hóstium advéntu** dux per exploratóres cértior factus est.

*Le chef fut informé par des éclaireurs* ***de l'arrivée des ennemis****.*

# IX. LE NOM COMPLÉMENT DU VERBE PASSIF

90. Le complément du verbe passif se construit :

1. à l'ABLATIF sans préposition s'il s'agit d'une **chose** (abl. de cause ou de moyen) :

**Maeróre** confícior. *Je suis accablé* ***de chagrin****.*

2. avec **ab** + ABLATIF s'il s'agit d'un **être animé** : homme, bête, chose personnifiée (complément d'agent) :

Amor **a patre**. *Je suis aimé* ***par (de) mon père****.*

**A fortúnā** deserebántur. *Ils étaient abandonnés* ***par la fortune****.*

► Le passif impersonnel est souvent accompagné d'un complément d'agent.

**A milítibus** pugnátur. (= Mílites pugnant.) *Les soldats combattent.*

3. au DATIF d'intérêt avec l'adjectif verbal passif en **-ndus, -nda, -ndum** :

**Mihi** colénda est virtus. 〈*La vertu est devant être pratiquée* ***en ce qui me concerne****.*〉

*Je dois pratiquer la vertu. Il faut que je pratique la vertu.*

► Le datif d'intérêt tend à remplacer aussi le complément d'agent, surtout avec le participe parfait passif et les temps composés du passif :

**Mihi** consílium captum jam diu est. *C'est* ***pour moi*** *une résolution prise depuis longtemps.*

## X. LE NOM COMPLÉMENT DE NOM

91. Le nom complément d'un autre nom est au GÉNITIF, s'il indique :

**1.** le possesseur (**génitif de possession**) :

Liber **Petri**. *Le livre* ***de Pierre***.

**2.** le sujet de l'action (**génitif subjectif**) :
(le complément de nom deviendrait **sujet**, si l'on exprimait l'idée à l'aide d'un verbe)

Advéntus **Caésaris**. *L'arrivée* ***de César***. *(**César** arrive.)*

Metus **hóstium**. *La crainte* ***des ennemis***. *(**Les ennemis** éprouvent de la crainte.)*

**3.** l'objet de l'action (**génitif objectif**) :
(le complément de nom deviendrait **compl. d'objet**, si l'on exprimait l'idée à l'aide d'un verbe)

Memória **perículi**. *Le souvenir* ***du danger***. *(On se rappelle* ***le danger****.)*

Metus **hóstium**. *La crainte* ***des ennemis***. *(On craint* ***les ennemis****.)*

**4.** le tout dont on prend une partie (**génitif partitif**) :

Pars **cívium**. *Une partie* ***des citoyens***.

**5.** la mesure (**génitif de mesure**) :

Puer **decem annórum**. *Un enfant* ***de dix ans***.

**6.** des nuances diverses :

Opiniónes **deórum**. *Les opinions* ***au sujet des dieux***.

Aliménta **carnis**. *Des aliments* ***consistant en viande***.

92. Le complément de QUALITÉ (qui indique une qualité physique ou morale) se met au GÉNITIF ou à l'ABLATIF. Le nom est toujours accompagné d'un adjectif.

Puer **egrégiae índolis** - Puer **egrégiā índole**. *Un enfant* ***d'un excellent naturel***.

93. Le complément de MATIÈRE s'exprime soit par un nom à l'ablatif précédé de la préposition **ex**, soit par un adjectif qualificatif en **-eus**.

Vas **ex auro** - Vas **aúreum**. *Un vase* ***en or***.

94. Le complément indiquant le LIEU D'UNE BATAILLE s'exprime soit par l'accusatif précédé de la préposition **apud** ou **ad**, soit par un adjectif qualificatif.

Pugna **apud Cannas**. Pugna **ad Cannas**. Pugna **Cannénsis**. *La bataille* ***de Cannes***.

95. Certains compléments de nom peuvent se construire comme des compléments de verbe :

Meus **in te** amor. *Mon amour* ***pour toi***.

Lítterae **ab Hanníbale ad Philíppum**. *Une lettre* ***d' Hannibal à Philippe***.

Signum **recéptui**. *Le signal* ***de la retraite***.

96. Le latin emploie parfois un adjectif là où le français emploie un complément de nom :

Gyges, pastor **régius**. *Gygès, berger* ***du roi***.

Clamor **hostílis**. *Les cris* ***des ennemis***.

Bellum **Mithridáticum**. *La guerre* ***contre Mithridate***.

97. Certains compl. de nom peuvent s'employer avec une valeur d'attributs du sujet :

— complément **de qualité** : Hic puer est **egrégiae índolis** (**egrégiā índole**).
*Cet enfant est* ***d'un excellent naturel***.

— génitif **de possession** : Haec domus est **patris mei**.
*Cette maison est* ***la propriété de mon père***.

► Quand le sujet du verbe **esse** est à l'infinitif, on traduit **esse** + GÉNITIF par *être le propre de, être l'affaire de, être le rôle de, être le devoir de* :

**Est hóminis** ratiónem sequi. ***C'est le propre de l'homme de*** *suivre la raison*.
**Regis est** tuéri cives. ***C'est le devoir d'un roi*** *de protéger ses concitoyens*.

## XI. LE NOM COMPLÉMENT DU PRONOM

98. Le complément **partitif** des pronoms interrogatifs et indéfinis est au GÉNITIF :

Quis **poetárum**...? *Lequel* ***des poètes...?*** Unus **poetárum**. *Un* ***des poètes.***

► Au lieu du génitif, on peut trouver **e** ou **de** + ABL. : **quis e (de) poétis**?

99. Certains noms au GÉNITIF complètent des pronoms neutres au nominatif et à l'accusatif :

Hoc **praémii** accépi. *J'ai reçu cette récompense.* 〈littéralement : *ceci en fait de récompense*〉

Quid (est) **novi ?** *Qu'y a-t-il* ***de nouveau?*** *Quoi* ***de neuf ?*** (**novi** : adj. pris comme nom)

## XII. LE NOM COMPLÉMENT DE L'ADVERBE

100. On peut trouver un complément au GÉNITIF :

— avec des adverbes de lieu :

Ubi **terrárum**...? 〈*Où* ***parmi les terres...?***〉 *En quel endroit* ***du monde...?***

— avec les adverbes de quantité :

Tantum **auri** quantum **argénti**. *Autant* ***d'or*** *que* ***d'argent.***

## XIII. LE NOM COMPLÉMENT DE L'ADJECTIF

**De nombreux adjectifs peuvent être accompagnés d'un complément.**

L'usage a parfois varié selon les époques. Certains adjectifs peuvent admettre plusieurs constructions. Il sera donc prudent de vérifier dans le dictionnaire le cas auquel doit être le complément d'un adjectif. Les constructions usuelles à l'époque classique sont les suivantes :

101. ACCUSATIF.

**1.** adjectifs exprimant une **dimension** :

**longus** : *long de* **latus** : *large de* **altus** : *haut, profond de*

Murus **sex pedes** altus. *Un mur haut* ***de six pieds.***

**2.** participe **natus** employé comme adjectif au sens de *âgé de* :

Puer **decem annos** natus. *Un enfant âgé* ***de dix ans.***

102. GÉNITIF.

**1.** adjectifs exprimant la **possession** (ou l'idée contraire) :

| | | |
|---|---|---|
| **plenus** : *plein de* | **párticeps** : *qui a part à* | **próprius** : *propre à* |
| **compos** : *maître de* | **commúnis** : *commun à* | **sacer** : *consacré à* |

Compos **mentis**. *Maître* ***de soi.***

**2.** adjectifs exprimant le **désir** :

**cúpidus** : *avide de, désireux de* **studiósus** : *curieux de, passionné pour*

Cúpidus **laudum**. *Avide* ***de louanges.***

**3.** adjectifs exprimant le **savoir** (ou une idée contraire) :

| | | |
|---|---|---|
| **perítus** : *habile à* | **memor** : *qui se souvient de* | **certus** : *sûr de, certain de* |
| **imperítus** : *inhabile à, ignorant de* | **ignárus** : *ignorant de* | **cónscius** : *conscient de, complice de* |

Perítus **belli**. *Habile* ***à la guerre.***

**4.** adjectifs exprimant la **ressemblance** (ou la **différence**) :

**símilis** : *semblable à* **dissímilis** : *différent de* **par** : *égal à*

Símilis **patris**. *Semblable* ***à son père.***

► Ces adjectifs peuvent aussi se construire avec le **datif**.

**5. participes présents** pris comme adj. et **exprimant une qualité permanente** :

Miles pátiens **labóris**. *Un soldat endurant* ***à la fatigue.***

## 103. DATIF.

**1.** adjectifs exprimant le **voisinage** :

**propínquus** : *proche de*
**óbvius** : *qui va au-devant de*
**finítimus** : *voisin de, limitrophe de*
**vicínus** : *voisin de*

Vicínus **urbi**. *Voisin* ***de la ville.***

**2.** adjectifs exprimant l'**utilité**, l'**aptitude** (ou l'idée contraire) :

**útilis** : *utile à*
**inútilis** : *inutile à*
**idóneus** : *convenable à, propre à*
**natus** : *destiné par la naissance à, né pour*
**aptus** : *fait pour, approprié à*
**necessárius** : *nécessaire à, indispensable à*

Útilis **civitáti**. *Utile* ***à la cité.***

► Mais ces adjectifs peuvent aussi se construire avec **ad** + ACC.

**3.** adjectifs exprimant la **bienveillance** (ou l'**hostilité**) :

**carus** : *cher à* **amícus** : *ami de* **inimícus** : *ennemi de* **irátus** : *irrité contre*

Carus **matri**. *Cher* ***à sa mère.***

► Mais **amícus** et **inimícus** se construisent avec le **génitif** s'ils sont employés comme noms.

**4.** adjectifs exprimant l'**égalité** (ou la **différence**) :

**símilis** : *semblable à*
**dissímilis** : *différent de*
**par** : *égal à*
**impar** : *inégal, inférieur à*

Símilis **patri**. *Semblable* ***à son père.***

► Mais **símilis, dissímilis** peuvent se construire avec le **génitif**.

## 104. ABLATIF.

**1.** adjectifs exprimant le **mérite**, le **contentement** (ou les idées contraires) :

**dignus** : *digne de*
**indígnus** : *indigne de*
**supérbus** : *fier de, orgueilleux de*
**conténtus** : *satisfait de, qui se contente de*
**laetus** : *joyeux de*
**maestus** : *affligé de*

Dignus **laude**. *Digne* ***de louanges.***

**2.** adjectifs exprimant l'**abondance** (ou la **privation**) :

**onústus** : *chargé de*
**praéditus** : *doué de*
**vácuus** : *vide de, exempt de*
**liber** : *libre de*

Onústus **praedā**. *Chargé* ***de butin.*** Liber **curā**. *Libre* ***de souci.***

## 105. AD + ACCUSATIF.

adjectifs exprimant l'**inclination** :

**pronus** : *porté à, enclin à* **promptus, parátus** : *disposé à, prêt à*

Pronus **ad misericórdiam**. *Enclin* ***à la pitié.***

► On trouve aussi **útilis, inútilis, idóneus, natus, aptus, necessárius** construits avec **ad** + ACCUSATIF (au lieu du datif).

## 106. AB + ABLATIF.

Les adjectifs **tutus** : *protégé de, à l'abri de* - **divérsus** : *opposé à*

Tutus **a perículo**. *A l'abri* ***du danger.***

# RÉCAPITULATION DE L'EMPLOI DES CAS

En dehors du NOMINATIF (sujet et attribut du sujet) et du VOCATIF (nom mis en apostrophe) les cas servent en latin à exprimer plusieurs fonctions. De plus, à l'accusatif et à l'ablatif, la valeur des cas peut être précisée par des prépositions. Les tableaux suivants indiquent les fonctions du nom sans préposition (on trouvera une étude des prépositions aux § 254 et suivants).

## L'ACCUSATIF

107. L'ACCUSATIF indique essentiellement :

**a) l'extension dans l'espace et dans le temps** (idées de distance et de durée),
**b) la direction du mouvement**, donc le lieu où l'on va, et la **direction de l'action**, donc le complément d'objet. Ce dernier emploi, avec ceux qui s'y rattachent, est devenu le plus important.

— **C.o.d. et attribut du c.o.d. :**

Amo **patrem.** Ímitor **patrem.** § 34
Pater **fílium Quintum** vocat. § 43

**Double accusatif :**

Dóceo **púeros grammáticam.** § 35
Trajícĕre **cópias flumen.** § 36

**Accusatif d'objet interne :**
Vívĕre **vitam beátam.** § 37

— **Sujet (et son attribut) dans la prop. infinitive :**
Scio **vitam** esse **brevem.** § 30

— **Accusatif exclamatif :**
O **fortunátos agrícolas!** § 32

— **Complément circonstanciel de :**
**lieu** (où l'on va) :
Eo **Lutétiam, domum, rus.** § 62
**distance et étendue :**
Hortus **ducéntos passus** abest a villā.
Hortus **ducéntos passus** in longitúdinem patet. § 73
**temps** (durée) :
**Tres annos** regnávit. § 83
**Quartum** jam **annum** regnat. § 84
**relation :**
**Id** stúdeo. Lácrimis **óculos** suffúsus. § 56

— **Complément d'adjectifs :**
mesure : Murus **sex pedes** altus. § 101
âge : Puer **decem annos** natus. § 101

## LE GÉNITIF

108. Le GÉNITIF est avant tout le cas du **complément de nom**. Il arrive cependant qu'il complète aussi des pronoms, des adjectifs, des adverbes et des verbes.

— **Complément de nom :**

| | | |
|---|---|---|
| — possession : | Liber **Petri** | § 91 |
| subjectif : | Advéntus **Caésaris.** | § 91 |
| objectif : | Memória **perículi.** | § 91 |
| partitif : | Pars **cívium.** | § 91 |
| mesure : | Puer **decem annórum.** | § 91 |
| qualité : | Puer **egrégiae índolis.** | § 92 |
| nuances diverses { | Opiniónes **deórum.** | § 91 |
| | Aliménta **carnis.** | § 91 |

— **Complément de pronom :**

Quid (est) **novi ?** § 99
Quis **poetárum**? § 98

— **Complément d'adverbe :**

Ubi **terrárum**? § 100
Tantum **auri** quantum **argénti.** § 100

— **Complément d'un verbe :**
**objet :**
**Beneficiórum** mémini - Miserére **nostri.** § 38
**relation :**
Accusáre **furti** - Damnáre **cápitis.** § 57
**Constructions particulières :**
Est **hóminis** ratiónem sequi. § 97
Interest **regis.** § 86
Me paénitet **erróris mei.** § 304

— **Complément d'adjectifs :**
**au positif :**
Compos **mentis** - Cúpidus **laudum** - Perítus **belli** - Símilis **patris** - Miles pátiens **labóris.** § 102
**au superlatif** (ou au comparatif employé pour 2) :
Altíssima **árborum.** § 144
Valídior **mánuum** dextra est. § 142

## LE DATIF

109. Le DATIF indique essentiellement à qui l'on donne quelque chose (c. d'**attribution**).

Mais il indique aussi : — la personne intéressée à l'action (datif d'**intérêt**),
— la personne à qui appartient quelque chose (datif de **possession** avec **esse**),
— la destination de l'action (datif de **destination**).

Il complète le plus souvent un verbe, parfois un adjectif, rarement un nom.

— **Complément d'un verbe :**

**attribution :**

Do panem **fratri.** § 45
**Mihi** praeda erípitur. § 46
Injícĕre terrórem **hosti**. § 47

**intérêt :**

Pater non **sibi** labórat, sed **líberis suis**. § 48
**Mihi** coléndа est virtus. § 90

**possession : Mihi** est liber. § 49

**destination :** Cánĕre **recéptui**. § 50
**double datif :** Hoc erit tibi **dolóri**. § 51
**objet :** Stúdeo **amicítiae**. § 39

— **Complément d'adjectifs :**

Vicínus **urbi** - Útilis **civitáti**.
Carus **matri** - Símilis **patri**. § 103

— **Complément de nom :**

Signum **recéptui**. § 95

## L'ABLATIF

110. L'ABLATIF sert à exprimer :

a) le point de départ, l'éloignement, la séparation (**ablatif proprement dit**);
b) le moyen, ainsi que d'autres circonstances voisines : cause, manière, etc. (**ablatif instrumental**);
c) le lieu où l'on est (**ablatif locatif**) et par extension la date.

— **Complément circonstanciel :**

**a) ablatif proprement dit :**

**lieu** (d'où l'on vient) :
Rédeo **Romā, domo, rure**. § 63

**origine :**
**Jove** natus. - **Equéstri loco** natus. § 75

**Séparation :**
Pátriam **servitúte** liberávit. § 77

**b) Ablatif instrumental :**

**moyen, instrument :**
Feríre **gládio**. § 52

**prix :**
Hunc librum **vigínti ássibus** emi. § 52

**châtiment :**
**Exsílio** damnátus. § 52

**partie :**
Téneo lupum **áuribus**. § 52

**lieu** (qu. quā : route, porte, pont) :
Ibam **viā Sacrā**. § 64

**temps** (utilisé pour faire qq. ch.) :
**Tribus annis** urbem cepit. § 82

**cause :**
**Fame** intériit. § 53

**c. de verbe passif** (chose) :
**Maeróre** confícior. § 90

**manière :**
**Magnā voce** clamat. § 54

**mesure d'une différence :**
**Duóbus dígitis** major. § 141

**relation :**
**Virtúte** vincis. § 58

**c) Ablatif locatif et temporel :**

**lieu** (où l'on est) :
Natus est **Athénis**. § 61

**temps :**
**Tértiā horā** véniet. - **Tértio** quoque **anno**. § 79–80
**Duóbus** ante **annis**. - **Tértio** ante **anno**. § 81

— **Ablatif absolu :**

**Pártibus factis**, verba fecit leo. § 30
**Ciceróne cónsule**. § 376

— **Compl. d'objet :**

Abúndat **divítiis**, **nullā re** caret. § 40
Utor **memóriā**.
Helvétii **suā victóriā** gloriabántur.

— **Compl. de nom** (qualité) :

Puer **egrégiā índole**. § 92

— **Compl. d'adjectifs :**

**au positif :**
Dignus **laude** - Onústus **praedā** § 104

**au comparatif :**
Dóctior **Petro**. § 140

# 2. l'adjectif qualificatif

## A. les déclinaisons

111. Il y a deux classes d'adjectifs :

— LA PREMIÈRE CLASSE groupe les adjectifs se déclinant selon la 1re déclinaison pour le féminin, la 2e décl. pour le masc. et le neutre.

— LA DEUXIÈME CLASSE groupe les adjectifs se déclinant selon la 3e déclinaison.

► Aucun adjectif ne correspond à la 4e et à la 5e déclinaisons.

### 1re CLASSE D'ADJECTIFS

112. Type **bonus, a, um** : *bon.*

| | SINGULIER | | | PLURIEL | | |
|---|---|---|---|---|---|---|
| | M. | F. | N. | M. | F. | N. |
| N. | bon**us** | bon**a** | bon**um** | bon**i** | bon**ae** | bon**a** |
| V. | bon**e** | bon**a** | bon**um** | bon**i** | bon**ae** | bon**a** |
| AC. | bon**um** | bon**am** | bon**um** | bon**os** | bon**as** | bon**a** |
| G. | bon**i** | bon**ae** | bon**i** | bon**órum** | bon**árum** | bon**órum** |
| D. | bon**o** | bon**ae** | bon**o** | bon**is** | bon**is** | bon**is** |
| AB. | bon**o** | bon**ā** | bon**o** | bon**is** | bon**is** | bon**is** |

113. Types **miser, mísera, míserum** *malheureux, misérable* — **pulcher, pulchra, pulchrum** *beau*

| | | | | | | | |
|---|---|---|---|---|---|---|---|
| SG. | N. | miser | míser**a** | míser**um** | pulcher | pulchr**a** | pulchr**um** |
| | V. | miser | míser**a** | míser**um** | pulcher | pulchr**a** | pulchr**um** |
| | AC. | míser**um** | míser**am** | míser**um** | pulchr**um** | pulchr**am** | pulchr**um** |
| | G. | míser**i** | míser**ae** | míser**i** | pulchr**i** | pulchr**ae** | pulchr**i** |
| | | . . . . . | . . . . . | . . . . . | . . . . . | . . . . . | . . . . . |

### 2e CLASSE D'ADJECTIFS

114. Le type le plus fréquent a des terminaisons communes au masc. et au fém. :

**fortis, fortis, forte** : *courageux* (on cite dans les dictionnaires : **fortis, e**).

| | SINGULIER | | | PLURIEL | | |
|---|---|---|---|---|---|---|
| | M. | F. | N. | M. | F. | N. |
| N. | fort**is** | fort**is** | fort**e** | fort**es** | fort**es** | fórt**ia** |
| V. | fort**is** | fort**is** | fort**e** | fort**es** | fort**es** | fórt**ia** |
| AC. | fort**em** | fort**em** | fort**e** | fort**es** | fort**es** | fórt**ia** |
| G. | fort**is** | fort**is** | fort**is** | fórt**ium** | fórt**ium** | fórt**ium** |
| D. | fort**i** | fort**i** | fort**i** | fórt**ibus** | fórt**ibus** | fórt**ibus** |
| AB. | fort**i** | fort**i** | fort**i** | fórt**ibus** | fórt**ibus** | fórt**ibus** |

► Attention à l'ablatif sg., qui est en **-i** aux 3 genres :

**Cum cive forti.** *Avec un citoyen courageux.*

## 115. ADJECTIFS SE DÉCLINANT SUR **FORTIS**

1. Adjectifs qui ont trois terminaisons au nominatif singulier (une pour chaque genre) :

**acer, acris, acre** : *vif, ardent* **celer, céleris, célere** : *rapide*

| | | | | | | |
|---|---|---|---|---|---|---|
| SG. N.V. | **acer** | **acris** | **acre** | **celer** | **céleris** | **célere** |
| AC. | acrem | acrem | acre | célerem | célerem | célere |
| G. | acris | acris | acris | çéleris | céleris | céleris |
| | . . . . | . . . . | . . . . | . . . . | . . . . | . . . . |

2. Adjectifs qui n'ont au nominatif singulier qu'une seule terminaison commune aux trois genres :

**potens, potens, potens** : *puissant*
(on cite dans les dictionnaires : **potens, -ntis**)

**felix, felix, felix** : *heureux*
(on cite dans les dictionnaires : **felix, ícis**)

| | | | | | | |
|---|---|---|---|---|---|---|
| SG. N.V. | **potens** | **potens** | **potens** | **felix** | **felix** | **felix** |
| AC. | poténtem | poténtem | potens | felícem | felícem | felix |
| G. | poténtis | poténtis | poténtis | felícis | felícis | felícis |
| | . . . . | . . . . | . . . . | . . . . | . . . . | . . . . |

► L'ablatif sg. des adjectifs du type **potens** (par ex. : **prudens, -ntis** : *prévoyant, avisé, sage* - **sapiens, -ntis** : *sage*) est

— en **-i** si l'adjectif se rapporte à un **nom de chose** :
Prudénti **consílio**. *Dans un sage dessein.*

— en **-e** si l'adjectif se rapporte à un **nom de personne** :
A **viro** prudénte. *Par un homme avisé.*

► Les participes présents se déclinent comme **potens**, mais ont toujours l'ablatif sg. en **-e** dans l'ablatif absolu :

**Urbe ardénte.** *La ville étant en flammes.*

## 116. EXCEPTION IMPORTANTE.

Quelques adjectifs de la 2e classe qui n'ont au nominatif sg. qu'une seule terminaison commune aux trois genres se déclinent comme les noms imparisyllabiques :

ABL. SG. : **-E** GÉN. PL. : **-UM** N. V. ACC. PL. N. : **-A**

**vetus, véteris** : *vieux*

| | SINGULIER | | | PLURIEL | | |
|---|---|---|---|---|---|---|
| | M. | F. | N. | M. | F. | N. |
| N. | vetus | vetus | vetus | véter**es** | véter**es** | véter**a** |
| V. | vetus | vetus | vetus | véter**es** | véter**es** | véter**a** |
| AC. | véter**em** | véter**em** | vetus | véter**es** | véter**es** | véter**a** |
| G. | véter**is** | véter**is** | véter**is** | véter**um** | véter**um** | véter**um** |
| D. | véter**i** | véter**i** | véter**i** | vetér**ibus** | vetér**ibus** | vetér**ibus** |
| AB. | véter**e** | véter**e** | véter**e** | vetér**ibus** | vetér**ibus** | vetér**ibus** |

► Se déclinent sur **vetus** :

**dives**, -itis : *riche*
**pauper**, -eris : *pauvre*
**princeps**, -ipis : *qui occupe le premier rang, premier*
**párticeps**, -ícipis : *qui prend part à*
**supérstes**, -stitis : *survivant*
**compos**, -otis : *maître (de)*

# B. l'emploi de l'adjectif qualificatif

117. Comme en français, l'adjectif qualificatif peut être :

| | | |
|---|---|---|
| 1. épithète : | **Máximus** ardor. *Une **très grande** ardeur.* | Accord |
| 2. en apposition : | **Princeps** ibat. *Il marchait **le premier**.* | — en **cas** |
| 3. attribut du sujet : | Pater est **bonus**. *Le père est **bon**.* | — en **genre** |
| 4. attribut du c.o.d. : | Pecúnia hómines **beátos** non reddit. *L'argent ne rend pas les hommes **heureux**.* | — en **nombre** avec le nom |

5. employé seul avec la valeur d'un nom (adjectif substantivé).

## L'ADJECTIF ÉPITHÈTE

118. **L'adjectif épithète de plusieurs noms** ne s'exprime en général qu'une fois, et s'accorde avec le nom le plus proche :

Ardor gaudiúmque **máximum**. - **Máximus** ardor et gaúdium.

*Une ardeur et une joie **très grandes**.*

119. Le latin peut employer l'adjectif comme **épithète d'un pronom neutre** :

Nihil **útile**. *Rien **d'utile**.* Áliquid **recens**. *Quelque chose **de nouveau**.*

120. En latin, l'adjectif ne peut être épithète d'un nom propre. Le latin ajoute un nom en apposition, auquel se rapporte l'adjectif :

Plato, **vir doctus**. ***Le savant** Platon.*

► On n'emploie l'adjectif comme épithète d'un nom propre que s'il s'agit d'une sorte de surnom :
Alexánder Magnus. *Alexandre le Grand.* Cato Major. *Caton l'Ancien.*

## L'ADJECTIF EN APPOSITION

121. L'adjectif en apposition suit les mêmes règles d'accord que l'épithète. On le traduit généralement par un complément circonstanciel ou un adverbe.

Mílites **divérsi** abiérunt. *Les soldats partirent **dans des directions opposées**.*

## L'ADJECTIF ATTRIBUT

122. A la différence de l'épithète, **l'attribut de plusieurs noms** s'accorde avec l'ensemble des noms : il est donc au pluriel. Si les noms sont de genres différents, il est au **masculin** avec des noms de **personnes** - au **neutre**, avec des noms de **choses** :

Pater et mater sunt **boni**. *Le père et la mère sont **bons**.*
Domus (f.) et hortus (m.) sunt **pulchra** (n. pl.). *La maison et le jardin **sont beaux**.*

► L'accord de l'adjectif attribut avec le sujet le plus rapproché est rare.
Domus et hortus est **pulcher**. *La maison et le jardin sont **beaux**.*

123. L'adjectif **attribut d'un infinitif ou d'une proposition** se met au neutre singulier :

Erráre **humánum** est. *Il est humain de se tromper.*
Quod Régulus Cartháginem rédiit | **mirábile** nobis vidétur. *Le fait que Régulus revint à Carthage nous semble admirable.*

124. On dit : Ego volo esse **clemens**. *Moi, je veux être **clément**.*
Homérus dícitur **caecus** fuísse. (cf. § 309) *On dit qu'Homère fut **aveugle**.*

L'adjectif attribut, au nominatif, s'accorde avec le sujet (ego - Homérus)

125. On dit : Non licet esse **pigrum**. *Il n'est pas permis d'être **paresseux**.*

Pigrum est à l'accusatif comme s'il était attribut d'un sujet sous-entendu de esse (áliquem).

► Si le verbe impersonnel a un complément au datif, l'attribut peut s'accorder avec lui :
Mihi non licet esse **pigrum** - Mihi non licet esse **pigro**. *Il ne m'est pas permis d'être **paresseux**.*

## L'ADJECTIF EMPLOYÉ COMME NOM
## (ADJECTIF SUBSTANTIVÉ)

126. Comme en français, l'adjectif est souvent « substantivé », c'est-à-dire employé avec le sens et les fonctions d'un nom (appelé aussi « substantif »).

1. Au SINGULIER, son emploi est rare, en dehors d'adjectifs devenus de véritables noms et figurant comme tels au dictionnaire :

**amícus** : *un ami*
**sápiens** : *un sage*
**bonum** : *le bien*
**malum** : *le mal*

► On rencontre, surtout dans la langue poétique, l'adjectif neutre accompagné d'un génitif :
**Últimum inópiae**. *Le dernier degré du dénuement.* (= Última inópia).

2. Au PLURIEL, l'adjectif employé comme nom est fréquent.

Le MASCULIN désigne des catégories de personnes :

**boni** : *les gens de bien, les bons citoyens*
**mali** : *les méchants, les gens malhonnêtes*
**propínqui** : *les proches parents*
**Románi** : *les Romains*
**antíqui** : *les anciens*
**majóres** : *les ancêtres*

Le NEUTRE, employé au nominatif et à l'accusatif, désigne des choses :

**bona** : *les biens*
**mala** : *les maux*
**multa** : *beaucoup de choses*
**magna** : *des affaires importantes*
**ómnia** : *tout*
**vera** : *la vérité*

► Mais au génitif, au datif et à l'ablatif, pour éviter toute confusion avec le masculin, on emploie d'ordinaire l'adjectif comme épithète du nom **res** : *chose*.

**In magnis rebus**. *Dans de grandes choses.*

# C. les degrés de signification de l'adjectif qualificatif

127. Les adjectifs qualificatifs possèdent comme en français trois degrés de signification : le positif, le comparatif et le superlatif. Mais le latin n'a qu'une seule forme pour le superlatif relatif et le superlatif absolu.

| | FRANÇAIS | LATIN |
|---|---|---|
| Positif | ....... *savant* | ........doctus |
| Comparatif de supériorité | ... ***plus*** *savant* | ........**dóctior** |
| Comparatif d'égalité | .. ***aussi*** *savant* | **tam** doctus |
| Comparatif d'infériorité | ..***moins*** *savant* | **minus** doctus |
| Superlatif de supériorité relatif | . ***le plus*** *savant* | ........doct**íssimus** |
| Superlatif de supériorité absolu | ... ***très*** *savant* | |
| Superlatif d'infériorité relatif | ***le moins*** *savant* | **mínime** doctus |
| Superlatif d'infériorité absolu | ***très peu*** *savant* | |

► Par simplification, on appelle comparatif et superlatif (sans autre précision) le comparatif et le superlatif **de supériorité**.

**128.** FORMATION régulière du comparatif et du superlatif.

On ajoute au radical de l'adjectif (qui s'obtient en supprimant la terminaison au génitif singulier) les suffixes :

| | |
|---|---|
| **-ior, -ior, -ius** | **-íssimus, -íssima, -íssimum** |
| pour le comparatif | pour le superlatif |

| ADJECTIF | | RADICAL | COMPARATIF | SUPERLATIF |
|---|---|---|---|---|
| doctus, a, um | : *savant* | **doct-** | dóct**ior, ior, ius** | doct**íssimus, a, um** |
| fortis, is, e | : *courageux* | **fort-** | fórt**ior, ior, ius** | fort**íssimus, a, um** |
| potens, -ntis | : *puissant* | **potent-** | potént**ior, ior, ius** | potent**íssimus, a, um** |
| felix, -ícis | : *heureux* | **felic-** | felíc**ior, ior, ius** | felic**íssimus, a, um** |

► On trouve parfois des formes anciennes de superlatifs en **-íssumus**.

**129.** DÉCLINAISON DES COMPARATIFS.

Les comparatifs suivent la déclinaison de **vetus** (§ 116), mais avec deux terminaisons au nominatif singulier.

| | SINGULIER M.F. | SINGULIER N. | PLURIEL M.F. | PLURIEL N. |
|---|---|---|---|---|
| N.V. | **dóctior** | **dóctius** | doctióres | doctiór**a** |
| AV. | doctiórem | dóctius | doctióres | doctiór**a** |
| G. | doctióris | | doctiór**um** | |
| D. | doctióri | | doctióribus | |
| AB. | doctióre | | doctióribus | |

## PARTICULARITÉS DE FORMATION DES COMPARATIFS ET DES SUPERLATIFS

**130.** Les adjectifs en **-er** ont un comparatif régulier, mais un superlatif en **-érrimus** :

| | | |
|---|---|---|
| miser : *malheureux* | misérior | **misérrimus** |
| pulcher : *beau* | púlchrior | **pulchérrimus** |
| acer : *vif, ardent* | ácrior | **acérrimus** |
| celer : *rapide* | celérior | **celérrimus** |

► **vetus, véteris** n'a pas de comparatif, mais fait au superlatif **vetérrimus**.

**131.** Les adj. suivants en **-ilis** ont un compar. régulier, mais un superlatif en **-íllimus** :

| | | | |
|---|---|---|---|
| fácilis | : *facile* | facílior | **facíllimus** |
| diffícilis | : *difficile* | difficílior | **difficíllimus** |
| símilis | : *semblable* | simílior | **simíllimus** |
| dissímilis | : *différent* | dissimílior | **dissimíllimus** |
| húmilis | : *humble* | humílior | **humíllimus** |

► Mais les autres adjectifs en **-ilis** ont un superlatif régulier :
Ex. : **nóbilis** : *noble* - sup. : **nobilíssimus** - **útilis** : *utile* - sup. : **utilíssimus**.

**132.** Les adjectifs en **-dicus, -ficus, -volus** forment leur comparatif en **-éntior** et leur superl. en **-entíssimus** :

| | | |
|---|---|---|
| maledícus : *médisant* | **maledicéntior** | **maledicentíssimus** |
| magníficus : *magnifique* | **magnificéntior** | **magnificentíssimus** |
| benévolus : *bienveillant* | **benevoléntior** | **benevolentíssimus** |

133. Certains adjectifs n'ont ni comparatif ni superlatif à suffixe (consulter le dictionnaire). On forme alors le comparatif à l'aide de l'adverbe **magis** : *plus*, et le superlatif à l'aide de l'adverbe **máxime** : *le plus, très*. Tel est le cas des adj. en **-eus, -ius, -uus.**

| | | |
|---|---|---|
| idóneus : *convenable, propre (à)* | **magis** idóneus | **máxime** idóneus |
| várius : *varié, divers* | **magis** várius | **máxime** várius |
| árduus : *escarpé, difficile* | **magis** árduus | **máxime** árduus |

► Mais dans les adjectifs en **-quus**, le premier **u** fait partie de la consonne **qu**. Le comparatif et le superlatif se forment donc régulièrement :

antíquus : *ancien* antíquior antiquíssimus

134. Pour donner à certains adjectifs une valeur de superlatif absolu *(très)*, le latin emploie souvent le préfixe **per-**, parfois le préfixe **prae-** :

permúlti : *très nombreux* - perpaúci : *très peu nombreux* - praeclárus : *très illustre*

135. Comparatifs et superlatifs irrég. formés sur des **radicaux différents du positif** :

| | | |
|---|---|---|
| bonus | **mélior**, ior, ius : *meilleur* | **óptimus**, a, um : *le meilleur, très bon* |
| malus | **pejor**, pejor, pejus : *pire* | **péssimus**, a, um : *le pire, très mauvais* |
| magnus | **major**, major, majus | **máximus**, a, um |
| parvus | **minor**, minor, minus | **mínimus**, a, um |
| propínquus | **própior**, própior, própius | **próximus**, a, um |
| multi, ae, a | **plures**, es, a (g. pl. : **-ium**) | **plúrimi**, ae, a |

► Sur **plures**, on décline **complúres, es, a** (gén. **-ium**) : *un grand nombre de.*

136. Comparatifs et superlatifs **correspondant à des adjectifs rares ou inusités**. Ils indiquent la position dans l'espace (parfois dans le temps).

| | | | | |
|---|---|---|---|---|
| **prior** | *le premier (de deux), antérieur, précédent* | **primus** | *le premier* | ***le début de*** |
| **postérior** | *le dernier (de deux), postérieur, suivant* | **postrémus** | *le dernier* | ***la fin de*** |
| **supérior** | *plus haut, supérieur, précédent* | **suprémus** ou **summus** | *le plus haut, le plus grand, suprême* | ***le haut de*** |
| **inférior** | *plus bas, inférieur* | **ínfimus** ou **imus** | *le plus bas* | ***le bas de*** |
| **intérior** | *plus en dedans, intérieur* | **íntimus** | *le plus à l'intérieur, le plus profond* | ***l'intérieur de, le fond de*** |
| **extérior** | *plus en dehors, extérieur* | **extrémus** | *le plus éloigné* | ***la fin de,*** |
| **ultérior** | *plus éloigné* | **últimus** | *le dernier, extrême* | ***l'extrémité de*** |

Les superlatifs ci-dessus indiquent souvent non pas la position, mais la partie. On traduit alors par un nom (traductions sur fond bleu).

**Summa arbor** : ***le haut de l'arbre*** (parfois : *l'arbre le plus haut*)

► Retenez les expressions suivantes :

| | | | |
|---|---|---|---|
| **primum agmen :** | *la tête de la colonne, l'avant-garde* | **primā luce :** | *au point du jour* |
| **extrémum agmen :** | *la fin de la colonne,* | **primā nocte :** | *au début de la nuit* |
| **(novíssimum agmen)** | *l'arrière-garde* | **summus mons :** | *le sommet du mont* |
| | | **extréma orátio :** | *la fin du discours* |

► Les adjectifs **médius** et **réliquus** indiquent aussi soit **la position**, soit **la partie** :

**Média ínsula. *Le milieu de l'île*** (parfois : *L'île du milieu*).

**Réliquum tempus. *Le reste du temps*** (parfois : *Le temps qui reste, l'avenir*).

# SENS ET CONSTRUCTION DU COMPARATIF ET DU SUPERLATIF

## 137. SENS DU COMPARATIF SANS COMPLÉMENT.

**1. *plus* :** **Dóctior** redíbo. *Je reviendrai **plus savant**.*

**2. *assez* :** **Dóctior** sum. *Je suis **assez savant**.*

**3. *trop* :** **Saévior** est. *Il est **trop cruel**.*

## 138. LE COMPLÉMENT DU COMPARATIF INTRODUIT PAR **QUAM**.

C'est une proposition subordonnée de comparaison, introduite par la conjonction de subordination **quam**.

1. On le voit nettement quand le complément du comparatif est un **verbe** :

Dóctior **quam putas**. *Plus savant **que tu ne le penses**.*

2. Le plus souvent, cette subordonnée est elliptique du verbe. Elle se réduit à un **nom**, qui se met au cas voulu par sa fonction dans la subordonnée elliptique :

Dóctior **quam Petrus**. *Plus savant **que Pierre**.* Tam doctus **quam Petrus**. *Aussi savant **que Pierre**.* Minus doctus **quam Petrus**. *Moins savant **que Pierre**.*

► Le second terme peut donc être à un cas différent du premier :

Nullum **doctiórem** repéries **quam ille** (= quam ille est).
*Tu ne trouveras personne de **plus savant que lui**.*

3. Si la subordonnée se réduit à un **adjectif**, celui-ci est au comparatif :

Fórtior est **quam prudéntior**. *Il est (encore) plus courageux **qu'avisé**.*

## 139. EXPRESSIONS PARTICULIÈRES :

— Comparatif **quam pro** + ABL. : *trop... pour...*

**Major** fuit poena **quam pro** delícto. *Le châtiment fut **trop grand pour** la faute.*

— Comparatif **quam** { **ut** + SUBJ. / **qui** (relatif variable) + SUBJ. } *trop... pour que...*

**Poténtior** est { **quam ut** vinci possit. / **quam qui** vinci possit. } *Il est **trop puissant pour qu'**on puisse le vaincre.*

## 140. LE COMPLÉMENT DU COMPARATIF A L'ABLATIF.

Le complément du comparatif peut être à l'ablatif sans préposition. On n'emploie cette construction qu'avec un comparatif en **-ior** au nominatif et à l'accusatif.

Dóctior **Petro**. *Plus savant **que Pierre**.*

► Ce complément à l'ablatif se rencontre régulièrement :

1. dans des locutions consacrées où il doit être traduit par une proposition :

Mélior **spe - opinióne - exspectatióne**.
*Meilleur **qu'on ne l'espère - qu'on ne le pense - qu'on ne l'attend**.*

2. avec un pronom relatif complément du comparatif qui suit :

Cícero, **quo** nullus est **mélior** orátor. *Cicéron, le meilleur des orateurs.*
⟨*Cicéron, **en comparaison de qui** aucun orateur n'est **meilleur**.*⟩

**141.** Le comparatif peut aussi être accompagné d'un complément à l'ablatif indiquant la MESURE DE LA DIFFÉRENCE :

Paulus **duóbus dígitis** major est { Petro. / quam Petrus. } *Paul est **de deux doigts** plus grand que Pierre.*
(**duóbus dígitis** : mesure de la différence)

► Les adv. de quantité qui modifient le comparatif ont des formes d'ablatif (cf. § 247, R.) :

**multo** : *beaucoup* — **níhilo** : *en rien* — **aliquánto** : *notablement*
**paulo** : *un peu* — **tanto... quanto... (eo... quo...)** : *d'autant (plus)... que... (plus)*

**Multo** major est. *Il est **beaucoup** plus grand.*

## 142. LE COMPARATIF EMPLOYÉ POUR DEUX.

Quand il s'agit de deux personnes ou de deux choses, le comparatif s'emploie là où le français emploie le superlatif relatif. Le complément se met alors au génitif.

**Valídior** mánuum dextra est. ***La plus forte des deux** mains est la main droite.*

► Notez en particulier :

**júnior** : *le plus jeune (de 2)* - **junióres** : *les plus jeunes* (17–45 ans) : *l'armée active*
**sénior** : *le plus âgé (de 2)* - **senióres** : *les plus âgés* (45–60 ans) : *la réserve.*
**minor natu** : *le plus jeune (par la naissance), le cadet (de deux)*
**major natu** : *le plus âgé (par la naissance), l'aîné (de deux)*
les comparatifs **prior, postérior,** etc. (cf. liste § 136, 1re colonne).

## 143. SENS DU SUPERLATIF SANS COMPLÉMENT.

***le plus*** (superlatif relatif) - **très** (superlatif absolu)

**Doctíssimus** est. *C'est lui **le plus savant**. Il est **très savant**.*

► Le superlatif absolu peut se rendre non seulement par **très**, mais par ***extrêmement*** *(riche)* - ***fort*** *(pauvre)* - ***tout à fait*** *(agréable)* - ***tout*** *(triste)* - ***parfaitement*** *(heureux)* - ***absolument*** *(vrai).*

## 144. LE SUPERLATIF AVEC COMPLÉMENT.

| | | | |
|---|---|---|---|
| ***le plus... de*** | Altíssima **árborum.** | *Le plus grand **des arbres**.* | — GÉNITIF (partitif) |
| | Altíssima **ex arbóribus**. | | — **e (ex)** + ABLATIF |

## 145. L'ACCORD DU SUPERLATIF.

En général, le superlatif relatif apposé s'accorde en **genre** avec son complément :

Indus, ómnium flúminum **máximum**. *L'Indus, le plus grand de tous les fleuves.*

► Mais le superlatif **attribut** s'accorde avec le sujet :
Indus est ómnium flúminum **máximus**. *L'Indus est le plus grand de tous les fleuves.*

## 146. RENFORCEMENT DU SUPERLATIF.

Le superlatif peut se renforcer avec :

**multo** : *de beaucoup*

**Multo** doctíssimus est. *Il est **de beaucoup** le plus savant.*

**longe** : *de loin*

**Longe** doctíssimus est. *Il est **de loin** le plus savant.*

**unus - unus ómnium** : *entre tous*

**Unus ómnium** doctíssimus est. *Il est savant **entre tous**.*

**quam** (employé seul ou avec le verbe **possum** qui se conjugue) :
*le plus... que je peux (que tu pouvais, qu'il a pu...) - le plus possible*

**Quam máximā (potest)** voce clamat. *Il crie **le plus fort possible**.*
*〈Il crie de la voix **la plus forte qu'il peut**.〉*

## 147. Le pronom **quisque, quaeque, quidque** : *chaque* (cf. § 221) accompagné d'un superlatif se traduit par : [*tous*] *les plus.*

Fortíssimus **quisque**. *[Tous] les plus courageux.*

# 3. les mots numéraux

148.

| CARDINAUX | CHIFFRES ROMAINS | ORDINAUX |
|---|---|---|
| 1 unus, a, um | I | 1er primus, a, um[2] |
| 2 duo, duae, duo | II | 2e secúndus, a, um[2] |
| 3 tres, tres, tria | III | 3e tértius, a, um |
| 4 quáttuor | IV | 4e quartus, a, um |
| 5 quinque | V | 5e quintus, a, um |
| 6 sex | VI | 6e sextus, a, um |
| 7 septem | VII | 7e séptimus, a, um |
| 8 octo | VIII | 8e octávus, a, um |
| 9 novem | IX | 9e nonus, a, um |
| 10 decem | X | 10e décimus, a, um |
| 11 úndecim | XI | 11e undécimus, a, um |
| 12 duódecim | XII | 12e duodécimus, a, um |
| 13 trédecim | XIII | 13e tértius décimus, a, um |
| 14 quattuórdecim | XIV | 14e quartus décimus, a, um |
| 15 quíndecim | XV | 15e quintus décimus, a, um |
| 16 sédecim | XVI | 16e sextus décimus, a, um |
| 17 septémdecim | XVII | 17e séptimus décimus, a, um |
| 18 duodevigínti | XVIII | 18e duodevicésimus, a, um |
| 19 undevigínti | XIX | 19e undevicésimus, a, um |
| 20 vigínti | XX | 20e vicésimus, a, um |
| 21 vigínti unus, a, um[1] | XXI | 21e vicésimus primus, a, um |
| 22 vigínti duo, ae, o | XXII | 22e vicésimus secúndus, a, um |
| 23 vigínti tres, es, ia | XXIII | 23e vicésimus tértius, a, um |
| 24 vigínti quáttuor | XXIV | 24e vicésimus quartus, a, um |
| 25 vigínti quinque | XXV | 25e vicésimus quintus, a, um |
| 26 vigínti sex | XXVI | 26e vicésimus sextus, a, um |
| 27 vigínti septem | XXVII | 27e vicésimus séptimus, a, um |
| 28 duodetrigínta | XXVIII | 28e duodetricésimus, a, um |
| 29 undetrigínta | XXIX | 29e undetricésimus, a, um |
| 30 trigínta | XXX | 30e tricésimus, a, um |
| 40 quadragínta | XL | 40e quadragésimus, a, um |
| 50 quinquagínta | L | 50e quinquagésimus, a, um |
| 60 sexagínta | LX | 60e sexagésimus, a, um |
| 70 septuagínta | LXX | 70e septuagésimus, a, um |
| 80 octogínta | LXXX | 80e octogésimus, a, um |
| 90 nonagínta | XC | 90e nonagésimus, a, um |
| 100 centum | C | 100e centésimus, a, um |
| 200 ducénti, ae, a | CC | 200e ducentésimus, a, um |
| 300 trecénti, ae, a | CCC | 300e trecentésimus, a, um |
| 400 quadringénti, ae, a | CD | 400e quadringentésimus, a, um |
| 500 quingénti, ae, a | D | 500e quingentésimus, a, um |
| 600 sescénti, ae, a | DC | 600e sescentésimus, a, um |
| 700 septingénti, ae, a | DCC | 700e septingentésimus, a, um |
| 800 octingénti, ae, a | DCCC | 800e octingentésimus, a, um |
| 900 nongénti, ae, a | CM | 900e nongentésimus, a, um |
| 1 000 mille | M | 1 000e millésimus, a, um |
| 2 000 duo mília | MM | 2 000e bis millésimus, a, um |
| 3 000 tria mília | MMM | 3 000e ter millésimus, a, um |
| 10 000 decem mília | $\overline{X}$ | 10 000e décies millésimus, a, um |
| 100 000 centum mília | $\overline{C}$ | 100 000e cénties millésimus, a, um |
| 1 000 000 décies centéna mília | $\overline{|X|}$ | 1 000 000e décies cénties millésimus |

1. *On dit aussi :*
unus et vigínti
duo et vigínti, etc...

2. *pour 2 personnes ou 2 choses :*
1er : prior, prior, prius
2e : alter, áltera, álterum - postérior, ior, ius

## ADJECTIFS CARDINAUX

149. DÉCLINAISONS.

**1.** Jusqu'à **centum**, les adjectifs cardinaux sont invariables, sauf **unus, duo, tres.**

| | UNUS | | | DUO | | | TRES | | |
|---|---|---|---|---|---|---|---|---|---|
| N. | unus | una | unum | duo | duae | duo | tres | tres | tria |
| AC. | unum | unam | unum | duos (duo) | duas | duo | tres | tres | tria |
| G. | un**í**us | un**í**us | un**í**us | duórum | duárum | duórum | trium | trium | trium |
| D. | un**i** | un**i** | un**i** | du**óbus** | du**ábus** | du**óbus** | tribus | tribus | tribus |
| AB. | uno | unā | uno | du**óbus** | du**ábus** | du**óbus** | tribus | tribus | tribus |

► Sur **duo**, on décline **ambo, ambae, ambo** : *les deux, tous les deux.*

**2. Centum** est invariable, mais les centaines, à partir de **ducénti**, se déclinent sur boni, ae, a (avec cependant un gén. pl. parfois en **-um** au lieu de **-órum**).

**3. Mille** est invariable : **Mille mílites** adsunt - **Mille mílites** vídeo.

Mais à partir de *2 000*, on emploie le nom neutre pluriel **mília** (un seul l) : *milliers*, qui se décline sur le pluriel de mare et est accompagné d'un compl. de nom au génitif :

| | |
|---|---|
| N. AC. | mília |
| G. | mílium |
| D. AB. | mílibus |

**Duo mília mílitum.** *2.000 soldats.*

150. ADJECTIFS CARDINAUX COMPOSÉS.

1. Pour les deux nombres précédant chaque dizaine, on soustrait une ou deux unités de la dizaine supérieure :

**duodetrigínta** : *28 (2 ôtés de 30)* **undecéntum** : *99*

2. On juxtapose généralement milliers, centaines, dizaines, unités dans l'ordre décroissant :

**Mille centum vigínti unus** : *1 121.*

► Mais de *21* à *97*, on peut aussi coordonner unités et dizaines : **unus et vigínti** : *21.*

151. **plus, ámplius** : *plus de...* - **minus** : *moins de...* - **ad** - **círciter** : *environ* - **lóngius** (dans lóngius abésse : *être à plus de...*) ne modifient pas le cas de l'expression numérale qui suit :

Plus ducéntae naves captae sunt. — *Plus de 200 bateaux furent pris.*

Classis ámplius ducentárum návium. — *Une flotte de plus de 200 bateaux.*

► On trouve cependant parfois les constructions normales (la préposition **ad** suivie de l'accusatif - les comparatifs **plus, ámplius, lóngius, minus** suivis de **quam** ou de **l'ablatif**).

## ADJECTIFS ORDINAUX

152. ADJECTIFS ORDINAUX COMPOSÉS.

Tous les composants ont la forme ordinale : **Vicésimus tértius** : *23$^{e}$.*

► Les règles du § 150 s'appliquent aux ordinaux.

a) **duodetricésimus** : *28$^{e}$* - **undecentésimus** : *99$^{e}$*
b) **millésimus centésimus vicésimus primus** : *1 121$^{e}$*
**vicésimus primus, primus et vicésimus** : *21$^{e}$*

► A partir de *2 000$^{e}$*, on multiplie **millésimus** (*1 000$^{e}$*) par un adverbe multiplicatif (cf. § 156).

153. EMPLOI. Le latin, plus logique que le français, emploie toujours l'adjectif ordinal pour marquer le **rang**, la **date**, l'**heure**.

Liber **quintus**. *Le livre **V**.* — Philíppus **secúndus**. *Philippe **II**.* — Anno **décimo**. *En l'an **10**.*

## ADJECTIFS DISTRIBUTIFS

154. Le latin a aussi des adjectifs distributifs. Les principaux figurent ci-dessous :

► Les dizaines se forment en remplaçant la terminaison **-ésimus, a, um** de l'adjectif ordinal par **-eni, ae, a** :
tricésimus, a, um → tricéni, ae, a

Ils se déclinent comme les adj. de la 1re classe, mais leur gén. pluriel est en **-um** (au lieu de -órum).

| | | |
|---|---|---|
| *un par un, chacun un* | | **sínguli, ae, a** |
| *2 par 2, chacun* | *2* | **bini** |
| *chacun* | *3* | **terni** |
| — | *4* | **quatérni** |
| — | *5* | **quini** |
| — | *6* | **seni** |
| — | *7* | **septéni** |
| — | *8* | **octóni** |
| — | *9* | **novéni** |
| — | *10* | **deni** |
| — | *11* | **undéni** |
| — | *12* | **duodéni** |
| — | *13* | **terni deni** |
| ... | ... | ... |
| — | *17* | **septéni deni** |
| — | *18* | **duodevicéni** |
| — | *19* | **undevicéni** |
| — | *20* | **vicéni** |
| — | *21* | **vicéni sínguli** |
| ... | ... | ... |
| — | *100* | **centéni** |
| — | *1 000* | **síngula mília** |
| — | *100 000* | **centéna mília** |

155. Les adjectifs distributifs s'emploient

**1.** au sens de *un par un, deux par deux...* :
**Sínguli** advenérunt. *Ils arrivèrent **un par un**.*

**2.** au sens de *chacun un, chacun deux...* :
Duces **denos** équites adduxérunt.
*Les chefs amenèrent **chacun dix** cavaliers.*

**3.** comme multiplicande :
Bis **bina** sunt quáttuor.
*Deux fois **deux** font quatre.*

**4.** à la place de l'adjectif cardinal avec les mots dépourvus de singulier :
**Bina** castra. *Deux camps.* — **Binae** lítterae. *Deux lettres.*

► Mais en ce sens, on emploie **uni** (et non **sínguli**), **trini** (plutôt que **terni**) :
**Una** castra. *Un camp.* — **Trina** castra. *Trois camps.*

## ADVERBES MULTIPLICATIFS

156. Le latin possède aussi des adverbes multiplicatifs, dont les plus fréquents sont :

| | | | | | |
|---|---|---|---|---|---|
| **semel** | *une fois* | **séxies** | *6 fois* | **vícies, trícies...** | *20, 30... fois* |
| **bis** | *2 fois* | **sépties** | *7 fois* | **céntíes, ducénties** | *100, 200... fois* |
| **ter** | *3 fois* | **ócties** | *8 fois* | **mílies, bis mílies...** | *1 000, 2 000... fois* |
| **quater** | *4 fois* | **nóvies** | *9 fois* | | |
| **quínquies** | *5 fois* | **décies** | *10 fois* | | |

► Le suffixe est en **-ies** ou en **-iens**.

157. Les adverbes multiplicatifs s'emploient

**1.** pour former les adjectifs ordinaux à partir de **bis millésimus** (*2 000*e),
**2.** comme multiplicateurs : **Bis** bina sunt quáttuor. *Deux fois deux font quatre.*

## EXPRESSIONS MATHÉMATIQUES

158. LES **FRACTIONS** s'expriment au moyen du nom **pars**, partis, f. : *partie*.

- le numérateur est 1
  - 1/2 dimídia pars
  - 1/3 tértia pars
  - 1/4 quarta pars
  - 1/5 quinta pars
  - 1/10 décima pars
- fractions intermédiaires
  - 2/5 duae quintae partes
  - 7/10 septem décimae partes
- numérateur = dénominateur − 1
  - 2/3 duae partes
  - 3/4 tres partes
  - 4/5 quáttuor partes
  - 9/10 novem partes

159. **OPÉRATIONS** :

| | | |
|---|---|---|
| ADDITION : | $2 + 4 = 6$ | duo et quáttuor sunt sex. |
| SOUSTRACTION : | $12 - 8 = 4$ | octo de duódecim sunt quáttuor. |
| MULTIPLICATION : | $2 \times 6 = 12$ | bis sena sunt duódecim. |

# les mesures romaines

Les indications suivantes constituent un répertoire auquel on se reportera éventuellement, mais ne sont pas destinées à être apprises systématiquement.

## MESURES DE LONGUEUR

160. Les Latins ont pris comme mesures de longueur certaines parties du corps humain. Les mesures les plus courantes sont :

**dígitus**, i, m. : *le doigt* (*environ 2 cm*)
**pes**, pedis, m. : *le pied* (*environ 30 cm*)
**cúbitus**, i, m. : *la coudée* (*env. 45 cm*)
**passus**, us, m. : *le pas* (*env. 1 m 50*) (*deux enjambées*)

Pour les distances, on emploie **mille passus** : ***mille pas, un mille*** (*environ 1 km 500*) (pour plusieurs milles : **duo mília pássuum, tria mília pássuum**...).

► On comptait aussi les distances approximativement par journées de marche.
(une journée de marche = *20 milles romains* = *environ 30 km*)
Iter novem diérum. *Une marche de neuf jours* (*environ 270 km*).

## MESURES DE SUPERFICIE

161. **Júgerum**, i, n. : *arpent* (*rectangle de 120 pieds sur 140 pieds - env. 25 ares*) (pluriel **júgera, um** : 3ᵉ décl.).

## MESURES DE CAPACITÉ

162. **Sextárius**, ii, m. : *setier* (*env. 55 centilitres*) **- módius**, ii, m. : *boisseau* (*env. 9 litres*).

## POIDS

163. **Úncia**, ae, f. : *once* (*env. 27 g*) **- libra**, ae, f. *livre* (*327 g*).

► **pondo** (abl. de relation = *en poids*) s'employait à côté de **libra**. On supprime parfois **libra**.
Auri quinque librae pondo = Auri quinque pondo : *cinq livres d'or* (*en poids*).

## MESURE DU TEMPS

164. LES ANNÉES (**annus**, **i**, **m.**) comptaient 355 jours jusqu'à la réforme de César, avec un mois intercalaire tous les deux ans, puis, à partir de la réforme de César, 365 jours, avec une année bissextile tous les quatre ans (calendrier julien : 45 av. J.C.).
Les années se comptent officiellement ab Urbe cónditā : *depuis la fondation de Rome* (753 av. J.C.). Mais, dans la vie courante, on les désignait par le nom des consuls. *En 66 av. J.C.* (*688ᵉ année depuis la fondation de Rome*) se dit :

sescentesimo duodenonagésimo anno ab Urbe cónditā (Urbis cónditae - post Urbem cónditam) ou L. Tullo et M. Lépido consúlibus / L. Tullo M. Lépido coss.

165. LES MOIS (**mensis**, **is**, **m.**) étaient désignés par les adjectifs suivants :

| | | | | | |
|---|---|---|---|---|---|
| **Januárius** | **Februárius** | **Mártius** | **Aprílis** | **Máius** | **Június** |
| **(Quintílis)** | **(Sextílis)** | **Septémber** | **Octóber** | **Novémber** | **Decémber** |

— Le nom des six derniers mois provient de ce que, jusqu'en 153 av. J.C., l'année civile commençait le 1ᵉʳ mars. A partir de 153, on fit commencer l'année le 1ᵉʳ janvier, jour d'entrée en fonctions des consuls.
— En l'honneur de Jules César, **Quintílis** prit en 44 av. J.-C. le nom de **Július**; en l'honneur d'Auguste, **Sextílis** prit en 8 av. J.-C. le nom d'**Augústus**.

166. LES JOURS (**dies**, diéi, m.). Dans chaque mois, trois jours portent un nom particulier :

| | | | |
|---|---|---|---|
| **Kaléndae**, árum, f. pl. : *les Calendes* | *le 1ᵉʳ du mois* | | |
| **Nonae**, árum, f. pl. : *les Nones* | *le* ***5*** | ► mais *le* ***7*** | *en mars, mai, juillet, octobre.* |
| **Idus**, Íduum, f. pl. : *les Ides* | *le* ***13*** | ► mais *le* ***15*** | *en mars, mai, juillet, octobre.* |

**167.** Pour dater un événement dans le mois, on prend comme repères les calendes, les nones, les ides.

1. Pour indiquer que l'événement s'est produit l'un de ces trois jours, on dira (à la question **quando** et en accordant l'adjectif qui désigne le mois) :

Hoc factum est { Kaléndis Januáriis / Nonis Februáriis / Ídibus Mártiis

2. A partir de ces dates, on fait un « compte à rebours » :

*a)* pour *la veille*, on emploie **prídie + acc.** :

Hoc factum est prídie Kaléndas Januárias : *le 31 décembre.*

*b)* pour les jours précédents, au lieu de dire :

**Hoc factum est die tértio ante Kaléndas Januárias,** les Romains ont pris l'habitude de placer en tête la préposition **ante** et de dire :

Hoc factum est ante diem tértium Kaléndas Januárias,

— ce qui s'abrège en :

Hoc factum est a. d. III KAL. JAN. : *le 30 décembre.*

Pour passer du calendrier actuel au calendrier julien, utilisez le tableau ci-contre. Il faut quatre décomptes différents selon

— la date des nones et des ides
— le nombre de jours du mois.

**REMARQUE** : Quand février avait 29 jours, on comptait deux fois le 24 février qui était le 6ᵉ jour avant les calendes de mars (ante diem sextum - ante diem bis sextum Kal. Mart.). De là vient le terme d'année *bissextile*.

| Mars - Mai Juill. - Oct. | Janv. - Août Décembre | Avril - Juin Sept. - Nov. | Février | | |
|---|---|---|---|---|---|
| 1er | | 1er | | **Kaléndis** | |
| 2 | | — | | a. d. VI | Nonas |
| 3 | | — | | a. d. V | Nonas |
| 4 | | 2 | | a. d. IV | Nonas |
| 5 | | 3 | | a. d. III | Nonas |
| 6 | | 4 | | prídie Nonas | |
| **7** | | **5** | | **Nonis** | |
| 8 | | 6 | | a. d. VIII | Idus |
| 9 | | 7 | | a. d. VII | Idus |
| 10 | | 8 | | a. d. VI | Idus |
| 11 | | 9 | | a. d. V | Idus |
| 12 | | 10 | | a. d. IV | Idus |
| 13 | | 11 | | a. d. III | Idus |
| 14 | | 12 | | prídie | Idus |
| **15** | | **13** | | **Ídibus** | |
| — | 14 | — | — | a. d. XIX | Kaléndas |
| — | 15 | 14 | — | a. d. XVIII | Kaléndas |
| 16 | 16 | 15 | — | a. d. XVII | Kaléndas |
| 17 | 17 | 16 | 14 | a. d. XVI | Kaléndas |
| 18 | 18 | 17 | 15 | a. d. XV | Kaléndas |
| 19 | 19 | 18 | 16 | a. d. XIV | Kaléndas |
| 20 | 20 | 19 | 17 | a. d. XIII | Kaléndas |
| 21 | 21 | 20 | 18 | a. d. XII | Kaléndas |
| 22 | 22 | 21 | 19 | a. d. XI | Kaléndas |
| 23 | 23 | 22 | 20 | a. d. X | Kaléndas |
| 24 | 24 | 23 | 21 | a. d. IX | Kaléndas |
| 25 | 25 | 24 | 22 | a. d. VIII | Kaléndas |
| 26 | 26 | 25 | 23 | a. d. VII | Kaléndas |
| 27 | 27 | 26 | 24 | a. d. VI | Kaléndas |
| 28 | 28 | 27 | 25 | a. d. V | Kaléndas |
| 29 | 29 | 28 | 26 | a. d. IV | Kaléndas |
| 30 | 30 | 29 | 27 | a. d. III | Kaléndas |
| 31 | 31 | 30 | 28 | prídie | Kaléndas |

**168.** **LES HEURES** : La journée **(dies, diéi, m.)** était divisée en 12 heures **(hora, ae, f.)** entre le lever et le coucher du soleil. Les heures de jour étaient donc plus courtes en hiver, plus longues en été. Seule, la 6ᵉ heure se terminait toujours à midi **(merídies, meridiéi, m.)**.

N.B. Les heures modernes ne correspondant pas aux heures latines, on traduira littéralement **secúndā horā** par ***à la deuxième heure*** (ce qui, selon les saisons, correspondrait pour nous à 6 h, 7 h, ou 8 h du matin).

La nuit **(nox, noctis, f.)** était divisée en 12 heures. Mais à l'armée, on utilisait plutôt la division en 4 veilles **(vigília, ae, f.)** plus longues en hiver, plus courtes en été. La 2ᵉ veille se terminait toujours à minuit **(média nox)**.

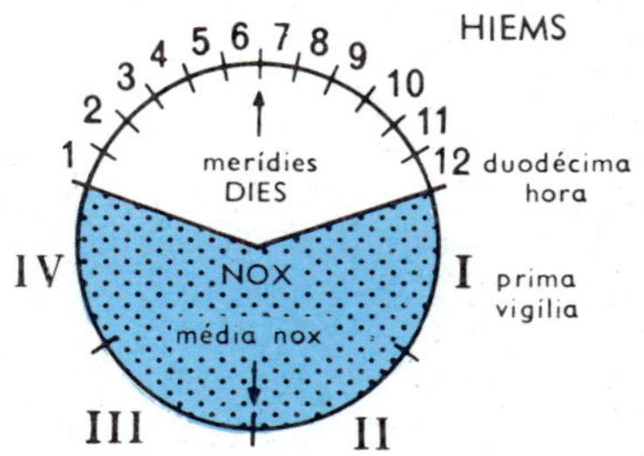


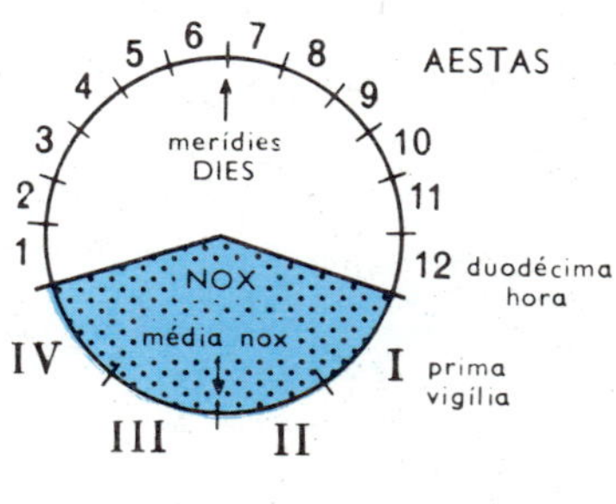

## MONNAIES

169. Au Ier siècle, les monnaies, dont la valeur varia avec les époques, étaient les suivantes :

| as, assis, m. | sestértius, ii ou nummus, i, m. | denárius, ii, m. | áureus, i, m. |
|---|---|---|---|
| (gén. pl. : **ássium**) | (gén. pl. : **sestértium - nummum**) | (gén. pl. : **denárium**) | |
| *l'as* | *le sesterce* | *le denier* | *la pièce d'or* |
| en bronze, dont le poids est passé de 270 à 27 g | d'abord en argent, puis en bronze = 2 as 1/2, puis 4 as | en argent = 4 sesterces | = 100 sesterces |

170. Le sesterce valait environ 8 cgr d'or fin (soit environ 75 centimes de notre monnaie).

L'abréviation de **sestértius** est **HS (sestértius** vient de **semis-tértius** : littéralement : *le 3e as étant 1/2*, ce qu'on a écrit **IIS**, puis par déformation **HS)**.

● de 1 à 1 000 sesterces, on emploie **sestértius, ii, m.** :

centum sestértii . . . . . . . . . . *100 sesterces* HS C
mille sestértii. . . . . . . . . . . . *1 000 sesterces* HS M

● de 2 000 à 900 000 sesterces :

On peut employer **mília** accompagné du génitif pluriel **sestértium**.
Le nombre de milliers s'exprime soit par l'adjectif cardinal, soit par l'adjectif distributif.

Mais, couramment, **sestértium** cesse d'être senti comme un génitif pluriel et devient un nom neutre employé au pluriel ; **sestértia** remplace **mília sestértium.**

**decem mília sestértium** / **dena mília sestértium** . . . . . . . . . . . . . *10 000 sesterces* HS $\overline{\text{X}}$. . . . . **decem sestértia** / **dena sestértia**

**centum mília sestértium** / **centéna mília sestértium** . . . . . . . . . . . . . *100 000 sesterces* HS $\overline{\text{C}}$. . . . . **centum sestértia** / **centéna sestértia**

● Millions de sesterces :

On compte non par millions, comme en français, mais par centaines de mille en faisant une multiplication, cf. § 155, 3.
*(10 fois cent mille = 1 million)*

Mais, couramment, on supprime **centéna mília**, et on emploie **sestértium** comme un nom singulier toujours précédé d'un adverbe multiplicatif. **(sestértium, ii, n. =** ***100 000 sesterces*****)**

**décies centéna mília sestértium**. . . . . *1 million de sesterces* HS $\overline{|\text{X}|}$ . . . **décies sestértium**
**cénties centéna mília sestértium**. . . . . *10 millions de sesterces* HS $\overline{|\text{C}|}$ . . . **cénties sestértium**
**mílies centéna mília sestértium**. . . . . *100 millions de sesterces* HS $\overline{|\text{M}|}$ . . . **mílies sestértium**

# 4. les pronoms et les adjectifs pronominaux

## A. pronoms-adjectifs démonstratifs

171. **HIC**
**ISTE**
**ILLE**

| | | | | | | |
|---|---|---|---|---|---|---|
| SG. N. | **hic** | **haec** | **hoc** | **iste** | ista | **istud** |
| AC. | **hunc** | **hanc** | **hoc** | istum | istam | **istud** |
| G. | **hujus** | **hujus** | **hujus** | **istíus** | **istíus** | **istíus** |
| D. | **huic** | **huic** | **huic** | **isti** | **isti** | **isti** |
| AB. | **hoc** | **hac** | **hoc** | isto | istā | isto |
| PL. N. | hi | hae | **haec** | isti | istae | ista |
| AC. | hos | has | **haec** | (se décline sur **boni, ae, a**) | | |
| G. | horum | harum | horum | | | |
| D. | his | his | his | **ille** | illa | **illud** |
| AB. | his | his | his | se décline comme **iste** | | |

172. SENS ET EMPLOIS :

**1.** Sens proprement **démonstratif** :

**Hic** désigne une personne ou un objet rapproché dans l'espace, le temps ou la pensée : PRONOM : *celui-ci, celle-ci, ceci* — ADJ. : *ce...-ci, cette...-ci.*

**Iste** marque un éloignement plus grand, **ille** un éloignement encore plus grand : PRONOM : *celui-là, celle-là, cela* — ADJ. : *ce... -là, cette... -là.*

► En général, **hic** désigne ce qui va suivre, **ille** ce qui précède :

**Haec** dixit : «...............» **Illa** cum dixísset,...
***Voici*** *ce qu'il dit :* «...............» *Après avoir dit* ***ces mots****,...*

► **Hic** et **ille** peuvent servir à opposer deux personnes ou deux choses :

**Hic** scribit, **ille** legit. ***Celui-ci*** *écrit,* ***celui-là*** *lit.* ***L'un*** *écrit,* ***l'autre*** *lit.*

Quand **hic** et **ille** reprennent des noms cités dans une proposition précédente, **hic** renvoie au dernier nom cité, **ille** au nom cité en premier lieu :

Équites et pédites processérunt; **hi** acrióre ánimo pugnábant quam **illi**.

*Les cavaliers et les fantassins s'avancèrent;* ***ceux-ci (ces derniers)*** *combattaient avec plus d'ardeur que* ***ceux-là (que les premiers)****.*

**2.** Sens **personnel** : **hic** : *mon, notre* — **iste** : *ton, votre.*

**Haec** urbs : ***notre*** *ville.* **Istae** árbores : *les arbres* ***que tu vois****.*

**3.** Sens **moral** : **iste** : sens péjoratif — **ille** : sens emphatique ou laudatif.

**Iste** : *cet individu.* **Ille** dux : *ce (grand) chef.*

173. LA PARTICULE DÉMONSTRATIVE **-CE** a été incorporée sous la forme **-c** à certains cas de la déclinaison de **hic**. Elle peut apparaître sous les formes suivantes :

- **-ce** dans les formes de **hic** terminées par **-s** (hujúsce, hosce...)
- **-ci-** quand **hic** est suivi de la particule interrogative **-ne** (**hicíne, haecíne, hocíne?...**)
- **-c** pour renforcer **iste** ou **ille** (N. **istic, istaec, istuc** - AC. **istunc, istanc, istuc...**)

174. **IS**
**IDEM**
**IPSE**

| | | | | | | | |
|---|---|---|---|---|---|---|---|
| SG. | N. | **is** | ea | **id** | idem | éadem | idem |
| | AC. | eum | eam | **id** | eúmdem | eámdem | idem |
| | G. | **ejus** | **ejus** | **ejus** | Se décline ensuite comme **is, ea, id** + particule invariable **-dem.** On peut trouver : acc. sg. : **eúndem, eándem** gén. pl. : **eorúndem, earúndem** | | |
| | D. | **ei** | **ei** | **ei** | | | |
| | AB. | eo | eā | eo | | | |
| PL. | N. | ei, **ii** | eae | ea | | | |
| | AC. | eos | eas | ea | | | |
| | G. | eórum | eárum | eórum | | | |
| | D. | eis, **iis** | eis, **iis** | eis, **iis** | ipse | ipsa | **ipsum** |
| | AB. | eis, **iis** | eis, **iis** | eis, **iis** | ipsum | ipsam | **ipsum** |
| | | | | | Se décline ensuite comme **iste** | | |

175. **Is** n'est pas un véritable démonstratif. On l'appelle souvent pronom-adjectif « de rappel », car il sert à rappeler la personne ou la chose dont on a parlé ; mais on l'utilise aussi pour annoncer une subordonnée relative. Il n'a pas de correspondant exact en français, et se traduira donc différemment selon les cas :

| | TRADUCTION |
|---|---|
| ● PRONOM : | |
| **Eos** vidi. *Je **les** ai vus. (J'ai vu **ceux-ci**).* | **Pronom personnel** (3^e pers.) **voir § 186.** |
| **Eos** vidi qui venérunt. *J'ai vu **ceux** qui sont venus.* | **Pronom démonstratif** (quand il est antécédent d'un relatif). |
| Puer abest ; sed **ejus** patrem vidi. *L'enfant est absent ; mais j'ai vu **son** père.* | **ejus** = ***son*** ; **eórum, eárum** = ***leur*** } voir § 186. |
| ● ADJECTIF : | |
| **Eos** libros legi. *J'ai lu **ces** livres.* | **Adjectif démonstratif.** |
| **Eos** libros legi quos mihi dedísti. *J'ai lu **les** livres que tu m'as donnés.* | **Article défini** (quand il se rapporte à l'antécédent d'un relatif). |

► Noter l'expression : **id est** = **hoc est** : *c'est-à-dire.*

176. **Idem** : *le même* marque une identité :

● PRONOM : **Idem** venit. ***Le même homme** vint.*

● ADJECTIF : **Éadem** templa. ***Les mêmes** temples.*

177. CONSTRUCTION de **idem**. ***Le même ... que*** se dit :

**idem atque (ac)** — **idem qui** (relatif qui se met au cas voulu par sa fonction dans la subordonnée elliptique)

**Eósdem** libros legi **ac** tu. — **Eósdem** libros legi **quos** tu. — *J'ai lu* | ***les mêmes** livres **que** toi.*
**Iísdem** libris utor **ac** tu. — **Iísdem** libris utor **quibus** tu. — *J'utilise* | ***les mêmes** livres **que** toi.*

178. **Ipse** marque une originalité.

● PRONOM : *moi-même, toi-même, lui-même (elle-même), nous-mêmes,* etc.

**Ipse** scripsi. *J'ai écrit **moi-même**.* — **Ipse** vidísti. *Tu l'as vu **toi-même**.*

● ADJECTIF : *même - lui-même (elle-même), eux-mêmes (elles-mêmes)* :

Vir **ipse**. *L'homme **lui-même**. L'homme **même**.*

► Autres traductions :

Philíppus **ipse** venit.
*Philippe vint **en personne**.*
**Ipsam** vitam pátriae dedit.
*Il donna à sa patrie **jusqu'à sa vie**.*
Valvae se **ipsae** aperuérunt.
*La porte s'ouvrit **d'elle-même**.*

orátio **ipsa** : *le discours **en lui-même, à lui seul**.*
in **ipso** foro : *en **pleine** place publique.*
eo **ipso** die : *ce jour-là **justement, précisément**.*
suā **ipsíus** manu : *de sa **propre** main.*
**Ipse** (en tête d'une phrase) : ***Quant à** lui.*
et **ipse** : ***lui** aussi* - nec **ipse** : ***lui** non plus.*

179. REMARQUES SUR LES DÉMONSTRATIFS.

**1.** PARTICULARITÉ D'ACCORD DES DÉMONSTRATIFS **hic, iste, ille, is.**

Si un pronom démonstratif sujet, de sens neutre, a pour attribut un nom, le pronom sujet prend par attraction le genre du nom attribut :

**Haec** est invídia. ***Ceci*** *est de la jalousie. **C**'est de la jalousie.*

**2.** LE GALLICISME ***celui de..., celle de..., ceux de...***

Cette tournure employée en français pour éviter la répétition d'un nom ne se traduit pas en latin par un démonstratif. On répète le nom ou, s'il doit être au même cas, on le sous-entend.

Scipiónis oratiónes melióres sunt **Laélii oratiónibus**.
Scipiónis oratiónes melióres sunt **quam Laélii** (= quam Laélii oratiónes).
*Les discours de Scipion sont meilleurs **que ceux de Lélius**.*

► La construction avec ellipse se rencontre aussi après la préposition **cum** :

Confer Scipiónis oratiónes **cum Laélii**. *Compare les discours de Scipion **à ceux de Lélius**.*

# B. pronoms personnels et pronoms-adjectifs possessifs

180. PRONOMS PERSONNELS.

| | 1re PERS. | 2e PERS. | 3e PERS. (réfléchi) |
|---|---|---|---|
| **SG.** | *(je), moi, me* | *(tu), toi, te* | *se, soi, lui, elle* |
| N. (V.) | **ego** | **tu** | — |
| AC. | **me** | **te** | **se** (sese) |
| G. | **mei** | **tui** | **sui** |
| D. | **mihi** | **tibi** | **sibi** |
| AB. | **me** | **te** | **se** (sese) |
| **PL.** | *nous* | *vous* | *se, soi, eux, elles* |
| N. (V.) | **nos** | **vos** | — |
| AC. | **nos** | **vos** | **se** (sese) |
| G. | **nostri** / **nostrum** | **vestri** / **vestrum** | **sui** |
| D. | **nobis** | **vobis** | **sibi** |
| AB. | **nobis** | **vobis** | **se** (sese) |

REMARQUES :

1. GÉNITIF DE **NOS** ET **VOS** :
— **nostrum, vestrum** ont un sens partitif :

Unus **nostrum**. *L'un **d'entre nous**.*
Quis **vestrum**...? *Qui **de vous**...?*

— **nostri, vestri** s'emploient dans les autres cas :

Méminit **nostri**.
*Il se souvient **de nous**.*

2. On trouve en poésie un datif contracté **mi**.

3. La préposition **cum** : *avec* se place après le pronom personnel et se soude à lui :

**mecum, tecum, secum, nobíscum, vobíscum.**

181. ADJECTIFS POSSESSIFS.

| | | | |
|---|---|---|---|
| **Un seul possesseur** | *mon* <br> *le mien* <br> **meus,** <br> mea, meum | *ton* <br> *le tien* <br> **tuus,** <br> tua, tuum | *son* <br> *le sien* <br> **suus,** <br> sua, suum |
| **Plusieurs possesseurs** | *notre* <br> *le nôtre* <br> **noster,** <br> -tra, -trum | *votre* <br> *le vôtre* <br> **vester,** <br> -tra, -trum | *leur* <br> *le leur* <br> **suus,** <br> sua, suum |

► Le vocatif sg. de **meus** est **mi**.

Tu quoque, **mi** fili!
*Toi aussi, **mon** fils!*

**182.** EMPLOIS DES PRONOMS PERSONNELS.

**1.** Les nominatifs **ego**, **tu**, **nos**, **vos** ne s'emploient que pour mettre en relief le sujet *(moi, je... - quant à moi... - c'est moi qui...)*.

**Ego** Románus sum, **tu** Graecus es. *__Moi__, je suis Romain, __toi__, tu es Grec.*

**2.** On tutoie tout le monde en latin (conserver ce tutoiement dans la traduction).

Ave Caesar, moritúri **te** salútant. *Salut, César; ceux qui vont mourir __te__ saluent.*

**3.** Le latin ignore l'ordre de politesse du français; il cite les personnes dans l'ordre suivant : 1re personne, puis 2e personne, puis 3e personne.

**Ego** et pater valémus. *Mon père __et moi__, nous allons bien.*

**4.** L'action réciproque peut s'exprimer par **inter nos**, **inter vos**, **inter se** :

**Inter nos** laudámus. *Nous nous louons __l'un l'autre, mutuellement__.*

► RENFORCEMENT. Les pronoms personnels peuvent être renforcés :

1. par les suffixes **-met** **(égomet, semet, nosmet, vosmet)** et **-te** **(tute)**,
2. par l'adjonction de **ipse** (apposé au complément ou le plus souvent au sujet).

**Mihi ipsi** nóceo. *C'est __à moi-même__ que je fais du tort (et non aux autres).*
**Mihi ipse** nóceo. *C'est __moi-même__ qui me fais du tort (et non les autres).*

**183.** EMPLOIS DES PRONOMS-ADJECTIFS POSSESSIFS.

**1.** Les **adjectifs** possessifs ne s'expriment en latin que s'ils sont nécessaires pour préciser le sens :

Amo patrem. *J'aime __mon__ père.* — Amo patrem **tuum**. *J'aime __ton__ père.*
Amat patrem. *Il aime __son__ père.* — Amat patrem **meum**. *Il aime __mon__ père.*

**2.** Les **adjectifs** possessifs expriment parfois, à côté d'un nom propre, une nuance d'affection :

Públius **noster**. *__Notre cher__ Publius.*

**3.** Il est souvent nécessaire de préciser dans la traduction le sens des **pronoms** possessifs employés au pluriel :

**mei** : *les miens = mes parents, mes amis, mes compatriotes, mes soldats...*
**mea** : *mes biens = ma fortune, mes affaires, mes intérêts, mes actes...*

► RENFORCEMENT. Les adjectifs possessifs peuvent être renforcés :

1. par les suffixes **-met** et **-pte** : **suâpte** manu : *de __sa propre__ main*
2. par des pronoms au génitif : **Mea solíus** culpa est. *C'est __ma__ faute __à moi seul__.* **Suā ipsíus** manu. *De __sa propre__ main.*

## EMPLOI DU RÉFLÉCHI ET DU NON-RÉFLÉCHI A LA 3e PERSONNE

**184.** RÈGLE GÉNÉRALE (LE RÉFLÉCHI DIRECT). Dans une proposition,

le pronom réfléchi **se** représente le sujet du verbe de la proposition.

Supérbi **se** laudant.
*Les orgueilleux __se__ louent.*

l'adjectif réfléchi **suus** désigne comme possesseur le sujet du verbe de la prop.

Pater amat líberos **suos**.
*Un père aime __ses__ enfants.*

Pater non **sibi** labórat, ................ sed líberis **suis**.
*Un père travaille non __pour lui__, ................ mais pour __ses__ enfants.*

185. CAS PARTICULIER (LE RÉFLÉCHI INDIRECT).

Dans une proposition subordonnée qui exprime les paroles ou la pensée de qqu'un (subordonnées **1. infinitives - 2. interrogatives indirectes - 3.** conjonctives **objet** par ut, ne, etc. - **4.** conjonctives compl. circ. de **but** ou relatives au subjonctif exprimant le **but**)

| le pronom réfléchi **se** représente : | l'adj. réfl. **suus** désigne comme possesseur : |
|---|---|

● soit le sujet de la proposition subordonnée (application de la règle générale)

| | |
|---|---|
| Dico \| supérbos **se** laudáre.<br>*Je dis que les orgueilleux **se** louent.* | Dico \| patrem amáre líberos **suos**.<br>*Je dis qu'un père aime **ses** enfants.* |

● soit le sujet du verbe de la proposition principale, c'est-à-dire la personne dont on rapporte les paroles ou la pensée (réfléchi indirect) :

| | |
|---|---|
| Quintus credit \| **se** esse beátum.<br>*Quintus croit qu'**il** est heureux.* | Quintus credit \| paréntes **suos** esse beátos.<br>*Quintus croit que **ses** parents sont heureux.* |
| Orat te pater \| ut ad **se** vénias.<br>*Ton père te prie de venir auprès de **lui**.* | Orat te mater \| ut fílio ignóscas **suo**.<br>*La mère te prie de pardonner à **son** fils.* |

186. Dans tous les autres cas, le latin emploie le NON-RÉFLÉCHI.

Le pronom de rappel **is, ea, id** tient lieu de pronom non-réfléchi :

Supérbus se laudat;
sed hómines **eum** non laudant.
*L'orgueilleux se loue;*
*mais les hommes ne **le** louent pas.*

Credo | **eum** esse beátum.
*Je crois qu'**il** est heureux.*

► Mais au nominatif sg. et pl., le latin emploie de préférence le démonstratif **ille**, parfois **iste, hic** : *lui, il..., quant à lui..., c'est lui qui...*

A la place d'un adj. possessif non réfléchi qu'il ne possède pas, le latin emploie le génitif du pronom de rappel **is, ea, id** :

**ejus** { *de celui-ci, de lui* / *de celle-ci, d'elle* / *de cette chose* } = ***son***

**eórum** { *de ceux-ci, d'eux* / *de ces choses* }, **eárum** *de celles-ci* } = ***leur***

Pater amat líberos suos, at **eórum** vítia reprehéndit.
*Le père aime ses enfants, mais il blâme **leurs** défauts.*

REMARQUES SUR L'EMPLOI DU RÉFLÉCHI ET DU NON-RÉFLÉCHI

187. Quand une proposition a plusieurs sujets, on considère qu'il y a plusieurs propositions ayant chacune son sujet propre. On dira donc :

Sócrates | et **ejus** discípuli ambulábant. *Socrate et **ses** disciples se promenaient.*

188. Dans une subordonnée exprimant les paroles ou la pensée de quelqu'un, le réfléchi peut renvoyer soit au sujet de la principale (réfléchi indirect), soit au sujet de la subordonnée (réfléchi direct). Le latin peut éviter l'équivoque en employant **ipse** pour désigner le sujet de la principale :

Dux rogávit cur captívi de **suā** salúte aut de **ipsíus** humanitáte desperárent.
*Le chef demanda pourquoi les prisonniers désespéraient de **leur** salut ou de **sa** bonté.*

189. Il peut arriver que le réfléchi ne renvoie pas au sujet. On emploie toujours :

**1. SE** dans les expressions **propter se** : *pour soi* - **per se** : *en soi* - **inter se** : *entre soi.*
Virtútem **propter se** cólere debémus. *Nous devons pratiquer la vertu **pour elle-même**.*

**2. SUUS** — à côté de **quisque** : In civitátes **quemque suas** dimísit. *Il les renvoya **chacun** dans **sa** cité.*
— lorsqu'il est précédé de **cum** réunissant possesseur et possédé : Magónem **cum** classe **suā** mittunt. *Ils envoient Magon **avec sa** flotte.*
— au sens de ***son propre*** : Hanníbalem **sui** cives e civitáte ejecérunt. ***Ses propres** concitoyens chassèrent Hannibal de la cité.*

# C. pronoms-adjectifs interrogatifs et exclamatifs

190. ● LE PRONOM INTERROGATIF **QUIS, QUAE, QUID** : *qui, lequel, quoi, que ?*

● L'ADJECTIF INTERROGATIF **QUI, QUAE, QUOD** : *quel, quelle ?*

| | | | | | | |
|---|---|---|---|---|---|---|
| SG. N. | **quis** | **quae** | **quid** | **qui** | **quae** | **quod** |
| AC. | **quem** | quam | **quid** | **quem** | quam | **quod** |

| | | | |
|---|---|---|---|
| G. | **cujus** | **cujus** | **cujus** |
| D. | **cui** | **cui** | **cui** |
| AB. | quo | quā | quo |
| PL. N. | qui | quae | **quae** |
| AC. | quos | quas | **quae** |
| G. | quorum | quarum | quorum |
| D. | **quibus** | **quibus** | **quibus** |
| AB. | **quibus** | **quibus** | **quibus** |

**Quis** venit? *Qui vient ?*

**Quid** agis? *Que fais-tu ?*

**Qui** miles venit? *Quel soldat est venu ?*

**Quod** templum vides? *Quel temple vois-tu ?*

► Formes adverbiales : **quid?** *pourquoi ?* - **qui?** *comment ?*
**Quid** me vérberas? ***Pourquoi** me frappes-tu ?* **Qui** fit ut...? ***Comment** se fait-il que... ?*

► L'adjectif interrogatif a parfois la forme **quis** au nominatif sg. (au lieu de **qui**).

191. RENFORCEMENT de l'interrogatif par **-nam**.

● PR. **quisnam**, quaenam, quidnam — *qui donc ?* *quoi donc ?*

● ADJ. **quinam**, quaenam, quodnam — *quel... donc ?*

192. **UTER, UTRA, UTRUM** s'emploie s'il s'agit de deux personnes ou de deux choses.

| | | | |
|---|---|---|---|
| SG. N. | uter | utra | utrum |
| AC. | utrum | utram | utrum |
| G. | **utríus** | **utríus** | **utríus** |
| D. | **utri** | **utri** | **utri** |
| AB. | utro | utrā | utro |
| PL. N. | utri | utrae | utra |

(rare - se décline sur **boni, ae, a**)

● PRONOM : *qui des deux, lequel des deux ?*
Duo fratres tibi sunt. **Uter** véniet?
*Tu as **deux** frères. **Lequel** viendra ?*

● ADJECTIF : *quel, quelle (des deux) ?*
**Uter** mons áltior est?
***Quelle** montagne **(des deux)** est la plus élevée ?*
***Laquelle des deux** montagnes est la plus élevée ?*

► **Uter** et les autres pronoms-adjectifs employés pour deux s'utilisent au pluriel quand il s'agit de deux groupes :
**Utri** victi sunt? ***Lequel des deux partis** a été vaincu ?*

193. AUTRES ADJECTIFS INTERROGATIFS.

**qualis**, is, e — *quel ? (quelle sorte de ?)*
**quantus**, a, um — *quel ? (de quelle grandeur ?)*
**quot** (invariable) = quam multi — *combien nombreux ? combien de ?*

194. Les adjectifs interrogatifs peuvent s'employer aussi comme exclamatifs.

**qui**, quae, quod — *quel !*
**qualis**, is, e — *quel !*
**quantus**, a, um — *quel grand !*
**quot** (invar.) = quam multi — *combien de ! que de !*

**Quot** viri! - Quam multi viri! ***Combien d'**hommes ! **Que d'**hommes !*

# D. pronoms-adjectifs relatifs

## A. LE RELATIF QUI, QUAE, QUOD

195.

| | | M. | F. | N. | Principales traductions |
|---|---|---|---|---|---|
| SG. | N. | **qui** | **quae** | **quod** | *qui* |
| | AC. | **quem** | quam | **quod** | *que* |
| | G. | **cujus** | **cujus** | **cujus** | ***dont**, de qui, duquel (de laquelle)* |
| | D. | **cui** | **cui** | **cui** | *à qui, auquel (à laquelle)* |
| | AB. | quo | quā | quo | *(par) qui, (par) lequel (laquelle)* |
| PL. | N. | qui | quae | **quae** | *qui* |
| | AC. | quos | quas | **quae** | *que* |
| | G. | quorum | quarum | quorum | ***dont**, de qui, desquels (desquelles)* |
| | D. | **quibus** | **quibus** | **quibus** | *à qui, auxquels (auxquelles)* |
| | AB. | **quibus** | **quibus** | **quibus** | *(par) qui, (par) lesquels (lesquelles)* |

► La déclinaison du pronom relatif est semblable à celle de l'**adjectif** interrogatif.

► On trouve parfois — **qui** à l'ablatif singulier des trois genres, au lieu de **quo, quā, quo**;
— **quis** à l'ablatif pluriel des trois genres (au lieu de **quibus**).

► La préposition **cum** suit le relatif et se soude à lui : **quocum, quācum, quibúscum**.

196. Le pronom relatif s'accorde en **genre** et en **nombre** avec son **antécédent**, mais il est au **cas** voulu par sa fonction dans la proposition relative.

Lítterae **quas** scripsísti mihi jucundíssimae fuérunt.

*La lettre **que** tu m'as écrite m'a été très agréable.*

Le pronom relatif **quas** a pour antécédent **lítterae.** Il est donc au féminin pluriel. Mais il est complément d'objet de **scripsísti**, donc à l'ACCUSATIF.

197. Lorsque le relatif a **plusieurs antécédents**, il s'accorde avec eux pour le genre et le nombre selon les mêmes règles que l'adjectif qualificatif attribut (§ 122) :

● Si les antécédents sont **du même genre**, le pr. relat. est **au pluriel et au genre des antécédents** :

Mater et fília, **quae** sunt bonae... *La mère et la fille, **qui** sont bonnes...*

● Si les antécédents sont **de genres différents**, le pronom relatif est :

— au **masculin** s'il s'agit de **personnes** :
Pater et mater, **qui** sunt boni...
*Le père et la mère, **qui** sont bons...*

— au **neutre** s'il s'agit de **choses** :
Domus et hortus, **quae** sunt pulchra...
*La maison et le jardin, **qui** sont beaux...*

198. Si l'antécédent est une proposition, le latin emploie le neutre **quod** : *ce qui.*

Praedam partítus est, **quod** difficile fuit. *Il fit le partage du butin, **ce qui** fut difficile.*

199. Si le relatif a pour attribut un nom, il s'accorde par **attraction** en genre et en nombre avec ce nom attribut, et non avec l'antécédent.

Alésia, **quod** est óppidum Mandubiórum... *Alésia, **qui** est la place forte des Mandubiens...*

200. Quand deux propositions relatives sont coordonnées, le latin peut remplacer le deuxième relatif par le pronom **is, ea, id**.

Mílites **quos** victóres redúxerat **eorúmque** (= et quorum) virtútem erat expértus.

*Les soldats **qu'**il avait ramenés vainqueurs **et dont** il avait éprouvé la valeur.*

201. Une préposition exprimée devant l'antécédent ne se répète pas devant le relatif :

**In eo loco quo** pugnátum erat. ***Dans le lieu où** l'on avait combattu.*

202. Il arrive que le relatif complète un participe ou une subordonnée inclus dans la subordonnée relative. La traduction littérale est impossible.

Dii **quibus confísi** victóriam sperátis. ⟨*Les dieux auxquels vous étant fiés vous espérez la victoire.*⟩

*Les dieux à qui vous vous fiez quand vous espérez la victoire.*

Sunt artes **quas qui tenent** erudíti appellántur. ⟨*Il y a des sciences **que ceux qui possèdent** sont dits savants.*⟩

*Il y a des sciences dont les possesseurs sont dits savants.*

203. **Le nom antécédent d'un relatif peut être répété dans la subordonnée relative.** (Le relatif est alors un **adjectif.**)

Erant itínera duo, **quibus itinéribus** domo exíre possent.

*Il y avait deux routes ⟨**par lesquelles routes**⟩ ils pouvaient quitter leur pays.*
***Il y avait deux routes qui leur permettaient de quitter leur pays.***

204. **Lorsque l'antécédent serait en apposition à ce qui précède, il est normalement attiré dans la subordonnée relative.** (Le relatif est alors **un adjectif.**)

Fines Carnútum, **quae régio** in médiā Gálliā est... (= régio quae)

*Le territoire des Carnutes, **contrée qui** est au centre de la Gaule...*

205. **La relative précède souvent la principale.**

**Quem** dilígimus, **ei** parémus. *Nous obéissons **à celui que** nous aimons.*

206. **Quand la relative précède la principale, le nom «antécédent» est souvent attiré dans la relative. Il est d'habitude repris au début de la principale par un pronom démonstratif, le plus souvent is.** (Le relatif est alors un **adjectif.**)

**Quas** scripsísti **lítteras, eae** mihi jucundíssimae fuérunt. (= eae lítterae quas)

*__La lettre que__ tu m'as écrite m'a été très agréable.*

207. **LE RELATIF SANS ANTÉCÉDENT. Le pronom antécédent peut être omis. On le rétablit ordinairement dans la traduction : *celui* *qui (que, dont...)*, *celle* *qui*, *ce* *qui*.**

Age **quod** agis. *Fais **ce que** tu fais.*

► ***Pour le thème.***

208. LA TRADUCTION DE ***DONT***.

*Dont* équivaut à un relatif précédé de la préposition *de*. Comme cette préposition peut introduire en français de multiples compléments, il convient d'analyser toujours *dont* avant de traduire. *Dont* peut être en effet :

**1. complément d'un nom** → génitif.

*Les poètes **dont** j'ai lu **les vers**.* Poétae **quorum cármina** legi.

**2. complément d'un superlatif** → génitif, ou ex + ABL.

*Les arbres **dont** tu vois **le plus haut**.* Árbores **quarum (e quibus) altíssimam** vides. (§ 144)

**3. complément d'un adjectif** → cas variable selon la construction de l'adjectif.

*L'éloge **dont** il est **digne**.* Laus **quā dignus** est. (§ 104)

**4. complément d'un verbe** → cas variable selon la nature du complément.

| | | |
|---|---|---|
| objet : | *Les bienfaits **dont je me souviens**.* | Benefícia **quorum mémini**. (§ 38) |
| | *Les livres **dont je me sers**.* | Libri **quibus utor**. (§ 40) |
| complément circonstanciel | *L'épée **dont il frappe**.* | Gládius **quo ferit**. (§ 52) |
| | *La ville **dont je reviens**.* | Urbs **e quā rédeo**. (§ 63) |
| compl. de verbe passif | *Le chagrin **dont je suis accablé**.* | Maeror **quo confícior**. (§ 90) |
| | *Mon père **dont je suis aimé**.* | Pater **a quo amor**. (§ 90) |

209. LA TRADUCTION DE ***CE QUI, CE QUE...***

**1.** S'il s'agit d'un **pron. démonstratif suivi d'un relatif**, on traduit littéralement :

*Fais **ce que** tu fais.* Age **(id) quod** agis.

**2.** S'il s'agit d'une **locution interrogative** introduisant une interrogation indirecte (cf. § 364), on traduit par un pronom interrogatif neutre.

*Je te demande **ce que** tu fais.* A te quaero **quid** agas. (= ***Que** fais-tu ? Je te le demande*).

210. LE RELATIF DE LIAISON : Après une ponctuation forte (point, deux points, point-virgule), le relatif **qui** remplace souvent un pronom ou un adjectif démonstratif (en particulier **is, ea, id**) accompagné d'une conj. de coordination.

Antiquórum sapiéntia magna est. **Quorum** libros légite.
*La sagesse des anciens est grande. **Donc**, lisez **leurs** livres.*

**quorum** = **ígitur** + pronom **eórum**

Ad te scripsi. **Quas** lítteras non accepísti.
*Je t'ai écrit. **Mais** tu n'as pas reçu **cette** lettre.*

**quas** = adjectif **eas** + **vero**

► Si la phrase débute par une subordonnée, le relatif de liaison est placé avant la conj. de sub. : **Quod** cum vidísset, ábiit (**quod** cum = cum **autem id**...). ***Et** après avoir vu **cela**, il partit.*

## B. LES RELATIFS INDÉFINIS

211. **quicúmque, quaecúmque, quodcúmque** — se décline comme le relatif **qui** ; le suffixe **-cumque** est invariable.

● PRONOM : *tout homme qui - quiconque - tous ceux qui* - neutre : *tout ce qui*

**Quicúmque** injússu cónsulis pugnáverit morte afficiétur.
***Tout homme qui** (**Quiconque**) aura combattu sans l'ordre du consul sera puni de mort.*

● ADJECTIF : *tout* [*homme*] *qui - quel que soit* [*l'homme*] *qui - quel que.*

Sic péreat **quaecúmque** Romána lugébit hostem !
*Qu'ainsi périsse **toute** Romaine **qui** pleurera un ennemi public !*

212. **quisquis, quidquid (quicquid)** a les mêmes sens que **quicúmque,** mais ne s'emploie qu'aux trois formes suivantes du singulier :

PR. **quisquis** — PR.-ADJ. **quidquid (quicquid)** — ADJ. **quoquo**
(nom. masc. sg.) — (nom.-acc. neutre sg.) — (abl. m. et n. sg.)

**Quisquis** es, lóquere. *Qui **que** tu sois, parle.*

**Quicquid** videt cupit. *Il désire **tout ce qu'**il voit.*

**Quoquo** modo... *De **quelque** façon **que**...*

## C. LES CORRÉLATIFS

213. On appelle corrélatifs un couple de mots de même nature et de formation parallèle.
— l'un, de forme et de sens **démonstratifs**, se trouve dans la **principale** ;
— l'autre, de forme et de sens **relatifs**, introduit la **subordonnée** :

**is... qui** : *celui... qui* et, dans l'ordre inverse, **qui... is** (§ 205) sont des corrélatifs.

| AUTRES CORRÉLATIFS | démonstratif | relatif | |
|---|---|---|---|
| — qualité | **talis**, is, e ......... | **qualis**, is, e | *tel... que* |
| — mesure | **tantus**, a, um ..... | **quantus**, a, um | *aussi grand... que* |
| — nombre | **tot** (invariable) ..... | **quot** (invariable) | *aussi nombreux... que* |
| | **tam multi**, ae, a... | **quam (multi)** | *autant de... que de* |

**Talis** est fílius **qualis** pater.
*Le fils est **tel que** le père.*

**Tanta** glória milítibus fuit **quantus** labor.
*Les soldats eurent **autant de** gloire **que de** peine.*

214. Ces corrélatifs peuvent s'exprimer dans l'ordre inverse :

**qualis ...... talis** : 〈*tel que... tel*〉 ***tel... tel***
**quantus... tantus** : 〈*aussi grand que... aussi grand*〉 ***aussi grand... aussi grand***
**quot .............. tot** / **quam multi... tam multi** : 〈*aussi nombreux que... aussi nombreux*〉 ***autant de... autant de***

**Qualis** pater, **talis** fílius.
***Tel** père, **tel** fils.*

**Quantus** labor, **tanta** glória fuit milítibus.
***Autant** les soldats eurent **de** peine, **autant** ils eurent **de** gloire.*

► Le démonstratif antécédent est parfois omis :
**Quantam** voles pecúniam tibi dabo. *Je te donnerai **autant** d'argent **que** tu voudras.*

# E. pronoms et adjectifs indéfinis

## I. SOLUS, TOTUS, NULLUS
## ET LES INDÉFINIS DE SENS OU D'EMPLOI NÉGATIF

215. ADJECTIFS : **solus** : *seul* - **totus** : *tout (entier)* - **nullus** : *aucun... ne (ne... aucun)*

► Ils se déclinent au singulier sur **unus** (**§ 149**), au pluriel sur **boni, ae, a.**
GÉN. SG. : **solíus, totíus, nullíus** - DAT. SG. : **soli, toti, nulli.**

REMARQUES : 1. Distinguer : a) **unus** : *un seul* - **solus** : *seul (solitaire).*

b) **totus** : *tout entier* | **univérsi, cuncti** : *tous ensemble*
**omnis** : *tout, chaque* | **céteri** : *tous les autres*
**omnes** : *tous, tous les* | **réliqui** : *les autres, le reste de.*

2. **Nullus** ne s'emploie
— ni pour 2 personnes ou 2 choses (on emploie **néuter,** § 227);
— ni après la conj. de coord. **et** (en emploie **neque ullus,** § 217).

216. PRONOMS : **nemo** : *personne... ne (ne... personne)* - **nihil** : *rien... ne (ne... rien)*

| | M. | N. | (F.) |
|---|---|---|---|
| N. | **nemo** | **nihil** | |
| AC. | **néminem** | **nihil** - | (ad) nullam rem |
| G. | nullíus | | nullíus rei |
| D. | **némini** | | nulli rei |
| AB. | nullo | | nullā re |

► On remplace les formes manquantes :
— de **nemo** : par les formes correspondantes de **nullus,**
— de **nihil** : par les formes correspondantes de **nulla res** (fém.).

► Pour deux personnes, deux choses, on emploie **néuter, néutra, néutrum** (§ 227).
► L'emploi de **nemo, nihil** après la conj. de coordination **et** est incorrect (cf. § 217).

217. En latin, on ne fait pas suivre la conj. de coord. **et** d'un mot négatif; on emploie **nec, neque** suivi d'un mot de sens positif. Pour dire *et personne... ne, et rien... ne, et aucun... ne,* on emploie donc **nec, neque** + un indéfini de sens positif :

| | |
|---|---|
| ● PR. **quisquam, —, quidquam (quicquam)** ⟨*quelqu'un*⟩ ⟨*quelque chose*⟩ se décline comme le pron. interrog. **quis** (§ 190) | ● ADJ. **ullus, ulla, ullum** ⟨*quelque*⟩ se décline comme **nullus** |

**nec quisquam** : *et personne... ne* — **nec quicquam** : *et rien... ne* — **neque ullus** : *et aucun... ne*

**Proféctí sunt omnes nec quisquam rédiit.**
*Ils partirent tous **et personne** ne revint.*

REMARQUE : **Quisquam** et **ullus** s'emploient dans toutes les phrases qui contiennent un mot ou un sens négatif.

**Haud** venit **quisquam.** ***Personne n'****est venu.* - **Nunquam ulla** res défuit. ***Jamais rien n'****a manqué.*
**Negat quicquam** scriptum esse. ***Il dit qu'on n'a rien*** *écrit.* - **Sine ullo** vúlnere. ***Sans aucune*** *blessure.*
Estne **quidquam** túrpius? *Y a-t-il **rien** de plus honteux?* (sens : *il n'est rien de plus honteux*).

## II. PRONOMS - ADJECTIFS INDÉFINIS COMPOSÉS DE QUIS

218. Les pronoms-adjectifs suivants (ainsi que **quisquam**, § 217) **se déclinent**, à part quelques différences signalées par le fond bleu, **comme le pronom interrogatif quis, quae, quid** et l'adjectif interrogatif **qui, quae, quod** (§ 190).

| |
|---|
| ● PR. **quidam, quaedam, quiddam** ● ADJ. **quidam, quaedam, quoddam** |
| *un certain homme* — *une certaine chose* — *un certain, certain, un* |

Quidam désigne une personne ou une chose qu'on pourrait préciser si l'on voulait :

**Quidam** venit. ***Un certain homme** est venu.* (Je le connais, je pourrais le nommer.)

Vir **quidam**, Rufus nómine... ***Un** [**certain**] homme, nommé Rufus.*

219.

| |
|---|
| ● PR. **áliquis, áliqua, áliquid** ● ADJ. **áliqui(s), áliqua, áliquod** |
| *quelqu'un* — *quelque chose* — *quelque* |
| (Nom.-Acc. neutre pl. : **áliqua**) |

Áliquis a un sens plus indéterminé que **quidam** :

**Áliquis** venit. ***Quelqu'un** est venu.* (Je ne le connais pas.)

C'est pourquoi on emploie **áliquis** pour indiquer la construction d'un verbe ou d'un adjectif :

**párcĕre álicui** : *épargner quelqu'un* (signifie que **párcĕre** se construit avec le **datif**);
**meminísse alicújus** : *se souvenir de quelqu'un* (= **meminísse** + **génitif**).

► On emploie peu le pluriel de **áliquis**. On utilise plutôt les pronoms-adjectifs :
**áliquot** (indéclinable) - **nonnúlli, ae, a** : *quelques-uns, quelques*.

220.

| |
|---|
| ● PRONOM **quis, quae (qua), quid** ● ADJ. **qui, quae (qua), quod** |
| *quelqu'un* — *quelque chose* — *quelque* |
| Nom.-Acc. neutre pl. : **quae** ou **qua** |

**Quis** remplace **áliquis** après **si, nisi, ne** (+ subj.), **num, cum** (répétition), **dum** ou un **relatif**.

**Si quis** adest... ***Si quelqu'un** est là...* **Num quis** venit? ***Est-ce quelqu'un** est venu ?*

► On écrit souvent en un seul mot : **numquis** : *est-ce que quelqu'un ?*

221.

| |
|---|
| ● PR. **quisque, quaeque, quidque** ● ADJ. **quisque, quaeque, quodque** |
| *chacun* — *chaque chose* — *chaque* |

► ATTENTION aux confusions possibles *a)* avec l'adverbe **quoque** : *aussi*;
*b)* avec les formes du **relatif** ou de l'**interrogatif** suivies de la conj. de coord. **-que** : *et*.

**Quisque** ne s'emploie pas en tête de proposition, et se trouve surtout après :

1. les réfléchis **se** et **suus** : Faber est **suae quisque** fortúnae.
   *Chacun est l'artisan de sa propre fortune.*
2. un **superlatif** (cf. § 147) : Fortíssimus quisque.
   *[Tous] les plus courageux.*
3. un **adj. ordinal** (cf. § 80) : **Décimus quisque**. *Un sur dix.* — **Tértio quoque** anno. *Tous les trois ans.*
4. un **relatif**, un **interrogatif**, **ut** *(selon que)* : **Quam quisque** nóverit artem, in hac se exérceat.
   *Que chacun s'exerce dans l'art qu'il connaît.*

► Dans les autres cas, pour dire ***chacun***, on emploie **omnis** ou **unusquísque** (§ 222).

222. **• PR. unusquísque, unaquaéque, unumquídque** **• ADJ. unusquísque, unaquaéque, unumquódque**

Les deux éléments se déclinent. Ex. : gén. : **uniuscujúsque.**

**Unusquísque** a le même sens que **quisque,** mais peut s'employer en tête de proposition.

223. **• PR. quivis, quaevis, quidvis** / **quílibet, quaélibet, quídlibet** — *n'importe qui*, *n'importe quoi* **• ADJ. quivis, quaevis, quodvis** / **quílibet, quaélibet, quódlibet** — *n'importe quel*

► Le deuxième élément est un verbe : **vis** : *tu veux* - **libet** : *il te plaît.*

224. **• PR. néscio quis, néscio quae, néscio quid** — *je ne sais qui*, *je ne sais quoi* **• ADJ. néscio qui, ...quae, ...quod** — *je ne sais quel*

► Le premier élément est le verbe **néscio** : *je ne sais pas.*

Cette locution joue le plus souvent le rôle de pronom ou d'adjectif indéfini.

**Néscio quis** venit. *Il est venu* ***je ne sais qui.***
**Néscio quid** dixit. *Il a dit* ***je ne sais quoi.***
Causam **néscio quam** defendébat. *Il défendait* ***je ne sais quelle cause.***

► Cependant, parfois, **néscio** garde tout son sens, et **quis** introduit une subordonnée interrogative indirecte.

Néscio **quis vénerit.** *Je ne sais pas* ***qui est venu.***

## III. ÁLIUS

225. LE PRONOM ADJECTIF **álius, ália, áliud.**

**1. employé seul :** sg. : **álius** : *un autre*
pl. : **álii** : *d'autres*

**Álii** venérunt. ***D'autres*** *sont venus.*

► **álius atque** : *autre que* (cf. § 418) :

**Álios** libros legi **ac** tu.
*J'ai lu* ***d'autres*** *livres* ***que*** *toi.*

| | | | | |
|---|---|---|---|---|
| SG. | N. | **álius** | ália | **áliud** |
| | AC. | álium | áliam | **áliud** |
| | G.[1] | | | |
| | D. | **álii** | **álii** | **álii** |
| | AB. | álio | áliā | álio |
| PL. | N. | álii | áliae | ália |

(se décline sur **boni, ae, a**)

1. Pour remplacer le gén. sg., on emploie
— soit le gén. de **alter** (§ 226) : **alteríus**;
— soit l'adjectif **aliénus, a, um** : *d'autrui*

**2. répété au même cas :**

**álius...álius...álius** : *l'un...un autre...un autre*

**Álii** scribunt, **álii** legunt, **álii** cantant.
***Les uns*** *écrivent,* ***d'autres*** *lisent,* ***d'autres*** *chantent.*

**3. répété à des cas différents,** marque :

**a)** la réciprocité : **Álii álios** laudant. *Ils* ***se*** *louent* ***entre eux (mutuellement).***

► La réciprocité s'exprime aussi par l'expression **inter se** (cf. § 182 n° 4).

**b)** la diversité : **Álii** in **áliam** partem discessérunt. *Ils partirent* ***les uns*** *dans* ***une*** *direction,* ***les autres*** *dans* ***l'autre.*** *Ils partirent dans des directions* ***différentes.***

## IV. INDÉFINIS EMPLOYÉS POUR DEUX PERSONNES OU DEUX CHOSES

Quand il est question de **deux personnes, de deux choses** ou **de deux groupes**, le latin emploie des pronoms adjectifs indéfinis spéciaux.

226. PRONOM-ADJ. **alter, áltera, álterum** (correspond à **álius** employé dans le cas général).

**1. employé seul** :
sg. **alter** : *l'un (des deux), l'autre (des deux), le deuxième, autrui.*
pl. **álteri** : *les uns — les autres.*

| | | | | |
|---|---|---|---|---|
| SG. | N. | alter | áltera | álterum |
| | AC. | álterum | álteram | álterum |
| | G. | **alteríus** | **alteríus** | **alteríus** |
| | D. | **álteri** | **álteri** | **álteri** |
| | AB. | áltero | álterā | áltero |
| Pl. | N. | álteri | álterae | áltera |

(se décline sur **boni, ae, a**)

**Áltera** venit.
(selon le contexte) *a)* ***L'une** est venue.*
*b)* ***L'autre** est venue.*

**2. répété au même cas** :
**alter... alter** : *l'un... l'autre.*

**Álteri** scribunt, **álteri** legunt.
***Les uns** écrivent, **les autres** lisent.*

**3. répété à des cas différents**, marque :
**a)** la réciprocité : **Alter álteri** auxílium fert. *Ils **se** portent secours **l'un à l'autre**.*
**b)** la diversité : **Alter áltero** more vivébat. *Ils vivaient **l'un d'un** façon, **l'autre d'une autre**. Ils vivaient **tous deux** d'une façon **différente**.*

227. Les pronoms-adjectifs suivants se déclinent comme **uter** (§ 192) :

PRONOM-ADJ. **néuter, néutra, néutrum**
*ni l'un ni l'autre, aucun des deux*

(correspond à **nemo, nihil, nullus** employés dans le cas général)

PRONOM-ADJ. **utérque, utráque, utrúmque**
*l'un et l'autre, tous les deux*

(correspond à **quisque** employé dans le cas général)

**Utérque** venit,
***Tous les deux** sont venus.*

**Utráque** manus.
***L'une et l'autre** main, **les deux** mains.*

PRONOM-ADJ. **altéruter, altérutra** (áltera utra), **altérutrum** (álterum utrum)
*l'un ou l'autre des deux*

## REMARQUES GÉNÉRALES SUR LES PRONOMS ET LES ADJECTIFS PRONOMINAUX :

### L'EMPLOI DES PRONOMS NEUTRES

228. Pour exprimer l'idée de ***chose***, on emploie les pronoms neutres (démonstratifs, interrogatifs, indéfinis) aux cas où leur forme se distingue de celle du masculin : nominatif et accusatif.

**Áliquem** vídeo. *Je vois **quelqu'un**.*
**Áliquid** vídeo. *Je vois **quelque chose**.*

Aux cas qui prêteraient à confusion (génitif, datif, ablatif), on emploie généralement une périphrase composée du mot féminin **res** + adjectif.

**Alicújus** mémini.
*Je me souviens **de quelqu'un**.*

**Alicújus** rei mémini.
*Je me souviens **de quelque chose**.*

229. Un pronom neutre peut être accompagné d'un complément au génitif (cf. § 99). Le latin préfère cette tournure à l'emploi d'un adjectif se rapportant au nom.

| | | |
|---|---|---|
| ***PRONOM*** + compl. au gén. | = ADJECTIF se rapportant au nom. | |
| **hoc** praémii | = hoc praémium | : *cette récompense.* |
| **quid** praémii ? | = quod praémium ? | : *quelle récompense ?* |
| **nihil** praémii | = nullum praémium | : *aucune récompense.* |
| **áliquid** praémii | = áliquod praémium | : *quelque récompense.* |

De même on dit, avec un adjectif qualificatif :

Quid (est) novi ? *Quoi de neuf ?* Nihil novi. *Rien de neuf.*

► ***Pour le thème***

## LA TRADUCTION DE *ON*

230. En latin, aucun mot ne correspond au pronom ***on***. Le latin a recours à d'autres tournures équivalentes.

1. VERBE AU PASSIF.

- **passif personnel** : quand le verbe actif a un complément d'objet, celui-ci devient le sujet du verbe passif latin :

| | | |
|---|---|---|
| *On loue le courage.* | *On te considère comme courageux.* | *On doit pratiquer la vertu.* |
| *(Le courage est loué.)* | *(Tu es considéré comme courageux.)* | (cf. § 345) |
| Virtus laudátur. | Fortis habéris. | Colénda est virtus. |

► Pour *on dit que, on m'ordonne de, on me force à, on me défend de,* cf. § 309.

- **Passif impersonnel** : en latin, les verbes transitifs et même intransitifs peuvent s'employer sans sujet à la 3ᵉ pers. du sg. du passif :

*On combat.* Pugnátur. *On doit combattre.* Pugnándum est.

2. VERBE A L'ACTIF.

- **2ᵉ pers. du singulier *(tu)***, à condition que le verbe soit au subjonctif :

*On dirait.* Dicas, díxeris. *On croirait.* Credas. *On aurait cru.* Créderes.

- **3ᵉ pers. du singulier** ayant comme sujet un pronom indéfini : **áliquis, quis** : *quelqu'un* :

*On vient.* Áliquis venit. *Si l'on vient...* Si quis venit...

- **1ʳᵉ pers. du pluriel *(nous)***, à condition que la personne qui parle prenne part à l'opinion exprimée :

*On loue souvent la vertu, mais on ne la pratique pas toujours.*
Virtútem saepe laudámus, sed non semper cólimus.

- **3ᵉ pers. du pluriel** (sans sujet exprimé) pour quelques verbes très employés signifiant : *dire, rapporter, raconter.*

*On dit.* Dicunt, áiunt. *On rapporte.* Tradunt, ferunt. *On raconte.* Narrant.
***On dit*** *qu'Homère fut aveugle.* **Dicunt** Homérum caecum fuísse.

# 5. les mots invariables

## A. adverbes

### I. ADVERBES DE MANIÈRE

231. La plupart des adverbes de manière sont formés sur des adjectifs qualificatifs, en ajoutant au radical de l'adjectif un **suffixe** :

| **-e** pour les adj. de la 1re classe : | | | **-(i)ter** pour les adj. de la 2e classe : | | |
|---|---|---|---|---|---|
| (doctus) | **docte** | : *savamment* | (fortis) | **fórtiter** | : *courageusement* |
| (miser) | **mísere** | : *misérablement* | (acer) | **ácriter** | : *vivement* |
| (piger) | **pigre** | : *paresseusement* | (celer) | **celériter** | : *rapidement* |
| (bonus) | **bene** (irrég.) | : *bien* | (véhemens) | **veheménter** | : *violemment* |

232. Autres formations :

— **adjectifs** neutres — à l'ACC. : **fácile** : *facilement* - **solum, tantum** : *seulement*
— à l'ABL. : **falso** : *faussement* - **tuto** : *en sécurité*

— **noms** à l'ABLATIF : **forte** : *par hasard* - **vulgo** : *communément* - **modo** : *seulement*
**jure** : *à bon droit* - **injúriā** : *injustement, à tort*

— formations diverses :

| | | | | | | | |
|---|---|---|---|---|---|---|---|
| **ádmodum**, **omníno** | *tout à fait* | **étiam**, **et** | *aussi, même, encore* | **áliter** | : *autrement* | **clam** | : *en cachette* |
| | | | | **praesértim** | : *surtout* | **palam** | : *ouvertement* |
| **fere**, **paene** | *presque* | **quoque** | : *aussi* | **partim** | : *en partie* | **contra** | : *au contraire* |
| | | **sic, ita** | : *ainsi* | **paulátim** | : *peu à peu* | **frustra** | : *en vain* |
| **vix** | : *à peine* | **item** | : *de même* | **praetérea** | : *en outre* | **unā** | : *ensemble* |

233. COMPARATIF ET SUPERLATIF DES ADVERBES DE MANIÈRE.

Les adverbes de manière provenant d'adjectifs peuvent avoir :

— un COMPARATIF : c'est l'accusatif neutre singulier (en **-ius**) du comparatif de l'adjectif;

— un SUPERLATIF : c'est l'adverbe en **-e** formé sur le superlatif de l'adjectif.

| | | |
|---|---|---|
| docte<br>*savamment* | **dóctius**<br>*plus, assez, trop savamment* | **doctíssime**<br>*le plus, très savamment* |
| fórtiter<br>*courageusement* | **fórtius**<br>*plus, assez, trop courageusement* | **fortíssime**<br>*le plus, très courageusement* |

Si le compar. ou le superl. de l'adjectif est irrégulier, celui de l'adverbe l'est aussi.

| | | | | | | | |
|---|---|---|---|---|---|---|---|
| ácriter | *vivement* | **ácrius** | **acérrime** | bene | *bien* | **mélius** | **óptime** |
| celériter | *rapidement* | **celérius** | **celérrime** | male | *mal* | **pejus** | **péssime** |
| fácile | *facilement* | **facílius** | **facíllime** | prope | *près* | **própius** | **próxime** |

► L'égalité et l'infériorité s'expriment de la même façon que pour les adjectifs :

| | | |
|---|---|---|
| **tam** docte<br>***aussi*** *savamment* | **minus** docte<br>***moins*** *savamment* | **mínime** docte<br>***le moins, très peu*** *savamment* |

► Le complément du comparatif et du superlatif des adverbes, ainsi que le renforcement de ces formes, s'expriment de la même façon que pour les adjectifs (§ 138 à 141 – 144 et 146).

## II. ADVERBES DE LIEU

234. Les adverbes répondant aux quatre questions de lieu se rattachent aux pronoms-adjectifs interrogatifs, démonstratifs, relatifs et indéfinis. Ils se reconnaissent pour chaque question à une caractéristique.

| *PRONOMS* | *ADVERBES DE LIEU CORRESPONDANTS* | | | |
|---|---|---|---|---|
| ● INTERROG. **quis** | **UBI** (es)? **Où** *(es-tu)?* | **QUO** (is)? **Où** *(vas-tu)?* | **UNDE** (redis)? ***D'où*** *(reviens-tu)?* | **QUĀ** (iter facis)? ***Par où*** *(passes-tu)?* |
| ● DÉMONSTR. **hic** **iste** **ille** **is** | **hic** : *ici* **istic** : *là* **illic** : *là-bas* **ibi** : *là, y* | **huc** : *ici* **istuc** : *là* **illuc** : *là-bas* **eo** : *là, y* | **hinc** : *d'ici* **istinc** : *de là* **illinc** : *de là-bas* **inde** : *de là, en* | **hac** : *par ici* **istac** : *par là* **illac** : *par là-bas* **eā** : *par là* |
| ● RELATIFS **qui** **quicúmque** | **ubi** : *où, là où* **ubicúmque** : *quel que soit l'endroit où, partout où* | **quo** : *où, là où* **quocúmque** : *quel que soit l'endroit où, partout où* | **unde** : *d'où* **undecúmque** : *quel que soit l'endroit d'où* | **quā** : *par où* **quācúmque** : *quel que soit l'endroit par où* |
| ● INDÉFINIS **álius** **quisque** | **álibi** : *ailleurs* **ubíque** : *partout* | **álio** : *ailleurs* | **aliúnde** : *d'ailleurs* **úndique** : *de partout* | **áliā** : *par ailleurs* |
| **CARACTÉRISTIQUE** | **i** | **o/u** | **in/un** | **ā** |

235. REMARQUE SUR LES ADVERBES RELATIFS.

Les adverbes relatifs **ubi - quo - unde - quā** ont les mêmes emplois que les pronoms relatifs :

- avec adverbe antécédent : **Ibi** cónstitit **ubi** jussum erat. *Il s'arrêta **là où** on l'avait ordonné.*
- avec nom antécédent : Locus **ubi** pugnátum erat. *Le lieu **où** l'on avait combattu.*
- sans antécédent : Móriar **ubi** sum. *Je mourrai **[là] où** je suis.*
- relatif de liaison (= ibi, eo, inde, eā + c. de coord.) **Ubi** cum Dionýsius cenavísset... ***Or,** comme Denys avait dîné **là...*** **Unde** fit ut... ***De là** vient que...*

236. D'autres adverbes marquent le lieu de façon plus générale.

**ante** : *devant* **post** : *derrière* **procul** : *loin* **prope** (própius-próxime) : *près.*
**nusquam** : *nulle part* **usquam** : *quelque part* (dans une phrase négative ou interrogative)

## III. ADVERBES DE TEMPS

Les adverbes de temps, très nombreux, expriment la date, la durée, la fréquence. Voici les plus employés :

237. DATE.

**hódie** : *aujourd'hui*
**heri** : *hier*
**cras** : *demain*
**prídie** : *la veille*
**postrídie** : *le lendemain*
**noctu** : *de nuit*
**mane** : *le matin*
**véspere (-i)** : *le soir*
**nunc** : *maintenant*
**tum, tunc** : *alors*
**mox** : *bientôt*
**simul** : *en même temps*

**nuper** : *récemment*
**ántea, ante, prius** : *auparavant*
**póstea, post** : *plus tard*
**intérea**, **ínterim** } *pendant ce temps*
**statim** : *aussitôt*
**repénte, súbito** : *soudain*
**olim, quondam**, **aliquándo** } *un jour*
**jam** : 1. *déjà* 2. *désormais* 3. *maintenant*
non jam : *ne... plus*

**nondum** : *ne... pas encore*
**primum** : *d'abord*
quam primum : *le plus tôt possible*
**primo** : *en premier lieu*
**deínde, dein** : *ensuite*
**tandem** : *enfin* (à la fin d'une attente)
**dénique**, **postrémo** } *enfin, finalement* (pour terminer une énumération, une action)
**tum... tum**, **modo... modo** } *tantôt... tantôt*

238. DURÉE.

**diu** : *longtemps* (COMP. : diútius - SUPERL. : diutíssime)

**jámdiu** : *depuis longtemps*
**paulísper** : *quelque temps*

239. FRÉQUENCE.

**nunquam** : *ne... jamais*
**unquam** : *quelque jour* (dans une phrase négative ou interrogative)
**nonnúnquam** : *quelquefois*

**intérdum** : *de temps en temps, parfois*
**rursus** : *de nouveau*
**quotídie (cottídie)** : *chaque jour*
**quotánnis** : *chaque année*

**saepe** : *souvent* (COMP. : saépius - SUP. : saepíssime)
**plerúmque** : *le plus souvent*
**fere** : *presque toujours*
**semper** : *toujours*

## IV. ADVERBES D'AFFIRMATION ET DE DOUTE

240. Les adverbes d'affirmation et de doute les plus employés sont les suivants :

**quidem** (2e mot de la prop.) : *certes, il est vrai, du moins*
**équidem** : *certes, quant à moi* (s'emploie avec un verbe à la 1re personne)
**profécto** : *assurément*
**sane** : *vraiment, tout à fait*

**certo** : *certainement* - **certe** : *du moins*
**quin, quin étiam** : *bien plus, et même*
**scílicet** : *sans doute, bien sûr, assurément*
**fortásse**, **forsan** (+ SUBJ.), **fórsitan** (+ SUBJ.) } *peut-être*

## V. ADVERBES DE NÉGATION

241. La négation **HAUD** porte sur un mot isolé (adjectif ou adverbe) :

**Haud fácile** est. *Il n'est pas facile.* **haud procul** (ab) : *non loin (de)*

242. La négation **NON** porte généralement sur la proposition, parfois sur un seul mot :

Vir **non obscúrus**. *Un homme qui n'était pas obscur.*

243. En règle générale, le latin ne fait pas suivre la conjonction de coordination **et** d'un mot négatif. La négation et la coordination sont réunies en un seul mot : **NEQUE, NEC** : *et... ne... pas.*

Ábiit **nec** rédiit. *Il est parti **et n'**est **pas** revenu.*

On dira de même :

**neque unquam** : *et... ne... jamais*
**neque usquam** : *et... ne... nulle part*

**nec quisquam** : *et personne... ne*
**nec quidquam** : *et rien... ne*
**neque ullus** : *et aucun... ne*
} cf. § 217

Ábiit **neque unquam** rédiit. *Il partit **et ne** revint **jamais**.*

► **Neque** signifie *ni* s'il est précédé d'une autre négation ou s'il est redoublé :

**Nunquam** eum vidi **neque** audívi. *Jamais je **ne** l'ai vu **ni** entendu.*

Eum **nec** vidi **neque** audívi. *Je **ne** l'ai **ni** vu **ni** entendu.*

244. La négation **NE** s'emploie dans les prop. principales ou indépendantes au subjonctif de défense (§ 322), de souhait et regret (§ 323) :

**Ne** hoc féceris. ***Ne** fais **pas** ceci.*

► et + la conjonction de subordination **ne** se remplace par **neve, neu**.

► **ne... quidem** : *ne... pas même, ne... pas non plus* s'emploie dans toute espèce de proposition.

245. DOUBLE NÉGATION.

1. Deux négations dans une même proposition équivalent à une affirmation :

**Nunquam nihil** agit. *Il fait **toujours** quelque chose.*

► Toutefois **neque... neque — ne... quidem** ne détruisent pas une première négation :

Nihil **nec** púlchrius **nec** jucúndius est. *Rien n'est plus beau ni plus agréable.*

Nunquam **ne** ímprobis **quidem** óbfui. *Jamais je n'ai fait de tort même aux méchants.*

2. Si l'une des négations est **non**, le sens de l'affirmation dépend de la place de **non**.

**NON** placé **après** un autre négation :

AFFIRMATION **RENFORCÉE**

**Nemo non** venit. ***Tout le monde** est venu.*

*⟨Il n'y eut personne { pour ne pas venir. / qui ne soit pas venu.⟩*

| | |
|---|---|
| **nemo non** | : *tout le monde* |
| **nihil non** | : *tout* |
| **nullus non** | : *tous* |
| **nunquam non** | : *toujours* |
| **nusquam non** | : *partout* |

**NON** placé **devant** une autre négation :

AFFIRMATION **RESTREINTE**

**Non nemo** venit. ***Quelqu'un** est venu.*

*⟨Il n'est pas vrai que personne ne soit venu.⟩*

| | |
|---|---|
| **non nemo** | : *quelqu'un, quelques-uns* |
| **non nihil** | : *quelque chose* |
| **nonnúllus** | : *quelque* |
| **nonnúlli** | : *quelques-uns, plusieurs* |
| **nonnúnquam** | : *quelquefois* |
| **nonnúsquam** | : *en plusieurs endroits* |

## VI. ADVERBES DE QUANTITÉ

Aux adverbes de quantité français correspondent en latin non seulement des adverbes, mais aussi des adjectifs et des formations particulières (comparatif, superlatif).

### 246. DEVANT UN VERBE

le latin emploie un **adverbe**

**EXCLAMATION INTERROGATION**

**Quantum** crevit!
***Combien (comme, que)*** *il a grandi!*

| | | |
|---|---|---|
| multum créscĕre | : | *beaucoup grandir* |
| magis | : | *plus, davantage* |
| máxime | : | *le plus, au plus haut point* |
| paulum | : | *un peu* |
| minus | : | *moins* |
| mínime | : | *le moins, très peu* |
| satis (sat) | : | *assez* |
| nimis | : | *trop* |
| parum | : | *trop peu* |

**CORRÉLATION**

**Tantum** crevit **quantum** tu.
*Il a grandi **autant que** toi.*

REMARQUE :

Mais la quantité s'exprime par des **adjectifs neutres**

● **au génitif**
avec les verbes d'ESTIMATION

aestimáre, fácĕre, dúcĕre, putáre } *estimer*
esse : *valoir*

**Quanti** eum fácio!
***Combien*** *je l'estime!*

| | | |
|---|---|---|
| magni fácĕre | : | *estimer beaucoup* |
| pluris | : | *plus* |
| plúrimi, máximi | : | *le plus, au plus haut point* |
| parvi | : | *peu* |
| minóris | : | *moins* |
| mínimi | : | *le moins, très peu* |

**tanti... quanti** : ***autant... que***

● **au gén. ou à l'abl.**
avec les verbes de PRIX

émĕre : *acheter*
véndĕre : *vendre*
constáre : *coûter*

**Quanti** hoc emi!
***A quel prix*** *j'ai acheté ceci!*
***Que*** *j'ai acheté **cher** cet objet!*

| | | |
|---|---|---|
| magno émĕre | : | *acheter cher* |
| pluris | : | *plus cher* |
| plúrimo, máximo | : | *le plus cher, très cher* |
| parvo | : | *peu cher, bon marché* |
| minóris | : | *moins cher* |
| mínimo | : | *le moins cher, très bon marché* |

**tanti... quanti** : ***aussi cher... que***

### 247. DEVANT { UN ADJECTIF / UN ADVERBE

le latin emploie un **adverbe** (ou les degrés de comparaison)

**Quam** pulcher est!
***Combien (comme, que)*** *il est beau!*

| | | |
|---|---|---|
| púlchrior (compar.) | : | *plus beau* |
| pulchérrimus (superl.) | : | *le plus, très beau* |
| minus pulcher | : | *moins beau* |
| mínime pulcher | : | *le moins beau, très peu beau* |
| satis pulcher (ou comp.) | : | *assez beau* |
| nimis pulcher (ou comp.) | : | *trop beau* |
| parum pulcher | : | *trop peu beau* |

**Tam** pulcher **quam** bonus est.
*Il est **aussi** beau **que** bon.*

REMARQUE :

Mais on emploie des **adverbes** en **-o** devant **ante**, **post** ou un COMPARATIF.

**Quanto** dóctior est!
***Combien (comme)*** *il est plus savant!*

multo dóctior : *beaucoup plus savant*

paulo dóctior : *un peu plus savant*

**tanto... quanto - eo... quo** : ***d'autant*** *(plus)*... ***que*** *(plus)*

248.

## DEVANT UN NOM

**A.** Devant un **nom concret au sg.** (choses qui se mesurent), le latin emploie un **adverbe** suivi d'un complément au génitif.

**EXCLAMATION INTERROGATION**

**Quantum** auri!
*Combien d'or! Que d'or!*

| | |
|---|---|
| multum auri | : *beaucoup d'or* |
| plus auri | : *plus d'or* |
| plúrimum auri | : *le plus d'or* |
| paulum auri | : *un peu d'or* |
| minus auri | : *moins d'or* |
| mínimum auri | : *le moins d'or, très peu d'or* |
| satis auri | : *assez d'or* |
| nímium auri | : *trop d'or* |
| parum auri | : *trop peu d'or* |

**CORRÉLATION**

Tantum auri quantum argénti.
*Autant d'or que d'argent.*

**B.** Devant un **nom abstrait au singulier** (quantité plus ou moins grande)

- le latin peut employer un adverbe accompagné d'un complément de nom au génitif, comme ci-dessus A
- mais il exprime d'habitude la grandeur par un **adjectif** (magnus, parvus...)

**Quanta** glória!
*Combien de gloire! Quelle gloire!*

| | |
|---|---|
| magna glória | : *beaucoup de gloire* |
| major glória | : *plus de gloire* |
| máxima glória | : *le plus de gloire* |
| parva glória | : *peu de gloire* |
| minor glória | : *moins de gloire* |
| mínima glória | : *le moins de gloire, très peu de gloire* |
| satis magna glória | : *assez de gloire* |
| nímia glória | : *trop de gloire* |
| nimis parva glória | : *trop peu de gloire* |

**Tanta** glória milítibus fuit **quantus** labor.
*Les soldats eurent **autant de** gloire **que de** peine.*

**C.** Devant un **nom concret au pluriel** (choses ou personnes plus ou moins nombreuses)

le latin exprime le nombre par un **adjectif** (multi, pauci...)

**Quam multi** viri! **Quot** viri!
*Combien (Que) d'hommes!*

| | |
|---|---|
| multi viri | : *beaucoup d'hommes* |
| plures viri | : *plus d'hommes* |
| plúrimi viri | : *le plus d'hommes* |
| pauci viri | : *peu d'hommes* |
| paucióres viri | : *moins d'hommes* |
| paucíssimi viri | : *le moins d'hommes, très peu d'hommes* |
| satis multi viri | : *assez d'hommes* |
| nimis multi viri | : *trop d'hommes* |
| nimis pauci viri | : *trop peu d'hommes* |

**Tam multi** viri **quam** mulíeres.
**Tot** viri **quot** mulíeres.
*Autant d'hommes que de femmes.*

## VII. ADVERBES ET PARTICULES D'INTERROGATION

**249.** Les **ADVERBES** suivants posent une question sur une circonstance de

LIEU : ubi? *où (es-tu)?* - quo? *où (vas-tu)?* - unde *d'où?* - quā? *par où?*
TEMPS : quando? *quand?* - quámdiu? *pendant combien de temps?*
quoúsque? *jusqu'à quand?* - quóties (-ens)? *combien de fois?*
MANIÈRE : quómodo? - quemádmodum? - ut? - qui? : *comment?*
CAUSE cur? - quare? - quámobrem? - quid? : *pourquoi?*
quidni? quin? *pourquoi ne... pas?*
QUANTITÉ : quam? - quantum? - quanti? - quanto? (cf. § 246 à 248) : *combien?*

**250.** Les **PARTICULES** interrogatives s'emploient si la question porte sur toute la proposition.

| Dans l'INTERROGATION SIMPLE on emploie : | | ***selon la réponse attendue :*** |
|---|---|---|
| **-ne...?** *est-ce que...?* | Vidistí**ne** Romam? *Est-ce que tu as vu Rome? As-tu vu Rome?* | On ignore quelle sera la réponse : ***Oui*** ou ***Non*** |
| **num...?** *est-ce que...?* | **Num** insánis? *Est-ce que tu es fou? Es-tu fou?* | On attend ou on sollicite la réponse : ***Non*** |
| **nonne...?** *est-ce que... ne... pas?* | **Nonne** amícus meus es? *Est-ce que tu n'es pas (N'es-tu pas) mon ami?* | On attend ou on sollicite la réponse : ***Oui, si*** |

REMARQUES :

1. La particule **-ne** se soude au 1er mot de la proposition. C'est sur ce mot que porte la question.
   **Vidistíne** Romam? ***As-tu vu*** *Rome?* **Romámne** vidísti? ***Est-ce Rome que*** *tu as vue?*
2. Comme en français, l'intonation peut suffire à exprimer l'interrogation :
   Dormis? *Tu dors? Est-ce que tu dors?*
3. **Réponse à une interrogation** :

| Pour répondre ***oui (si)***, on peut | Pour répondre ***non***, on peut |
|---|---|
| ● répéter le verbe de l'interrogation | ● répéter le verbe avec la négation **non** |
| ● employer un adverbe tel que : **ita, sic, vero, sane, quidem, étiam.** | ● employer **mínime** : *pas du tout,* **non ita** : *il n'en est pas ainsi.* |
| — Vidistíne Romam? { **— Vidi.** / **— Ita.** } ***Oui.*** | — Vidistíne Romam? { **— Non vidi.** / **— Mínime.** } ***Non.*** |

**251.** Dans l'INTERROGATION DOUBLE, on emploie :

**utrum** / **-ne** / (pas de particule) } **...an...?**

**Utrum** vígilas / Vigilás**ne** / Vígilas } **an** dormis? *Es-tu éveillé ou dors-tu?*

► Pour traduire ***ou non*** dans le deuxième terme, on emploie **annon** (ou, plus rarement, **necne**) :

**Utrum** vígilas / Vigilás**ne** / Vígilas } **...annon?** (...**necne**?) *Es-tu éveillé ou non?*

► Il arrive que le premier terme de l'interrogation ne soit pas exprimé.
**An** se trouve alors en tête d'une interrogation simple marquant le doute, la protestation, l'ironie. On traduit par : ***est-ce que vraiment, est-ce que par hasard?***
**An** me stultum esse putas? *Crois-tu vraiment que je sois stupide?*

# B. prépositions

## 252. ORIGINE, SENS, CONSTRUCTION.

**1.** La plupart des prépositions sont d'anciens adverbes; beaucoup d'entre elles, soulignées dans les § 254 à 256 continuent d'ailleurs à s'employer comme adverbes.

**2.** Toutes les prépositions se construisent avec l'ACCUSATIF ou l'ABLATIF.

**3.** Elles ont souvent trois sens :

■ un sens de base concret, presque toujours de **lieu**

♦ un sens étendu de **temps** ► un sens figuré plus **abstrait**.

## 253. PLACE des prépositions.

1. Comme son nom l'indique, la préposition précède son « régime ».

► Cependant **cum** se soude aux pronoms personnels et au relatif **qui** :
**mecum - tecum - secum - nobíscum - vobíscum - quocum - quācum - quibúscum**

2. La préposition se place souvent entre l'adjectif épithète et le nom :

Multos **post** annos. ***Après** de nombreuses années.*

3. Une prép. introduisant plusieurs mots coordonnés ne se répète généralement pas :

**In** proélio aut fugā. ***Dans** la bataille ou **dans** la fuite.*

4. Une préposition exprimée devant l'antécédent ne se répète pas devant le relatif :

**In eo loco quo** pugnátum erat. ***Dans le lieu où** l'on avait combattu.*

## 254. Prépositions suivies tantôt de l'ACCUSATIF, tantôt de l'ABLATIF.

| | | | |
|---|---|---|---|
| **in** | **1. + ACC.** | ■ *dans, en, sur* (question **quo**) | venit in hortum : *il vient dans le jardin* |
| | | ♦ *en vue de, pour* | magistrátus in annum creáti : *des magistrats nommés pour l'année* |
| | | ♦ locutions | in diem vívĕre : *vivre au jour le jour*<br>in dies créscĕre : *grandir de jour en jour* |
| | | ► *contre* | in áliquem dícĕre : *parler contre quelqu'un* |
| | **2. + ABL.** | ■ *dans, en, sur* (question **ubi**) | ámbulat in horto : *il se promène dans le jardin* |
| | | ♦ *au cours de, dans* | in senectúte : *dans sa vieillesse* |
| | | ► *au nombre de, parmi* | in bonis habére : *mettre au nombre des bons* |
| | | ► *quand il s'agit de* | in salúte commúni : *quand il s'agit du salut commun* |
| **sub** | **1. + ACC.** | ■ *sous, au pied de* (qu. **quo**) | sub jugum míttĕre : *faire passer sous le joug* |
| | | ♦ *vers, à l'approche de* | sub vésperum : *vers le soir* |
| | **2. + ABL.** | ■ *sous, au pied de* (qu. **ubi**) | sub moénibus pugnáre : *combattre sous les murs* |
| | | ► *sous les ordres de* | sub Flamínio merére : *faire son service militaire sous les ordres de Flaminius* |
| **super** | **1. + ACC.** | ■ *sur, au-dessus de* (**quo, ubi**) | super caput : *au-dessus de la tête* |
| | **2. + ABL.** | ► *au sujet de* (familier) | super hoc scribam : *j'écrirai à ce sujet* |

## 255. Prépositions suivies de l'ACCUSATIF.

| | | |
|---|---|---|
| **ad** | ■ *vers (les environs de), chez* | ad urbem accéssit : *il s'approcha de la ville* |
| | ♦ *jusqu'à* | ad senectútem : *jusqu'à la vieillesse* |
| | ► *afin de, pour* | legit ad discéndum : *il lit pour apprendre* |
| | ■ *près de* | pugna ad Cannas : *la bataille de* (près de) *Cannes* |
| | ♦ *à l'approche de* | ad vésperum : *à l'approche du soir* |
| | ► *environ* | ad ducéntas naves : *environ deux cents bateaux* |
| **advérsus** | ■ *en face de* | advérsus urbem : *en face de la ville* |
| | ► *contre* | advérsus hostes : *contre les ennemis* |
| | ► *envers, à l'égard de* | piétas advérsus deos : *la piété envers les dieux* |
| **ante** | ■ *devant* | ante óculos meos : *devant mes yeux* |
| | ♦ *avant* | ante bellum : *avant la guerre* |
| **apud** | ■ *près de, chez* | sum apud dóminum : *je suis chez le maître* |
| | ► *dans* (l'œuvre de) | apud Cicerónem : *dans (l'œuvre de) Cicéron* |
| **circa** | ■ *autour de* | circa urbem : *autour de la ville* |
| | ► *environ* | circa ducéntas naves : *environ deux cents bateaux* |
| **circum** | ■ *autour de* | circum urbem : *autour de la ville* |
| **cis, citra** | ■ *en deçà de* | citra Alpes : *en deçà des Alpes* |
| **contra** | ■ *en face de* | contra ínsulam : *en face de l'île* |
| | ► *contre* | contra hostes : *contre les ennemis* |
| | ► *contrairement à* | contra natúram : *contrairement à la nature* |
| **erga** | ■ *envers, à l'égard de* | piétas erga deos : *la piété envers les dieux* |
| **extra** | ■ *en dehors de* | extra muros : *en dehors des murs* |
| **infra** | ■ *au-dessous de, au pied de* | infra montem : *au pied de la montagne* |
| **inter** | ■ *entre, parmi* | inter urbem et flumen : *entre la ville et le fleuve* |
| | ♦ *dans l'espace de, en* | inter tot annos : *au cours de tant d'années* |
| **intra** | ■ *à l'intérieur de* | intra muros : *à l'intérieur des murs* |
| | ♦ *dans un temps de, en* | intra decem dies : *en dix jours* |
| | ♦ *en moins de* | intra décimum diem : *en moins de dix jours* |
| **juxta** | ■ *tout près de* | juxta viam : *à côté de la route* |
| **ob** | ■ *devant* | ob óculos : *devant les yeux* |
| | ► *à cause de* | ob eam causam : *pour cette raison* |
| **penes** | ■ *entre les mains de* | penes accusatórem : *entre les mains de l'accusateur* |
| **per** | ■ *par, à travers* | iter feci per Gálliam : *je suis passé par la Gaule* |
| | ♦ *pendant* | per bellum : *pendant la guerre* |
| | ► *par l'intermédiaire de* | per exploratóres : *par l'intermédiaire d'éclaireurs* |
| **post** | ■ *derrière* | post urbem : *derrière la ville* |
| | ♦ *après* | post bellum : *après la guerre* |
| **praeter** | ■ *le long de* | praeter amnem : *le long du fleuve* |
| | ► *au delà de, outre* | praeter modum : *outre mesure* |
| | ► *contrairement à* | praeter legem : *contrairement à la loi* |
| | ► *excepté, sauf* | nemo praeter me : *personne sauf moi* |
| **prope** (própius, próxime) | ■ *près de* | sum prope urbem : *je suis près de la ville* |
| **propter** | ■ *à côté de* | propter státuam : *à côté de la statue* |
| | ► *à cause de* | propter bellum : *à cause de la guerre* |
| **secúndum** | ■ *le long de* | secúndum flumen : *le long du fleuve* |
| | ♦ *aussitôt après* | secúndum hanc pugnam : *aussitôt après ce combat* |
| | ► *conformément à* | secúndum natúram : *conformément à la nature* |
| **supra** | ■ *au-dessus de* | supra caput : *au-dessus de la tête* |
| **trans, ultra** | ■ *au delà de* | trans Alpes : *au delà des Alpes* |

## 256. Prépositions suivies de l'ABLATIF.

| | | |
|---|---|---|
| **a, ab, abs** | ■ *loin de, de* | rédeo ab urbe : *je reviens (des abords) de la ville* |
| (**a** ou **ab** devant cons. | ♦ *depuis* | a pueritiā, a púero : *depuis l'enfance* |
| **ab** devant voyelle ou **h** | ► *de* (origine, provenance) | accépi lítteras a patre : *j'ai reçu une lettre de mon père* |
| **abs** devant **t**) | ► *par, de* (agent) | amor a patre : *je suis aimé par (de) mon père* |
| | ► *contre* | ab hoste tégĕre : *protéger contre l'ennemi* |
| | ■ *du côté de* | a tergo, a fronte : *par derrière, par devant* |
| **clam** | ■ *à l'insu de* | clam vobis : *à votre insu* |
| **coram** | ■ *en présence de* | coram pópulo : *devant le peuple* |
| **cum** | ■ *avec* (accompagnement) | cum amíco cenābam : *je dînais avec un ami* |
| (se soude au pron. pers. | ► *contre, à* | bellum gérĕre cum áliquo : *faire la guerre à quelqu'un* |
| ou relatif **qui**) | ► *avec* (manière cf. § 54, R.) | cum curā : *avec soin* |
| **de** | ■ *(en détachant) de* | de viā decédĕre : *s'écarter de la route* |
| | ■ *(du haut) de* | de muro cádĕre : *tomber du (haut du) mur* |
| | ♦ *au cours de* | de tértiā vigíliā : *au cours de la 3ᵉ veille* |
| | ► *entre, parmi* | quis de poétis? *qui parmi les poètes ?* |
| | ► *au sujet de, de* | de pace loqui : *parler (au sujet) de la paix* |
| **e, ex** | ■ *hors de, de* | rédeo ex urbe : *je reviens de la ville* |
| (**e** ou **ex** devant cons. | ♦ *depuis* | ex eo témpore : *depuis ce moment, depuis lors* |
| **ex** devant voyelle ou **h**) | ► *entre, parmi* | altíssima ex arbóribus : *le plus haut des arbres* |
| | ► *d'après, conformément à* | ex foédere : *conformément au traité* |
| | ► *par suite de* | e vúlnere períre : *périr de sa blessure* |
| | ► *(fait) en, de* | vas ex auro : *un vase en or* |
| **prae** | ■ *devant* | prae se ferre : *porter devant soi, étaler* |
| | ► *en raison de* | prae maeróre : *en raison de sa douleur* |
| | ► *en comparaison de* | prae me beátus es : *tu es heureux en comparaison de moi* |
| **pro** | ■ *devant* | pro castris : *devant le camp* |
| | ► *en faveur de, pour* | pro pátriā dimicáre : *lutter pour sa patrie* |
| | ► *à la place de, au lieu de* | pro praetóre : *à la place du préteur* |
| | ► *dans la mesure de* | pro víribus : *dans la mesure de ses forces* |
| **sine** | ■ *sans* | sine ullo vúlnere : *sans aucune blessure* |
| **tenus** (après son régime) | ■ *jusqu'à* | Tauro tenus : *jusqu'au Taurus* |

## 257. PRÉPOSITIONS RENFORCÉES par un adverbe :

**usque ad** + ACC. : *jusqu'à*
**ad (in)** + ACC. **versus** : *en direction de*

**ad** Océanum **versus** : ***en direction de*** *l'Océan.*

**unā cum** + ABL. : *en même temps que, avec*
**procul ab** + ABL. : *loin de*

**procul a** mari : ***loin de*** *la mer.*

## 258. FAUSSES PRÉPOSITIONS.

Certains noms à l'ablatif précédés d'un complément de nom au GÉNITIF peuvent jouer le rôle d'une préposition :

**causā** : *en vue de, pour* - **grátiā** : *à cause de, pour* - **loco** : *à la place de, comme*

legéndi **causā** : *pour lire* patris **loco** : *comme un père*

# C. conjonctions de coordination

259. Les conjonctions de coordination unissent des mots, des groupes de mots, des propositions de même nature et de même fonction. Elles expriment :

### 1. l'union pure et simple (sans négation ou avec négation) :

**et** : *et*

**-que** : *et*

**atque (ac)** : *et*

> Dans une énumération de plusieurs termes, on peut
> - répéter **et** devant chaque terme : Pater **et** mater **et** fílius.
> - ajouter **-que** au dernier terme seulement : Pater, mater filiús**que**.
> - supprimer toute conj. de coord. **(asyndète)** : Pater, mater, fílius.

**neque (nec)** : *et... ne... pas, ni* : cf. § 243 — **neve (neu)** : *et [que]... ne... pas* : cf. § 244.

### 2. l'alternative :

**aut** : *ou* s'emploie si les deux termes s'excluent : Víncĕre aut mori : *vaincre ou mourir.*
**vel** : *ou (= ou si tu veux)* offre un choix : Óppidum vel urbs : *une place forte ou bien une ville.*
**-ve** : *ou* est rare en dehors d'expressions toutes faites : Plus minúsve : *plus ou moins.*

### 3. l'opposition (conjonctions classées de la plus faible à la plus forte) :

| | |
|---|---|
| — **autem** : *mais, or* | L'opposition est parfois si faible que **autem, vero** se traduisent par : *et,* ou ne se traduisent pas. |
| — **vero** : *mais* | Quand **autem, vero** mettent en valeur un nom ou un pronom, ils se traduisent souvent par : *quant à...* |
| **sed** : *mais* | S'emploie souvent après un premier terme négatif. |
| **verum** : *mais* | |
| (—) **tamen** : *cependant, pourtant* | S'emploie souvent au début de la principale, après une subordonnée de concession ou d'opposition. |
| **at** : *mais, et pourtant, au contraire* | Introduit souvent une objection : *mais, dis-tu (diras-tu),...*<br>Notez les composés : **atqui** : *et pourtant* - **áttamen** : *mais cependant.* |

### 4. la cause :

**nam, namque** / — **enim, étenim** } *car, en effet*

### 5. la conséquence :

**ergo**, (—) **ígitur** : *donc, par conséquent*
**ítaque, quāre, quámobrem, quāprópter** } *c'est pourquoi, aussi*

REMARQUES :

1. Place des conjonctions de coordination :
   **-que**, **-ve** se soudent au premier mot du deuxième terme.
   **enim**, **autem**, **vero** et, le plus souvent, **tamen**, **ígitur** sont en deuxième place.
2. La conj. de sub. **quanquam** sert parfois à coordonner : *mais, toutefois, cependant.*
3. L'absence de liaison **(asyndète)** marque souvent une opposition forte :
   Víncĕre scis, ignóscĕre nescis. *Tu sais vaincre,* ***mais*** *tu ne sais pas pardonner.*

260. **Les liaisons redoublées et symétriques** s'emploient plus souvent qu'en français :

**et... et** : *d'une part... d'autre part, et... et*
**neque... neque (nec... nec)** : *ni... ni*
**aut... aut - vel... vel** : *ou... ou*

**non solum** / **non tantum** / **non modo** } ... { **sed (étiam)** / **verum (étiam)** — *non seulement... ...mais encore (mais aussi)*

**cum... tum** : *non seulement... mais surtout, en général... en particulier*

Consília **cum** ómnibus, **tum** mihi grata.
*Des projets agréables à tous,* ***mais surtout*** *à moi (****et en particulier*** *à moi).*

# D. conjonctions de subordination

261. Les conjonctions de subordination introduisent une proposition subordonnée qu'elles réunissent à la principale. Leur emploi sera étudié § 354 à 423.

# E. interjections

262. Les interjections servent à interpeller ou à exprimer un sentiment. Si elles sont insérées dans une phrase, le nom ou le pronom qui les suivent sont au cas voulu par leur fonction dans la phrase, c'est-à-dire :

— le nominatif (on a affaire à une phrase exclamative sans verbe);
— le vocatif, cas de l'interpellation;
— l'accusatif exclamatif (cf. § 32);
— le datif d'intérêt.

On a indiqué dans la liste suivante le ou les cas auxquels sont le plus souvent le nom ou le pronom suivant l'interjection.

| | | |
|---|---|---|
| **o** : *ô* | VOCATIF<br>**O** mi fili! ***Ô*** *mon fils!* | (interpellation) |
| *oh! ah!* | NOMINATIF<br>**O** laudándus poéta! ***Oh!*** *quel poète digne de louanges!*<br>ACCUSATIF<br>**O** fortunátos agrícolas! ***Ah!*** *bienheureux les paysans!* | (émotion) |
| **pro, proh** : *oh! ô* | NOMINATIF<br>**Pro** pudor! ***Oh!*** *honte!* | (indignation) |
| | VOCATIF<br>**Pro** supréme Júppiter! ***Ô*** *tout puissant Jupiter!*<br>ACCUSATIF<br>**Pro** deum (= deórum) fidem! *Au nom des dieux!*<br>⟨*Au nom de ma fidélité envers les dieux.*⟩ *J'en appelle aux dieux!* | (étonnement) |
| **heu, eheu** : *hélas!* | ACCUSATIF<br>**Heu** me míserum! ***Hélas!*** *malheureux que je suis!* | (plainte) |
| **ei, hei** : *malheur à* | DATIF<br>**Hei** mihi! ***Malheur à*** *moi!* | (plainte) |
| **vae** : *malheur à* | DATIF<br>**Vae** mihi! ***Malheur à*** *moi!* **Vae** victis! ***Malheur aux*** *vaincus!* | (plainte - menace) |

263. On peut rattacher aux interjections :

1. la particule démonstrative **ecce** (ou **en**) : *voici que, voici* :

   **Ecce** res novae fiunt. — ***Voici qu'****arrive une révolution.*

   **Ecce** lupus (parfois : **Ecce** lupum). — ***Voici*** *le loup.*

2. le vocatif **macte** : *courage! bravo!* (encouragement ou félicitations)
3. quelques formes verbales dégradées :

   **age** : *eh bien! allons!* **salve - ave** : *bonjour, salut* **vale** : *adieu*

4. des jurons familiers :

   **hércule! hercle! mehércule! mehércules!** *par Hercule* (juron des hommes)
   **ecástor!** *par Castor!* (juron des femmes) - **édepol! pol!** *par Pollux!*

# 6. le verbe

## A. généralités

264. TEMPS ET MODES : A la différence du français, le latin

1. n'a ni participe parfait actif, ni participe présent passif, ni mode conditionnel;
2. possède un impératif futur, un participe futur, un infinitif futur et trois modes particuliers : le gérondif, le supin, l'adjectif verbal;
3. n'a qu'un seul temps, le parfait, qui corresponde aux trois passés du français (passé simple, passé composé, passé antérieur).

265. VOIX : Outre l'actif et le passif, le latin a une conjugaison déponente.

Les verbes **déponents** ont des formes passives mais un **sens actif**. Cependant :

**1.** Une forme a le **sens passif** : **l'adjectif verbal**

| |
|---|
| **imitándus, a, um** : *devant être imité* |

**2.** Les formes suivantes (qui n'existent pas au passif) sont empruntées à l'**actif** :

| | |
|---|---|
| — participe présent : | **ímitans, -ántis :** *imitant* |
| — gérondif : | **ad imitándum :** *pour imiter* - **imitándi** - **imitándo** |
| — supin : | **imitátum :** *pour imiter* - **imitátu :** *à imiter* |
| — participe futur : | **imitatúrus, a, um :** *sur le point d'imiter* |
| — infinitif futur : | **imitatúrum, am, um esse :** *être sur le point d'imiter* |

266. LES RADICAUX DU VERBE ET LES CONJUGAISONS :

Les 3 radicaux de l'**actif** sont indiqués par les « temps primitifs » du verbe :

| **amo, amas, amáre** | **amávi** | **amátum** |
|---|---|---|
| **radical du présent : AMA-** | **radical du parfait : AMAV-** | **radical du supin : AMAT-** |

Dans les tableaux de conjugaison, les radicaux sont distingués de la manière suivante :

| radical du PRÉSENT : | radical du PARFAIT : | radical du SUPIN : |
|---|---|---|
| lettres noires, fond blanc | lettres noires, fond bleu | lettres bleues, fond blanc |

► Pour les verbes **déponents**, les temps primitifs ne citent pas le supin, qui se tire facilement du parfait. On citera donc ainsi les temps primitifs d'un verbe déponent :

**ímitor, áris, ári, imitátus sum** (supin : imitátum).

267. On distingue, d'après le radical du présent, **quatre types de conjugaisons**, reconnaissables aux trois premières terminaisons des temps primitifs :

| | ACTIF | DÉPONENT |
|---|---|---|
| **1.** | amo, as, **áre**, amávi, amátum | ímitor, áris, **ári**, imitátus sum |
| **2.** | móneo, es, **ére**, mónui, mónitum | véreor, éris, **éri**, véritus sum |
| **3a.** | lego, is, **ĕre**, legi, lectum | utor, eris, **i**, usus sum |
| **3b.** | cápio, is, **ĕre**, cepi, captum | pátior, eris, **i**, passus sum |
| **4.** | aúdio, is, **íre**, audívi, audítum | expérior, íris, **íri**, expértus sum |

► Aux conjugaisons régulières, il convient d'ajouter **sum** et ses composés, ainsi que les conjugaisons dites irrégulières (§ 290 et suivants).

# B. les conjugaisons

## 268. LE VERBE IRRÉGULIER

**SUM, ES, ESSE, FUI :** ***être***

| | INDIC. | IMP. | SUBJ. | PARTICIPE | INFINITIF |
|---|---|---|---|---|---|
| PRÉSENT | *je suis*<br>sum<br>es<br>est<br>sumus<br>estis<br>sunt | *sois*<br><br>es<br><br><br>este | *que je sois*<br>sim<br>sis<br>sit<br>simus<br>sitis<br>sint | | *être*<br><br>esse |
| IMPARFAIT | *j'étais*<br>eram<br>eras<br>erat<br>erámus<br>erátis<br>erant | | *que je fusse*<br>essem<br>esses<br>esset<br>essémus<br>essétis<br>essent | | |
| FUTUR | *je serai*<br>ero<br>eris<br>erit<br>érimus<br>éritis<br>erunt | *sois*<br><br>esto<br><br><br>estóte | | *sur le point d'être*<br>*destiné à être*<br>*disposé à être*<br>futúrus, a, um | *⟨être sur le point d'être⟩*<br>*⟨être destiné à être⟩*<br>*⟨être disposé à être⟩*<br>fore<br>futúrum, am, um } esse<br>futúros, as, a } esse |
| PARFAIT | *je fus, j'ai été*<br>fui<br>fuísti<br>fuit<br>fúimus<br>fuístis<br>fuérunt, fuére | | *que j'aie été*<br>fúerim<br>fúeris<br>fúerit<br>fuérimus<br>fuéritis<br>fúerint | | *avoir été*<br><br>fuísse |
| PL.-Q.-PF. | *j'avais été*<br>fúeram<br>fúeras<br>fúerat<br>fuerámus<br>fuerátis<br>fúerant | | *que j'eusse été*<br>fuíssem<br>fuísses<br>fuísset<br>fuissémus<br>fuissétis<br>fuíssent | | |
| FUT. ANT. | *j'aurai été*<br>fúero<br>fúeris<br>fúerit<br>fuérimus<br>fuéritis<br>fúerint | | | | |

► **Esse** est dépourvu de supin, de gérondif, de participe présent.

► A côté du subjonctif imparfait **essem...**, on trouve **forem, fores, foret... forent.**

## 269. LE COMPOSÉ IRRÉGULIER :

**POSSUM, POTES, POSSE, PÓTUI :** ***pouvoir***

| | INDICAT. | SUBJ. | INFIN. |
|---|---|---|---|
| PRÉSENT | *je peux*<br>possum<br>potes<br>potest<br>póssumus<br>potéstis<br>possunt | *que je puisse*<br>possim<br>possis<br>possit<br>possímus<br>possítis<br>possint | *pouvoir*<br><br>posse |
| IMPARFAIT | *je pouvais*<br>póteram<br>póteras<br>póterat<br>poterámus<br>poterátis<br>póterant | *que je pusse*<br>possem<br>posses<br>posset<br>possémus<br>possétis<br>possent | |
| FUTUR | *je pourrai*<br>pótero<br>póteris<br>póterit<br>potérimus<br>potéritis<br>póterunt | | |
| PARFAIT | *je pus, j'ai pu*<br>pótui<br>potuísti<br>pótuit<br>potúimus<br>potuístis<br>potuérunt, potuére | *que j'aie pu*<br>potúerim<br>potúeris<br>potúerit<br>potuérimus<br>potuéritis<br>potúerint | *avoir pu*<br><br>potuísse |
| PL.-Q.-PF. | *j'avais pu*<br>potúeram<br>potúeras<br>potúerat<br>potuerámus<br>potuerátis<br>potúerant | *que j'eusse pu*<br>potuíssem<br>potuísses<br>potuísset<br>potuissémus<br>potuissétis<br>potuíssent | |
| FUT. ANT. | *j'aurai pu*<br>potúero<br>potúeris<br>potúerit<br>potuérimus<br>potuéritis<br>potúerint | | |

► **Posse** est, comme **esse,** dépourvu de supin, de gérondif, de participe présent et, de plus, d'impératif, de participe futur et d'infinitif futur.

## 270. SENS ET EMPLOIS DE **ESSE**.

1. A l'origine, **esse**, comme tous les autres verbes, a une signification propre :

| | |
|---|---|
| — *exister* | Omnes qui **fuérunt**. *Tous ceux qui **ont existé**.* |
| — *être réellement* | **Est** ut dicis. ***C'est bien** comme tu dis.* |
| — être { *dans un lieu* | **Sum** Lugdúni. ***Je suis** à Lyon.* |
| — être { *dans une situation* | In servitúte **sunt**. ***Ils sont** en esclavage.* |

► On traduit souvent par *il y a, il y avait, il y eut*, etc., les formes de 3ᵉ pers. (sg. ou pl.) employées sans attribut avec un sujet sg. ou pl. :

**Sunt** ferae in silvis. ***Il y a** des bêtes sauvages dans les forêts.*

► **esse** + DATIF se traduit par *avoir* : **Mihi est** liber. ***J'ai** un livre.*

2. Le sens primitif s'étant affaibli, **esse** appelle en général un attribut du sujet. Certains compléments peuvent s'employer avec valeur d'attribut :

a) compl. de QUALITÉ : Hic puer **est egrégiae índolis (egrégiā índole)**.

*Cet enfant **est d'un excellent naturel**.*

b) compl. de MATIÈRE : Hoc vas **est ex auro**. *Ce vase **est en or**.*

c) compl. de POSSESSION : Haec domus **est patris mei**.

*Cette maison **est la propriété de mon père**.*

► Si le sujet est à l'infinitif, on traduit **esse** + GÉNITIF par ***être le propre de, être l'affaire de, être le rôle de, être le devoir de*** :

**Est hóminis** ratiónem sequi. ***C'est le propre de l'homme** de suivre la raison.*
**Regis est** tuéri cives. ***C'est le devoir d'un roi** de protéger ses concitoyens.*

d) compl. de PRIX. Avec un adjectif neutre au génitif, **esse** signifie *valoir* (§ 246, R.) :

**Esse parvi.** ***Valoir peu*** *(être de petite valeur).*

3. Un dernier affaiblissement de sens fait de **esse** un auxiliaire.

► Encore les formes **est, sunt, esse** sont-elles souvent omises dans les formes composées :

| | | |
|---|---|---|
| Ducénti mílites **occísi**. | Credo eum **ventúrum**. | Cénseo **deléndam** Carthágine m. |
| *200 soldats **furent tués**.* | *Je crois **qu'il viendra**.* | *Je pense **qu'il faut détruire** Carthage.* |

## 271. LES COMPOSÉS DE **ESSE**.

**possum**, potes, posse, pótui (+ INFINITIF) : *pouvoir*
**absum**, abes, abésse, áfui : 1. (**ab** + ABLATIF) : *être éloigné de* — 2. (+ ABLATIF) : *être absent (de)*
**insum**, ines, inésse, ínfui (+ DATIF ou in + ABLATIF) : *être dans*.

Se construisent avec le DATIF :

**prosum**, prodes, prodésse, prófui : *être utile (à)*
**adsum** : *être présent, être là, être près (de) assister (à) - prêter assistance (à)*
**desum** : *manquer (à), faire défaut (à)*
**intérsum** : *participer (à), assister (à)*

**obsum** : *nuire (à), causer du tort (à), faire obstacle (à)*
**praesum** : *commander (à), présider (à)*
**subsum** : *être sous*
**supérsum** : *survivre (à), subsister*

► Conjugaison de
— **possum** : voir § 269 - préfixe **pot-** devant voyelle, **pos-** devant **s**.
— **prosum** : préfixe **prod-** devant voyelle, **pro-** devant consonne.
— **absum** : parfait **áfui** - participe présent : **absens**, -ntis : *absent* (qui s'oppose à celui de **praesum** : **praesens**, -ntis : *présent*).

# CONJUGAISONS RÉGULIÈRES

## 1.

### AMO, AMAS, AMÁRE, AMÁVI, AMÁTUM : *aimer*

272. **ACTIF**

| | INDICATIF | IMPÉR. | SUBJONCTIF | PARTICIPE | INFINITIF |
|---|---|---|---|---|---|
| PRÉSENT | *j'aime*<br>amo<br>amas<br>amat<br>amámus<br>amátis<br>amant | *aime*<br><br>ama<br><br><br>amáte | *que j'aime*<br>amem<br>ames<br>amet<br>amémus<br>amétis<br>ament | *aimant*<br>S. N. amans amans<br>AC. amántem amans<br>G. amántis<br>D. amánti<br>AB. amánte<br>P. N. AC. amántes amántia<br>G. amántium<br>D. AB. amántibus | *aimer*<br>amáre<br><br>GÉRONDIF: (ad) amándum<br>amándi<br>amándo<br>amándo<br><br>SUPIN: amátum |
| IMPARFAIT | *j'aimais*<br>amábam<br>amábas<br>amábat<br>amabámus<br>amabátis<br>amábant | | *que j'aimasse*<br>amárem<br>amáres<br>amáret<br>amarémus<br>amarétis<br>amárent | | |
| FUTUR | *j'aimerai*<br>amábo<br>amábis<br>amábit<br>amábimus<br>amábitis<br>amábunt | *aime*<br><br>amáto<br><br><br>amatóte | | *sur le point d'aimer*<br>*destiné à aimer*<br>*disposé à aimer*<br>amatúrus, amatúra,<br>amatúrum | *être sur le point d'aimer*<br>*être destiné à aimer*<br>*être disposé à aimer*<br>amatúrum, am, um } esse<br>amatúros, as, a } esse |
| PARFAIT | *j'aimai, j'ai aimé*<br>amávi<br>amavísti<br>amávit<br>amávimus<br>amavístis<br>amavérunt, amavére | | *que j'aie aimé*<br>amáverim<br>amáveris<br>amáverit<br>amavérimus<br>amavéritis<br>amáverint | | *avoir aimé*<br>amavísse |
| PL.-Q.-PF. | *j'avais aimé*<br>amáveram<br>amáveras<br>amáverat<br>amaverámus<br>amaverátis<br>amáverant | | *que j'eusse aimé*<br>amavíssem<br>amavísses<br>amavísset<br>amavissémus<br>amavissétis<br>amavíssent | | |
| FUT. ANT. | *j' aurai aimé*<br>amávero<br>amáveris<br>amáverit<br>amavérimus<br>amavéritis<br>amáverint | | | | |

1.

## AMO (suite)

273. **PASSIF**

| ADJECTIF VERBAL |
| --- |
| *devant être aimé*<br>amándus, a, um |

| | INDICATIF | IMPÉR. | SUBJONCTIF | PARTICIPE | INFINITIF |
| --- | --- | --- | --- | --- | --- |
| PRÉSENT | *je suis aimé*<br>amor<br>amáris (-re)<br>amátur<br>amámur<br>amámini<br>amántur | *sois aimé*<br>amáre<br>amámini | *que je sois aimé*<br>amer<br>améris, -re<br>amétur<br>amémur<br>amémini<br>améntur | | *être aimé*<br>amári |
| IMPARFAIT | *j'étais aimé*<br>amábar<br>amabáris, -re<br>amabátur<br>amabámur<br>amabámini<br>amabántur | | *que je fusse aimé*<br>amárer<br>amaréris, -re<br>amarétur<br>amarémur<br>amarémini<br>amaréntur | | |
| FUTUR | *je serai aimé*<br>amábor<br>amáberis, -re<br>amábitur<br>amábimur<br>amabímini<br>amabúntur | | | | amátum iri<br>(invariable) |
| PARFAIT | *je fus aimé, j'ai été aimé*<br>amátus, a, um sum<br>— es<br>— est<br>amáti, ae, a sumus<br>— estis<br>— sunt | | *que j'aie été aimé*<br>amátus, a, um sim<br>— sis<br>— sit<br>amáti, ae, a simus<br>— sitis<br>— sint | *(ayant été) aimé*<br>amátus, a, um | *avoir été aimé*<br>amátum, am, um } esse<br>amátos, as, a } esse |
| PL.-Q.-PF. | *j'avais été aimé*<br>amátus, a, um eram<br>— eras<br>— erat<br>amáti, ae, a erámus<br>— erátis<br>— erant | | *que j'eusse été aimé*<br>amátus, a, um essem<br>— esses<br>— esset<br>amáti, ae, a essémus<br>— essétis<br>— essent | | |
| FUT. ANT. | *j'aurai été aimé*<br>amátus, a, um ero<br>— eris<br>— erit<br>amáti, ae, a érimus<br>— éritis<br>— erunt | | | | |

1.

## ÍMITOR, IMITÁRIS, IMITÁRI, IMITÁTUS SUM : *imiter*

### 274. DÉPONENT

| ADJECTIF VERBAL |
|---|
| *devant être imité*<br>imitándus, a, um |

| | INDICATIF | IMPÉR. | SUBJONCTIF | PARTICIPE | INFINITIF |
|---|---|---|---|---|---|
| PRÉSENT | *j'imite*<br>ímitor<br>imitáris (-re)<br>imitátur<br>imitámur<br>imitámini<br>imitántur | *imite*<br><br>imitáre<br><br><br>imitámini | *que j'imite*<br>ímiter<br>imitéris, -re<br>imitétur<br>imitémur<br>imitémini<br>imiténtur | *imitant*<br>**ímitans -ans**<br>**imitántem -ans**<br>**imitántis**<br>. . . . . . . | *imiter* : imitári<br>GÉRONDIF: (ad) **imitándum**, **imitándi**, **imitándo**, **imitándo**<br>SUPIN: **imitátum** |
| IMPARFAIT | *j'imitais*<br>imitábar<br>imitabáris, -re<br>imitabátur<br>imitabámur<br>imitabámini<br>imitabántur | | *que j'imitasse*<br>imitárer<br>imitaréris, -re<br>imitarétur<br>imitarémur<br>imitarémini<br>imitaréntur | | |
| FUTUR | *j'imiterai*<br>imitábor<br>imitáberis, -re<br>imitábitur<br>imitábimur<br>imitabímini<br>imitabúntur | | | *sur le point d'imiter*<br>*destiné à imiter*<br>*disposé à imiter*<br>**imitatúrus, a, um** | *‹ être sur le point d'imiter ›*<br>*‹ être destiné à imiter ›*<br>*‹ être disposé à imiter ›*<br>**imitatúrum, am, um** / **imitatúros, as, a** } **esse** |
| PARFAIT | *j'imitai, j'ai imité*<br>imitátus, a, um sum<br>— es<br>— est<br>imitáti, ae, a sumus<br>— estis<br>— sunt | | *que j'aie imité*<br>imitátus, a, um sim<br>— sis<br>— sit<br>imitáti, ae, a simus<br>— sitis<br>— sint | *ayant imité*<br>imitátus, a, um | *avoir imité*<br>imitátum, am, um / imitátos, as, a } esse |
| PL.-Q.-PF. | *j'avais imité*<br>imitátus, a, um eram<br>— eras<br>— erat<br>imitáti, ae, a erámus<br>— erátis<br>— erant | | *que j'eusse imité*<br>imitátus, a, um essem<br>— esses<br>— esset<br>imitáti, ae, a essémus<br>— essétis<br>— essent | | |
| FUT. ANT. | *j'aurai imité*<br>imitátus, a, um ero<br>— eris<br>— erit<br>imitáti, ae, a érimus<br>— éritis<br>— erunt | | | | |

## 275. ACTIF

| | INDICATIF | IMPÉR. | SUBJONCTIF | PARTICIPE | INFINITIF |
|---|---|---|---|---|---|
| PRÉSENT | *j'avertis*<br>móneo<br>mones<br>monet<br>monémus<br>monétis<br>monent | *avertis*<br>mone<br>monéte | *que j'avertisse*<br>móneam<br>móneas<br>móneat<br>moneámus<br>moneátis<br>móneant | *avertissant*<br>monens monens<br>monéntem monens<br>monéntis<br>. . . . . . . | *avertir* : monére<br>**GÉRONDIF**<br>(ad) monéndum<br>monéndi<br>monéndo<br>monéndo<br>**SUPIN**<br>mónitum |
| IMP. | *j'avertissais*<br>monébam | | *que j'avertisse*<br>monérem | | |
| FUTUR | *j'avertirai*<br>monébo<br>monébis<br>monébit<br>monébimus<br>monébitis<br>monébunt | *avertis*<br>monéto<br>monetóte | | *sur le point d'avertir*<br>monitúrus, a, um | ‹ *être sur le point d'avertir* ›<br>monitúrum, am, um } esse<br>monitúros, as, a } esse |
| PF. | *j'avertis, j'ai averti*<br>mónui | | *que j'aie averti*<br>monúerim | | *avoir averti*<br>monuísse |
| P.Q.P. | *j'avais averti*<br>monúeram | | *que j'eusse averti*<br>monuíssem | | |
| F.A. | *j'aurai averti*<br>monúero | | | | |

| ADJECTIF VERBAL |
|---|
| *devant être averti*<br>monéndus, a, um |

## 276. PASSIF

| | INDICATIF | IMPÉR. | SUBJONCTIF | PARTICIPE | INFINITIF |
|---|---|---|---|---|---|
| PRÉSENT | *je suis averti*<br>móneor<br>monéris (-re)<br>monétur<br>monémur<br>monémini<br>monéntur | *sois averti*<br>monére<br>monémini | *que je sois averti*<br>mónear<br>moneáris, -re<br>moneátur<br>moneámur<br>moneámini<br>moneántur | | *être averti*<br>monéri |
| IMP. | *j'étais averti*<br>monébar | | *que je fusse averti*<br>monérer | | |
| FUTUR | *je serai averti*<br>monébor<br>monéberis, -re<br>monébitur<br>monébimur<br>monebímini<br>monebúntur | | | | mónitum iri<br>(invariable) |
| PF. | *je fus averti, j'ai été averti*<br>mónitus, a, um sum | | *que j'aie été averti*<br>mónitus, a, um sim | *(ayant été) averti*<br>mónitus, a, um | *avoir été averti*<br>mónitum, am, um esse |
| P.Q.P. | *j'avais été averti*<br>mónitus, a, um eram | | *que j'eusse été averti*<br>mónitus, a, um essem | | |
| F.A. | *j'aurai été averti*<br>mónitus, a, um ero | | | | |

2.

ACTIF / PASSIF ← **MÓNEO, MONES, MONÉRE, MÓNUI, MÓNITUM** : *avertir*

DÉPONENT ↓ **VÉREOR, VERÉRIS, VERÉRI, VÉRITUS SUM** : *craindre, respecter*

ADJECTIF VERBAL

*devant être craint*
veréndus, a, um

277. DÉPONENT

| | INDICATIF | IMPÉR. | SUBJONCTIF | PARTICIPE | INFINITIF | |
|---|---|---|---|---|---|---|
| PRÉSENT | *je crains*<br>véreor<br>veréris (-re)<br>verétur<br>verémur<br>verémini<br>veréntur | *crains*<br><br>verére<br><br><br>verémini | *que je craigne*<br>vérear<br>vereáris, -re<br>vereátur<br>vereámur<br>vereámini<br>vereántur | *craignant*<br>**verens verens**<br>**veréntem verens**<br>**veréntis**<br>. . . . . . . | *craindre* : veréri | |
| | | | | | GÉRONDIF | SUPIN |
| | | | | | (ad) **veréndum**<br>**veréndi**<br>**veréndo**<br>**veréndo** | **véritum** |
| IMP. | *je craignais*<br>verébar | | *que je craignisse*<br>verérer | | | |
| FUTUR | *je craindrai*<br>verébor<br>veréberis, -re<br>verébitur<br>verébimur<br>verebímini<br>verebúntur | | | *sur le point de craindre*<br>**veritúrus, a, um** | *⟨ être sur le point de craindre ⟩*<br>**veritúrum, am, um** / **veritúros, as, a** } **esse** | |
| PF. | *je craignis, j'ai craint*<br>véritus, a, um sum | | *que j'aie craint*<br>véritus, a, um sim | *ayant craint*<br>véritus, a, um | *avoir craint*<br>véritum, am, um esse | |
| P.-Q.-P. | *j'avais craint*<br>véritus, a, um eram | | *que j'eusse craint*<br>véritus, a, um essem | | | |
| F.A. | *j'aurai craint*<br>véritus, a, um ero | | | | | |

## 278. ACTIF

| | INDICATIF | IMPÉR. | SUBJONCTIF | PARTICIPE | INFINITIF |
|---|---|---|---|---|---|
| PRÉSENT | *je lis*<br>lego<br>legis<br>legit<br>légimus<br>légitis<br>legunt | *lis*<br><br>lege<br><br><br>légite | *que je lise*<br>legam<br>legas<br>legat<br>legámus<br>legátis<br>legant | *lisant*<br><br>legens legens<br>legéntem legens<br>legéntis<br>. . . . . . . | *lire* : légĕre<br>**GÉRONDIF**<br>(ad) legéndum<br>legéndi<br>legéndo<br>legéndo<br>**SUPIN**<br>lectum |
| IMP. | *je lisais*<br>legébam | | *que je lusse*<br>légerem | | |
| FUTUR | *je lirai*<br>legam<br>leges<br>leget<br>legémus<br>legétis<br>legent | *lis*<br><br>légito<br><br><br>legitóte | | *sur le point de lire*<br>lectúrus, a, um | < *être sur le point de lire* ><br>lectúrum, am, um } esse<br>lectúros, as, a } esse |
| PF. | *je lus, j'ai lu*<br>legi | | *que j'aie lu*<br>légerim | | *avoir lu*<br>legísse |
| P.Q.P. | *j'avais lu*<br>légeram | | *que j'eusse lu*<br>legíssem | | |
| F.A. | *j'aurai lu*<br>légero | | | | |

| ADJECTIF VERBAL |
|---|
| *devant être lu*<br>legéndus, a, um |

## 279. PASSIF

| | INDICATIF | IMPÉR. | SUBJONCTIF | PARTICIPE | INFINITIF |
|---|---|---|---|---|---|
| PRÉSENT | *je suis lu*<br>legor<br>légeris (-re)<br>légitur<br>légimur<br>legímini<br>legúntur | *sois lu*<br><br>légere<br><br><br>legímini | *que je sois lu*<br>legar<br>legáris, -re<br>legátur<br>legámur<br>legámini<br>legántur | | *être lu*<br><br>legi |
| IMP. | *j'étais lu*<br>legébar | | *que je fusse lu*<br>légerer | | |
| FUTUR | *je serai lu*<br>legar<br>legéris, -re<br>legétur<br>legémur<br>legémini<br>legéntur | | | | lectum iri<br>(invariable) |
| PF. | *je fus lu, j'ai été lu*<br>lectus, a, um sum | | *que j'aie été lu*<br>lectus, a, um sim | *(ayant été) lu*<br>lectus, a, um | *avoir été lu*<br>lectum, am, um esse |
| P.Q.P. | *j'avais été lu*<br>lectus, a, um eram | | *que j'eusse été lu*<br>lectus, a, um essem | | |
| F.A. | *j'aurai été lu*<br>lectus, a, um ero | | | | |

**3. a**

**ACTIF** / **PASSIF** — **LEGO, LEGIS, LÉGĔRE, LEGI, LECTUM** : *lire*

**DÉPONENT** — **UTOR, ÚTERIS, UTI, USUS SUM** (+ abl.) : *se servir (de), profiter (de), utiliser*

## 280. DÉPONENT

| ADJECTIF VERBAL |
|---|
| *devant être utilisé*<br>uténdus, a, um |

| | INDICATIF | IMPÉR. | SUBJONCTIF | PARTICIPE | INFINITIF |
|---|---|---|---|---|---|
| PRÉSENT | *j'utilise*<br>utor<br>úteris (-re)<br>útitur<br>útimur<br>utímini<br>utúntur | *utilise*<br>útere<br>utímini | *que j'utilise*<br>utar<br>utáris, -re<br>utátur<br>utámur<br>utámini<br>utántur | *utilisant*<br>**utens** **utens**<br>**uténtem** **utens**<br>**uténtis**<br>. . . . . . | *utiliser* : uti<br>GÉRONDIF : (ad) **uténdum**, **uténdi**, **uténdo**, **uténdo**<br>SUPIN : **usum** |
| IMP. | *j'utilisais*<br>utébar | | *que j'utilisasse*<br>úterer | | |
| FUTUR | *j'utiliserai*<br>utar<br>utéris, -re<br>utétur<br>utémur<br>utémini<br>uténtur | | | *sur le point d'utiliser*<br>**usúrus, a, um** | *< être sur le point d'utiliser >*<br>**usúrum, am, um** / **usúros, as, a** } **esse** |
| PF. | *j'utilisai, j'ai utilisé*<br>usus, a, um sum | | *que j'aie utilisé*<br>usus, a, um sim | *ayant utilisé*<br>usus, a, um | *avoir utilisé*<br>usum, am, um esse |
| P.-Q.-P. | *j'avais utilisé*<br>usus, a, um eram | | *que j'eusse utilisé*<br>usus, a, um essem | | |
| F.A. | *j'aurai utilisé*<br>usus, a, um ero | | | | |

281. **ACTIF**

| | INDICATIF | IMPÉR. | SUBJONCTIF | PARTICIPE | INFINITIF |
|---|---|---|---|---|---|
| PRÉSENT | *je prends*<br>cápio<br>capis<br>capit<br>cápimus<br>cápitis<br>cápiunt | *prends*<br><br>cape<br><br><br>cápite | *que je prenne*<br>cápiam<br>cápias<br>cápiat<br>capiámus<br>capiátis<br>cápiant | *prenant*<br>cápiens cápiens<br>capiéntem cápiens<br>capiéntis<br>. . . . . . | *prendre* : cápĕre<br>**GÉRONDIF**: (ad) capiéndum, capiéndi, capiéndo, capiéndo<br>**SUPIN**: captum |
| IMP. | *je prenais*<br>capiébam | | *que je prisse*<br>cáperem | | |
| FUTUR | *je prendrai*<br>cápiam<br>cápies<br>cápiet<br>capiémus<br>capiétis<br>cápient | *prends*<br><br>cápito<br><br><br>capitóte | | *sur le point de prendre*<br>captúrus, a, um | ⟨ *être sur le point de prendre* ⟩<br>captúrum, am, um } esse<br>captúros, as, a } esse |
| PF. | *je pris, j'ai pris*<br>cepi | | *que j'aie pris*<br>céperim | | *avoir pris*<br>cepísse |
| P.Q.P. | *j'avais pris*<br>céperam | | *que j'eusse pris*<br>cepíssem | | |
| F.A. | *j'aurai pris*<br>cépero | | | | |

| ADJECTIF VERBAL |
|---|
| *devant être pris*<br>capiéndus, a, um |

282. **PASSIF**

| | INDICATIF | IMPÉR. | SUBJONCTIF | PARTICIPE | INFINITIF |
|---|---|---|---|---|---|
| PRÉSENT | *je suis pris*<br>cápior<br>cáperis (-re)<br>cápitur<br>cápimur<br>capímini<br>capiúntur | *sois pris*<br><br>cápere<br><br><br>capímini | *que je sois pris*<br>cápiar<br>capiáris, -re<br>capiátur<br>capiámur<br>capiámini<br>capiántur | | *être pris*<br>capi |
| IMP. | *j'étais pris*<br>capiébar | | *que je fusse pris*<br>cáperer | | |
| FUTUR | *je serai pris*<br>cápiar<br>capiéris, -re<br>capiétur<br>capiémur<br>capiémini<br>capiéntur | | | | captum iri<br>(invariable) |
| PF. | *je fus pris, j'ai été pris*<br>captus, a, um sum | | *que j'aie été pris*<br>captus, a, um sim | *(ayant été) pris*<br>captus, a, um | *avoir été pris*<br>captum, am, um esse |
| P.Q.P. | *j'avais été pris*<br>captus, a, um eram | | *que j'eusse été pris*<br>captus, a, um essem | | |
| F.A. | *j'aurai été pris*<br>captus, a, um ero | | | | |

3. b

**ACTIF** / **PASSIF** ←

**CÁPIO, CAPIS, CÁPĔRE, CEPI, CAPTUM** : ***prendre***

**DÉPONENT** ↓

**PÁTIOR, PÁTERIS, PATI, PASSUS SUM** : ***souffrir, supporter, permettre***

283. **DÉPONENT**

ADJECTIF VERBAL: *devant être souffert* — patiéndus, a, um

| | INDICATIF | IMPÉR. | SUBJONCTIF | PARTICIPE | INFINITIF |
|---|---|---|---|---|---|
| PRÉSENT | *je souffre*<br>pátior<br>páteris (-re)<br>pátitur<br>pátimur<br>patímini<br>patiúntur | *souffre*<br>pátere<br><br><br>patímini | *que je souffre*<br>pátiar<br>patiáris, -re<br>patiátur<br>patiámur<br>patiámini<br>patiántur | *souffrant*<br>**pátiens pátiens**<br>**patiéntem pátiens**<br>**patiéntis**<br>. . . . . . . . | *souffrir* : pati<br>GÉRONDIF: (ad) **patiéndum**, **patiéndi**, **patiéndo**, **patiéndo**<br>SUPIN: **passum** |
| IMP. | *je souffrais*<br>patiébar | | *que je souffrisse*<br>páterer | | |
| FUTUR | *je souffrirai*<br>pátiar<br>patiéris, -re<br>patiétur<br>patiémur<br>patiémini<br>patiéntur | | | *sur le point de souffrir*<br>**passúrus, a, um** | ‹ *être sur le point de souffrir* ›<br>**passúrum, am, um** } **esse**<br>**passúros, as, a** |
| PF. | *je souffris, j'ai souffert*<br>passus, a, um sum | | *que j'aie souffert*<br>passus, a, um sim | *ayant souffert*<br>passus, a, um | *avoir souffert*<br>passum, am, um esse |
| P.-Q.-P. | *j'avais souffert*<br>passus, a, um eram | | *que j'eusse souffert*<br>passus, a, um essem | | |
| F.A. | *j'aurai souffert*<br>passus, a, um ero | | | | |

## 284. ACTIF

| | INDICATIF | IMPÉR. | SUBJONCTIF | PARTICIPE | INFINITIF |
|---|---|---|---|---|---|
| PRÉSENT | *j'entends*<br>aúdio<br>audis<br>audit<br>audímus<br>audítis<br>aúdiunt | *entends*<br><br>audi<br><br><br>audíte | *que j'entende*<br>aúdiam<br>aúdias<br>aúdiat<br>audiámus<br>audiátis<br>aúdiant | *entendant*<br>aúdiens aúdiens<br>audiéntem aúdiens<br>audiéntis<br>. . . . . . . | *entendre* : audíre<br>GÉRONDIF: (ad) audiéndum, audiéndi, audiéndo, audiéndo<br>SUPIN: audítum |
| IMP. | *j'entendais*<br>audiébam | | *que j'entendisse*<br>audírem | | |
| FUTUR | *j'entendrai*<br>aúdiam<br>aúdies<br>aúdiet<br>audiémus<br>audiétis<br>aúdient | *entends*<br><br>audíto<br><br><br>auditóte | | *sur le point d'entendre*<br>auditúrus, a, um | ⟨ *être sur le point d'entendre* ⟩<br>auditúrum, am, um } esse<br>auditúros, as, a } esse |
| PF. | *j'entendis, j'ai entendu*<br>audívi | | *que j'aie entendu*<br>audíverim | | *avoir entendu*<br>audivísse |
| P.Q.P. | *j'avais entendu*<br>audíveram | | *que j'eusse entendu*<br>audivíssem | | |
| F.A. | *j'aurai entendu*<br>audívero | | | | |

| ADJECTIF VERBAL |
|---|
| *devant être entendu*<br>audiéndus, a, um |

## 285. PASSIF

| | INDICATIF | IMPÉR. | SUBJONCTIF | PARTICIPE | INFINITIF |
|---|---|---|---|---|---|
| PRÉSENT | *je suis entendu*<br>aúdior<br>audíris (-re)<br>audítur<br>audímur<br>audímini<br>audiúntur | *sois entendu*<br><br>audíre<br><br><br>audímini | *que je sois entendu*<br>aúdiar<br>audiáris, -re<br>audiátur<br>audiámur<br>audiámini<br>audiántur | | *être entendu*<br>audíri |
| IMP. | *j'étais entendu*<br>audiébar | | *que je fusse entendu*<br>audírer | | |
| FUTUR | *je serai entendu*<br>aúdiar<br>audiéris, -re<br>audiétur<br>audiémur<br>audiémini<br>audiéntur | | | | audítum iri<br>(invariable) |
| PF. | *je fus entendu, j'ai été entendu*<br>audítus, a, um sum | | *que j'aie été entendu*<br>audítus, a, um sim | *(ayant été) entendu*<br>audítus, a, um | *avoir été entendu*<br>audítum, am, um esse |
| P.Q.P. | *j'avais été entendu*<br>audítus, a, um eram | | *que j'eusse été entendu*<br>audítus, a, um essem | | |
| F.A. | *j'aurai été entendu*<br>audítus, a, um ero | | | | |

**4.**

**ACTIF**

**PASSIF**

**AÚDIO, AUDIS, AUDÍRE, AUDÍVI, AUDÍTUM** : *entendre*

**DÉPONENT**

**EXPÉRIOR, EXPERÍRIS, EXPERÍRI, EXPÉRTUS SUM** : *essayer, éprouver*

## 286. DÉPONENT

| ADJECTIF VERBAL |
|---|
| *devant être essayé*<br>experiéndus, a, um |

| | INDICATIF | IMPÉR. | SUBJONCTIF | PARTICIPE | INFINITIF | |
|---|---|---|---|---|---|---|
| PRÉSENT | *j'essaie*<br>expérior<br>experíris (-re)<br>experítur<br>experímur<br>experímini<br>experiúntur | *essaie*<br>experíre<br><br><br>experímini | *que j'essaie*<br>expériar<br>experiáris, -re<br>experiátur<br>experiámur<br>experiámini<br>experiántur | *essayant*<br>**expériens -iens**<br>**experiéntem -iens**<br>**experiéntis**<br>. . . . . . . . . | *essayer* : experíri<br>GÉRONDIF<br>(ad)**experiéndum**<br>**experiéndi**<br>**experiéndo**<br>**experiéndo** | SUPIN<br>**expértum** |
| IMP. | *j'essayais*<br>experiébar | | *que j'essayasse*<br>experírer | | | |
| FUTUR | *j'essaierai*<br>expériar<br>experiéris,-re<br>experiétur<br>experiémur<br>experiémini<br>experiéntur | | | *sur le point d'essayer*<br>**expertúrus, a, um** | *⟨être sur le point d'essayer⟩*<br>**expertúrum, am, um**<br>**expertúros, as, a** | **esse** |
| PF. | *j'essayai, j'ai essayé*<br>expértus, a, um sum | | *que j'aie essayé*<br>expértus, a, um sim | *ayant essayé*<br>expértus, a, um | *avoir essayé*<br>expértum, am, um esse | |
| P.-Q.-P. | *j'avais essayé*<br>expértus, a, um eram | | *que j'eusse essayé*<br>expértus, a, um essem | | | |
| F.A. | *j'aurai essayé*<br>expértus, a, um ero | | | | | |

287. **L'IMPÉRATIF PRÉSENT** de **dícĕre** : *dire* - **dúcĕre** : *conduire* - **fácĕre** : *faire* est (de même que celui de **ferre**, cf. § 293) dépourvu de **e** final à la 2e p. sg. :

**dic** : *dis* **duc** : *conduis* **fac** : *fais* **fer** : *porte.*

► Cet impératif sans **e** se retrouve dans les composés (Ex. : **addúc** : *apporte*), sauf dans les composés en **-fícĕre** qui ont un impératif régulier (**cónfice** : *achève*)

288. **FORMES SYNCOPÉES** (abrégées d'une lettre ou d'une syllabe) des parfaits en **-vi**.

| | ● parfaits en **-ívi** : | | ● parfaits en **-ávi**, **-évi**, **-óvi** : | | | |
|---|---|---|---|---|---|---|
| IND. PF. | audívi, | **aúdii** | amávi | | novi : *je sais* (§ 300) | |
| | audivísti, | **(audiísti), audísti** | amavísti, | **amásti** | novísti, | **nosti** |
| | audívit, | **aúdiit** | amávit | | novit | |
| | audívimus, | **audíimus** | amávimus | | nóvimus | |
| | audivístis, | **(audiístis), audístis** | amavístis, | **amástis** | novístis, | **nostis** |
| | audivérunt, | **audiérunt** | amavérunt, | **amárunt** | novérunt, | **norunt** |
| | (audivére, | **audiére**) | (amavére) | | (novére) | |
| P.-Q.-PF. | audíveram, | **audíeram** | amáveram, | **amáram** | nóveram, | **noram** |
| F. ANT. | audívero, | **audíero** | amávero, | **amáro** | nóvero, | **noro** |
| SUBJ. PF. | audíverim, | **audíerim** | amáverim, | **amárim** | nóverim, | **norim** |
| P.-Q.-PF. | audivíssem, | **(audiíssem), audíssem** | amavíssem, | **amássem** | novíssem, | **nossem** |
| INF. PF. | audivísse, | **(audiísse), audísse** | amavísse, | **amásse** | novísse, | **nosse** |

289. **VERBES SEMI-DÉPONENTS**

Les verbes semi-déponents ont des formes **actives** aux temps du présent, **passives** aux temps du parfait :

| | | |
|---|---|---|
| 2e CONJ. | **gáudeo**, es, ére, **gavísus sum** (+ ABL.) | : *se réjouir (de)* |
| | **aúdeo**, es, ére, **ausus sum** (+ INFINITIF) | : *oser* |
| | **sóleo**, es, ére, **sólitus sum** (+ INFINITIF) | : *avoir l'habitude (de)* |
| 3e CONJ. | **fido**, is, ĕre, **fisus sum** / **confído**, is, ĕre, **confísus sum** (+ DAT.) | : *se fier (à)* |
| | **diffído**, is, ĕre, **diffísus sum** (+ DAT.) | : *se défier (de)* |

REMARQUES :

1. Il arrive qu'un verbe hésite entre l'actif et le déponent :

**méreor, meréris, meréri, méritus sum - méreo, es, ére, mérui, méritum** : *mériter*
**adséntior, íris, íri, adsénsus sum - adséntio, is, íre, adsénsi, adsénsum** : *approuver*
**revértor, revérteris, revérti,** revérsus sum - revérto, is, ĕre, **revérti, revérsum** : *revenir, retourner*
(surtout employé au radical du présent) (surtout employé au radical du parfait)

2. Quelques verbes actifs ont un participe passé déponent (de forme passive, mais de sens actif). Ex. :

cenáre : *dîner* — **cenátus** : ***ayant dîné***
juráre : *jurer* — **jurátus** : ***ayant juré***

3. Certains verbes déponents ont un participe passé de sens tantôt actif, tantôt passif.
Ex. : adipísci : *obtenir* — **adéptus** : *ayant obtenu* — ***(ayant été) obtenu***

## 290. EO, IS, ĪRE, IVI (*ou* II), ITUM : *aller*

| | INDICATIF | IMPÉR. | SUBJONCTIF | PARTICIPE | INFINITIF | |
|---|---|---|---|---|---|---|
| PRÉSENT | *je vais* | *va* | *que j'aille* | *allant* | *aller* : ire | |
| | | | | | GÉRONDIF | SUPIN |
| | eo<br>is<br>it<br>imus<br>itis<br>eunt | <br>i<br><br><br>ite | eam<br>eas<br>eat<br>eámus<br>eátis<br>eant | <br>iens iens<br>eúntem iens<br>eúntis<br>..... | (ad) eúndum<br>eúndi<br>eúndo<br>eúndo | itum |
| IMP. | *j'allais*<br>ibam... | | *que j'allasse*<br>irem... | | | |
| FUTUR | *j'irai*<br>ibo<br>ibis... | *va*<br><br>ito | | *sur le point d'aller*<br>itúrus, a, um | ⟨*être sur le point d'aller*⟩<br>itúrum, am, um } esse<br>itúros, as, a | |

Les temps formés sur le radical du parfait : **ivi, ii** ont une conjugaison régulière.

## 291. PASSIF IMPERSONNEL de **ire**.

INDICATIF — **itur** *(on va)* - **ibátur** - **íbitur** - **itum est** - **itum erat** - **itum erit**
SUBJONCTIF — **eátur** *(qu'on aille)* - **irétur** - **itum sit** - **itum esset**
ADJECTIF VERBAL — **eúndum est** *(il faut aller)*
INFINITIF — [Dico] **iri** ([*Je dis*] *qu'on va*) - [Dico] **itum esse** ([*Je dis*] *qu'on est allé*).

► **Iri** (inf. passif impers.) accompagné d'un supin constitue un infinitif futur passif :
Has lítteras tibi **rédditum iri** puto. *Je pense* ***que*** *cette lettre te* ***sera remise***.
⟨*qu'on va (pour) te remettre cette lettre*⟩.

## 292. Les COMPOSÉS de **ire** ont le parfait en **-ii**.

— Les uns sont toujours **intransitifs** ; Ex. : **abíre** : *s'éloigner, s'en aller*

► **péreo**, is, íre, ii, itum : *périr* sert de passif à **perdo**, is, ĕre, pérdidi, pérditum : *perdre*
**véneo**, is, íre, ii, itum : *être vendu* sert de passif à **vendo**, is, ĕre, véndidi, vénditum : *vendre*
(ne pas confondre avec **vénio, is, íre, veni, ventum** : *venir*).

**queo**, quis, quire, quivi (quii), quitum : *pouvoir* }
**néqueo**, is, íre, nequívi (néquii), néquitum : *ne pas pouvoir* } se conjuguent aussi comme **ire**

— Les autres sont tantôt intransitifs, tantôt transitifs ; Ex. :

**adíre** : intransitif : *aller* - transitif : *aller trouver, aborder*

► Les composés transitifs peuvent avoir un passif complet. Exemple :
IND. PR. : **ádeor** *(je suis abordé)*, **adíris, adítur, adímur, adímini, adeúntur**
IMPARF. : **adíbar, adibáris...** — FUTUR : **adíbor, adíberis...**
SUBJ. PR. : **ádear, adeáris...** — IMPARF. : **adírer, adiréris...**
INF. PR. : **adíri** — PART. PF. : **áditus, a, um** — ADJ. VERB : **adeúndus, a, um.**

## FERO, FERS, FERRE, TULI, LATUM : *porter, supporter, rapporter*

### 293. ACTIF

| | INDICATIF | IMPÉR. | SUBJONCTIF | PARTICIPE | INFINITIF |
|---|---|---|---|---|---|
| PRÉSENT | *je porte*<br>fero<br>**fers**<br>**fert**<br>férimus<br>**fertis**<br>ferunt | *porte*<br><br>**fer**<br><br><br>**ferte** | *que je porte*<br>feram<br>feras<br>ferat<br>ferámus<br>ferátis<br>ferant | *portant*<br>ferens ferens<br>feréntem ferens<br>feréntis<br>. . . . . . | *porter* : **ferre**<br>GÉRONDIF<br>(ad) feréndum<br>feréndi<br>feréndo<br>feréndo<br>SUPIN<br>latum |
| IMP. | *je portais*<br>ferébam | | *que je portasse*<br>**ferrem** | | |
| FUTUR | *je porterai*<br>feram<br>feres<br>feret<br>ferémus<br>ferétis<br>ferent | *porte*<br><br>**ferto**<br><br><br>**fertóte** | | *sur le point de porter*<br>latúrus, a, um | < *être sur le point de porter* ><br>latúrum, am, um } esse<br>latúros, as, a } esse |
| PF. | *je portai, j'ai porté*<br>tuli | | *que j'aie porté*<br>túlerim | | *avoir porté*<br>tulísse |
| P.Q.P. | *j'avais porté*<br>túleram | | *que j'eusse porté*<br>tulíssem | | |
| F.A. | *j'aurai porté*<br>túlero | | | | |

| ADJECTIF VERBAL |
|---|
| *devant être porté*<br>feréndus, a, um |

### 294. PASSIF

| | INDICATIF | IMPÉR. | SUBJONCTIF | PARTICIPE | INFINITIF |
|---|---|---|---|---|---|
| PRÉSENT | *je suis porté*<br>feror<br>**ferris**<br>**fertur**<br>férimur<br>ferímini<br>ferúntur | *sois porté*<br><br>**ferre**<br><br><br>ferímini | *que je sois porté*<br>ferar<br>feráris, -re<br>ferátur<br>ferámur<br>ferámini<br>ferántur | | *être porté*<br><br>**ferri** |
| IMP. | *j'étais porté*<br>ferébar | | *que je fusse porté*<br>**ferrer** | | |
| FUTUR | *je serai porté*<br>ferar<br>feréris, -re<br>ferétur<br>ferémur<br>ferémini<br>feréntur | | | | latum iri<br>(invariable) |
| PF. | *je fus porté, j'ai été porté*<br>latus, a, um sum | | *que j'aie été porté*<br>latus, a, um sim | *(ayant été) porté*<br>latus, a, um | *avoir été porté*<br>latum, am, um esse |
| P.Q.P. | *j'avais été porté*<br>latus, a, um eram | | *que j'eusse été porté*<br>latus, a, um essem | | |
| F.A. | *j'aurai été porté*<br>latus, a, um ero | | | | |

295. COMPOSÉS DE **FERRE** : Ex. : **proférre** : *porter en avant, présenter*

Au contact des différents radicaux, le préfixe peut subir des modifications :

| *Préfixe* | | | | | | |
|---|---|---|---|---|---|---|
| AD- | **áf**fero, | -fers, | -férre, | **át**tuli, | **al**látum | : *porter vers, apporter* |
| IN- | **ín**fero, | -fers, | -férre, | **ín**tuli, | **il**látum | : *porter dans, porter contre* |
| OB- | **óf**fero, | -fers, | -férre, | **ób**tuli, | **ob**látum | : *présenter, offrir* |
| AB- | **aú**fero, | -fers, | -férre, | **ábs**tuli, | **ab**látum | : *porter loin de, emporter* |
| EX- | **éf**fero, | -fers, | -férre, | **éx**tuli, | **e**látum | : *porter hors de, emporter* |
| DIS- | **díf**fero, | -fers, | -férre, | **dís**tuli, | **di**látum | : *différer, être différent* |
| CUM- | **cón**fero, | -fers, | -férre, | **cón**tuli, | **col**látum | : *porter ensemble, réunir, comparer* |
| RE- | **ré**fero, | -fers, | -férre, | **rét**tuli, | **re**látum | : *reporter, rapporter* |

296. **VOLO, VIS, VELLE, VÓLUI, — :** ***vouloir***
**NOLO, NON VIS, NOLLE, NÓLUI, — :** ***ne pas vouloir***
(= négation **ne** + **volo**)

**MALO, MAVIS, MALLE, MÁLUI, — :** ***aimer mieux, préférer***
(= **magis** + **volo**)

| | INDICATIF | | | SUBJONCTIF | | | INFINITIF | | |
|---|---|---|---|---|---|---|---|---|---|
| PRÉSENT | *je veux* | *je ne veux pas* | *je préfère* | *que je veuille* | *que je ne veuille pas* | *que je préfère* | *vouloir* | *ne pas vouloir* | *préférer* |
| | volo<br>vis<br>vult<br>vólumus<br>vultis<br>volunt | nolo<br>non vis<br>non vult<br>nólumus<br>non vultis<br>nolunt | malo<br>mavis<br>mavult<br>málumus<br>mavúltis<br>malunt | velim<br>velis<br>velit<br>velímus<br>velítis<br>velint | nolim... | malim... | velle | nolle | malle |
| IMP. | *je voulais* | *je ne voulais pas* | *je préférais* | *que je voulusse* | *que je ne voulusse pas* | *que je préférasse* | | | |
| | volébam | nolébam | malébam | vellem | nollem | mallem | | | |
| FUT. | *je voudrai* | *je ne voudrai pas* | *je préférerai* | | | | | | |
| | volam<br>voles... | nolam<br>noles... | malam<br>males... | | | | | | |

**IMPÉRATIF**

Pour **nolo** seulement :

PR. **noli - nolíte** (dans la défense)
FUT. **nolíto - nolitóte**

**PARTICIPE**

Pour **volo, nolo** seulement :
(rare et peu classique)

| | |
|---|---|
| volens | nolens |
| voléntis | noléntis |

Les temps formés sur le radical du parfait : **vólui, nólui, málui** ont une conjugaison régulière.

297. **EDO, EDIS (ES), ÉDĔRE (ESSE), EDI, ESUM** : ***manger***

**Édĕre** peut se conjuguer régulièrement sur **légĕre**. Mais à certaines formes, le radical a la forme **es-** et des confusions sont alors possibles avec les formes de **sum** qui commencent par **es**.

INDICATIF PRÉSENT : edo *(je mange)*, edis **(es)**, edit **(est)**, édimus, éditis **(estis)**, edunt.
IMPÉRATIF PRÉSENT : ede **(es)**, édite **(este)** — IMPÉR. FUTUR : édito **(esto)**, editóte **(estóte)**.
INFINITIF PRÉSENT : édĕre **(esse)** — SUBJONCTIF IMPF. : éderem **(essem)**, éderes **(esses)**...

## 298. FIO, FIS, FÍERI, FACTUS SUM

1. passif de fácĕre : ***être fait, se faire, se produire***
2. avec attribut du sujet : ***devenir***
3. emploi impersonnel : **fit** : ***il arrive***

| ADJECTIF VERBAL |
|---|
| *devant être fait*<br>faciéndus, a, um |

| | INDICATIF | SUBJONCTIF | PARTICIPE | INFINITIF |
|---|---|---|---|---|
| PRÉSENT | *je suis fait*<br>*je deviens*<br>fio<br>fis<br>fit *(il arrive que)*<br>fimus<br>fitis<br>fiunt | *que je sois fait*<br>*que je devienne*<br>fiam<br>fias<br>fiat *(qu'il arrive que)*<br>fiámus<br>fiátis<br>fiant | | *être fait*<br>*devenir*<br>*arriver (que)*<br>fíeri |
| IMP. | *j'étais fait*<br>*je devenais*<br>fiébam | *que je fusse fait*<br>*que je devinsse*<br>fíerem | | |
| FUTUR | *je serai fait*<br>*je deviendrai*<br>fiam<br>fies<br>fiet *(il arrivera que)*<br>fiémus<br>fiétis<br>fient | | | 1. *[je dis] qu'il sera fait*<br>factum iri<br>2. *[je dis] qu'il deviendra (qu'il arrivera que)*<br>fore<br>futúrum, am, um esse |
| PF. | *je fus fait, j'ai été fait*<br>*je devins, je suis devenu*<br>factus, a, um sum | *que j'aie été fait*<br>*que je sois devenu*<br>factus, a, um sim | *(ayant été) fait*<br>*(étant) devenu*<br>factus, a, um | *avoir été fait, être devenu, être arrivé (que)*<br>factum, am, um esse |
| P.Q.P. | *j'avais été fait*<br>*j'étais devenu*<br>factus, a, um eram | *que j'eusse été fait*<br>*que je fusse devenu*<br>factus, a, um essem | | |
| F. A. | *j'aurai été fait*<br>*je serai devenu*<br>factus, a, um ero | | | |

► **Fio** se rattache à la 4ᵉ conjugaison. Mais l'infinitif présent **fíeri** est irrégulier et de forme passive. Le subjonctif imparfait **fíerem** est formé sur cet infinitif.
L'adjectif verbal et les temps du parfait sont les formes régulières du passif de **fácĕre**.

► PASSIF DES COMPOSÉS DE FÁCĔRE :
1. Composés en **-fácio** : Passif en **-fio** — pate**fácio** : *j'ouvre* - passif : **patefío.**
2. Composés en **-fício** : Passif en **-fícior** — confício : *j'achève* - passif : **confícior.**

## VERBES DÉFECTIFS

## 299. INQUAM : ***dis-je*** (dans une proposition incise) / ÁIO : ***1. dis-je*** (prop. incise) ***2. je dis, j'affirme***

n'ont que quelques formes de l'indicatif; les plus fréquentes sont :

| | INQUAM | | | | ÁIO | | | |
|---|---|---|---|---|---|---|---|---|
| PRÉSENT | inquam, | inquis, | inquit, | ínquiunt | áio, | ais, | ait, | áiunt |
| IMPARFAIT | | | inquiébat | | aiébam, | -bas, | -bat, | -bámus... |
| FUTUR | | ínquies, | ínquiet | | | | | |
| PARFAIT | | inquísti, | inquit | | | ait | | |

## 300. PARFAITS SANS PRÉSENT

a) **coepi, coepísse, coeptum** : *j'ai commencé* sert de parfait à **incípio.**

► Au passif, on emploie **coeptus sum** : *j'ai été commencé* - L'emploi de ce passif est obligatoire si l'infinitif complément est lui-même au passif.

Pons **instítui coeptus est**. *On commença à construire un pont.*

b) **mémini, meminísse** (+ GÉN.) : *je me souviens* - **odi, odísse** : *je hais* ont un sens de présent. Leur conjugaison est régulière (mais **mémini** a un impératif : **meménto** : *souviens-toi*, **mementóte**).

► On traduira aussi par des présents les parfaits suivants :

**novi, cognóvi** : *je connais, je sais* (de **nóscĕre, cognóscĕre** : *apprendre à connaître*)
**suévi, consuévi, assuévi** : *j'ai l'habitude de* (de **suéscĕre...** : *prendre l'habitude de*).

## VERBES IMPERSONNELS

**301.** Les verbes impersonnels ne s'emploient qu'à la 3ᵉ p. du sg. et à l'infinitif. Les uns sont toujours impersonnels, d'autres (*) peuvent avoir une conjugaison complète.

PHÉNOMÈNES ATMOSPHÉRIQUES : Ex. : **pluit**, plŭĕre, pluit : *il pleut.*

## 302. VERBES EXPRIMANT LA CONVENANCE, LA NÉCESSITÉ, L'ÉVIDENCE

**opórtet**, -ére, opórtuit : *il faut*
**decet**, -ére, décuit : *il convient*
***juvat**, -áre, juvit : *il est agréable*
***ínterest**, -ésse, intérfuit } *il importe*
**refert**, reférre, rétulit } (cf. § 86)

***constat**, -áre, cónstitit : *il est établi*
***praestat**, -áre, praéstitit : *il vaut mieux*
***cónvenit**, -íre, cónvenit : *il y a accord*
***éxpedit**, -íre, -ívit (iit) : *il est avantageux*
**necésse est**, esse, fuit : *il est nécessaire*

***placet**, -ére, plácuit (plácitum est) : *il plaît, il paraît bon*
**licet**, -ére, lícuit (lícitum est) : *il est permis*
**libet**, -ére, líbuit (líbitum est) : *il plaît*

Ces verbes se construisent avec un **infinitif** ou une **prop. infinitive sujet** :

**Lúdĕre** licet.
*Il est permis **de jouer**.*

Constat **eum interféctum esse**.
*C'est un fait établi **qu'il a été tué**.*

## 303. VERBES EXPRIMANT L'ÉVÉNEMENT

***áccidit**, accídĕre, áccidit : *il arrive* (événement inattendu ou malheureux)
***contíngit**, contíngĕre, cóntigit : *il arrive* (événement le plus souvent heureux)
***évenit**, evenîre, evénit - ***fit**, fíeri, factum est : *il arrive*

Ces verbes se construisent avec une **subordonnée au subjonctif**, introduite par **ut** : *que*, **ut... non** : *que... ne... pas* **qui constitue le sujet** (cf. § 356).

Saepe áccidit **ut errémus**. *Il arrive souvent **que nous nous trompions**.*

## 304. VERBES EXPRIMANT CERTAINS SENTIMENTS

**me paénitet**, paenitére, paenítuit : *je me repens*

**me míseret**, miserére, — : *j'ai pitié*
**me piget**, pigére, píguit : *je suis fâché, ennuyé*

**me pudet**, pudére, púduit : *j'ai honte*
**me taedet**, taedére, — : *je suis dégoûté*

Ces verbes se construisent avec l'acc. de la personne et le génitif de la cause :

**Me** paénitet **erróris mei**. ***Je** me repens **de mon erreur**.*

► A la 3ᵉ personne, on dit :

**Eum (Eos)** paénitet erróris **sui**. *Il **se** repent (Ils **se** repentent) de **son (leur)** erreur.*

# C. les temps primitifs des verbes

305. Dans les listes qui suivent, le participe futur est indiqué entre parenthèses lorsqu'il est attesté alors que le supin ne l'est pas ou lorsqu'il se forme irrégulièrement.

Les temps primitifs des verbes composés n'ont pas été mentionnés quand ils sont identiques à ceux du verbe simple.

Dans les autres cas, on a distingué par les signes

▷ les composés qui ne présentent pas de différence avec le verbe simple;
► les composés qui présentent des différences avec le verbe simple.

## 1. AMO, AMAS, AMÁRE, AMÁVI, AMÁTUM : *aimer*

● **Parfait en -ávi (supin en -átum)**

Cette formation « régulière » est celle de presque tous les verbes de la 1re conjugaison.

● **Parfait en -ui**

| | | | | | | |
|---|---|---|---|---|---|---|
| 1. | **cubo,** | **as,** | **áre,** | **cúbui** | **cúbitum** | : *être couché* |
| 2. | **domo,** | **as,** | **áre,** | **dómui,** | **dómitum** | : *dompter* |
| 3. | **íncrepo,** | **as,** | **áre,** | **incrépui,** | **incrépitum** | : *faire du bruit, blâmer* |
| 4. | **seco,** | **as,** | **áre,** | **sécui,** | **sectum (secatúrus)** | : *couper* |
| 5. | **sono,** | **as,** | **áre,** | **sónui,** | **sónitum** | : *retentir* |
| 6. | **veto,** | **as,** | **áre,** | **vétui,** | **vétitum** | : *interdire* |

● **Parfait en -i**

♦ à redoublement

| | | | | | |
|---|---|---|---|---|---|
| 7. | **do,** | **das, dăre,** | **dedi,** | **datum** | : *donner* |
| | | ▷ circumdáre, | circúmdedi, | circúmdatum | : *placer autour, entourer* |
| | | ► les autres composés de **dăre** appartiennent à la 3e conjugaison (nº 114) | | | |
| 8. | **sto,** | **stas, stare,** | **steti,** | **statum** | : *être debout, se tenir debout* |
| | | ▷ circumstáre, | circúmsteti, | — | : *se tenir autour* |
| | | ► praestáre, | praéstiti, | praestátum | : *montrer, fournir* - + DAT. : *l'emporter sur* |

♦ à allongement

| | | | | | | |
|---|---|---|---|---|---|---|
| 9. | **juvo,** | **as,** | **áre,** | **jūvi,** | **jutum (juvatúrus)** | : *aider, réjouir* |
| 10. | **lavo,** | **as,** | **áre,** | **lāvi,** | **lavátum (lautum)** | : *laver, baigner* |

## 1. DÉPONENTS ÍMITOR, IMITÁRIS, IMITÁRI, IMITÁTUS SUM : *imiter*

Tous les déponents de la 1re conjugaison sont du modèle de **imitári**.

305. (suite)

## 2. MÓNEO, MONES, MONÉRE, MÓNUI, MÓNITUM : *avertir*

### ● Parfait en **-ui**

La plupart des verbes de la 2e conjugaison forment leur parfait en **-ui**, et ont un supin en **-itum** (mais assez souvent le supin n'est pas attesté). Les verbes suivants présentent des particularités au supin :

| | | | | |
|---|---|---|---|---|
| 11. **cénseo,** | **es, ére,** | **cénsui,** | **censum** | : *être d'avis* |
| 12. **dóceo,** | **es, ére,** | **dócui,** | **doctum** | : *instruire, enseigner* |
| 13. **mísceo,** | **es, ére,** | **míscui,** | **mixtum** | : *mêler, bouleverser* |
| 14. **téneo,** | **es, ére,** | **ténui,** | **tentum** | : *tenir* |
| | ► sustinére, | sustínui, | susténtum | : *soutenir* |

### ● Parfait en **-vi**

| | | | | |
|---|---|---|---|---|
| 15. **déleo,** | **es, ére,** | **delévi,** | **delétum** | : *détruire* |
| 16. **fleo,** | **es, ére,** | **flevi,** | **fletum** | : *pleurer* |
| 17. **cómpleo,** | **es, ére,** | **complévi,** | **complétum** | : *remplir* |

### ● Parfait en **-si**

| | | | | |
|---|---|---|---|---|
| 18. **máneo,** | **es, ére,** | **mansi,** | **mansum** | : *rester, attendre* |
| 19. **aúgeo,** | **es, ére,** | **auxi,** | **auctum** | : *augmenter, accroître* |
| 20. **lúgeo,** | **es, ére,** | **luxi,** | **luctum** | : *être en deuil, déplorer* |
| 21. **árdeo,** | **es, ére,** | **arsi,** | **(arsúrus)** | : *être en feu* |
| 22. **haéreo,** | **es, ére,** | **haesi,** | **haesum** | : *être attaché* |
| 23. **júbeo,** | **es, ére,** | **jussi,** | **jussum** | : *ordonner* |
| 24. **múlceo,** | **es, ére,** | **mulsi,** | **mulsum** | : *caresser, adoucir* |
| 25. **fúlgeo,** | **es, ére,** | **fulsi,** | — | : *briller* |
| 26. **rídeo,** | **es, ére,** | **risi,** | **risum** | : *rire* |
| 27. **suádeo,** | **es, ére,** | **suási,** | **suásum** | : *conseiller* |
| 28. **tórqueo,** | **es, ére,** | **torsi,** | **tortum** | : *tordre, torturer* |
| 29. **úrgeo,** | **es, ére,** | **ursi,** | — | : *presser* |

### ● Parfait en **-i**

♦ à redoublement

| | | | | |
|---|---|---|---|---|
| 30. **péndeo,** | **es, ére,** | **pepéndi,** | — | : *être suspendu* |
| | ► impendére, | — | — | : *être suspendu au-dessus, menacer* |
| 31. **spóndeo,** | **es, ére,** | **spopóndi,** | **sponsum** | : *promettre solennellement* |
| | ► respondére, | respóndi, | respónsum | : *répondre* |

♦ à allongement

| | | | | |
|---|---|---|---|---|
| 32. **cáveo,** | **es, ére,** | **cāvi,** | **cautum** | : *prendre garde-* + DAT. : *veiller sur* |
| 33. **fáveo,** | **es, ére,** | **fāvi,** | **fautum** + DAT. | : *favoriser* |
| 34. **fóveo,** | **es, ére,** | **fōvi,** | **fotum** | : *réchauffer* |
| 35. **móveo,** | **es, ére,** | **mōvi,** | **motum** | : *mettre en mouvement, émouvoir* |
| 36. **sédeo,** | **es, ére,** | **sēdi,** | **sessum** | : *être assis* |
| | ► obsidére, | obsēdi, | obséssum | : *assiéger* |
| 37. **vídeo,** | **es, ére,** | **vīdi,** | **visum** | : *voir* |
| 38. **vóveo,** | **es, ére,** | **vōvi,** | **votum** | : *promettre par un vœu* |

## 2. DÉPONENTS VÉREOR, -ÉRIS, VERÉRI, VÉRITUS SUM : *craindre, respecter*

| | | | |
|---|---|---|---|
| 39. **méreor,** | **éris, éri,** | **méritus sum** | : *gagner, mériter* |
| 40. **pollíceor,** | **éris, éri** | **pollícitus sum** | : *promettre* |
| 41. **túeor,** | **éris, éri,** | **túitus sum** | : *veiller sur, protéger* |
| 42. **miséreor,** | **éris, éri,** | **misér(i)tus sum** + GÉN. | : *avoir pitié (de)* |
| 43. **reor,** | **reris, reri,** | **ratus sum** | : *penser, croire* |
| 44. **vídeor,** | **éris, éri,** | **visus sum** | : *sembler, paraître* |
| 45. **fáteor,** | **éris, éri,** | **fassus sum** | : *avouer* |
| | ► confitéri, | conféssus sum | : *avouer, confesser* |

305. (suite) **3a** **LEGO, LEGIS, LÉGĔRE, LEGI, LECTUM :** *lire*

● Parfait en **-vi**

| | | | | |
|---|---|---|---|---|
| 46. **arcésso,** | **is, ĕre,** | **arcessívi (ii),** | **arcessítum** | : *faire venir* |
| 47. **capésso,** | **is, ĕre,** | **capessívi,** | **capessítum** | : *chercher à prendre* |
| 48. **lacésso,** | **is, ĕre,** | **lacessívi (ii),** | **lacessítum** | : *harceler* |
| 49. **cerno,** | **is, ĕre,** | **crevi,** | **cretum** | : *distinguer, discerner* |
| 50. **sino,** | **is, ĕre,** | **sivi,** | **situm** | : *permettre* |
| | ► **desínĕre,** | **désii,** | **désitum** | : *cesser* |
| 51. **sperno,** | **is, ĕre,** | **sprevi,** | **spretum** | : *mépriser* |
| 52. **sterno,** | **is, ĕre,** | **stravi,** | **stratum** | : *répandre, abattre, joncher* |
| 53. **peto,** | **is, ĕre,** | **petívi (ii),** | **petítum** | : *chercher à atteindre, se diriger vers, chercher à obtenir, demander* |
| 54. **quaero,** | **is, ĕre,** | **quaesívi (ii),** | **quaesítum** | : *chercher, demander* |
| | ► **conquírĕre,** | **conquisívi (ii),** | **conquisítum** | : *chercher (de tous côtés)* |
| 55. **sero,** | **is, ĕre,** | **sevi,** | **satum** | : *planter, semer* |
| | ► **insérĕre,** | **insévi,** | **ínsitum** | : *greffer, implanter* |

Ne pas confondre **sero, is, ĕre, sevi, satum** et ses composés avec
**sero, is, ĕre, sérui, sertum :** *lier* et ses composés (nº 76)

| | | | | |
|---|---|---|---|---|
| 56. **tero,** | **is, ĕre,** | **trivi,** | **tritum** | : *frotter, user* |
| 57. **adolésco**[1]**,** | **is, ĕre,** | **adolévi,** | **adúltum** | : *grandir* |
| 58. **ascísco,** | **is, ĕre,** | **ascívi,** | **ascítum** | : *appeler à soi, adopter* |
| 59. **concupísco,** | **is, ĕre,** | **concupívi (ii),** | **concupítum** | : *désirer vivement* |
| 60. **cresco,** | **is, ĕre,** | **crevi,** | **cretum** | : *croître, grandir* |

(même parfait et même supin que **cerno, is, ĕre,** nº 49)

| | | | | |
|---|---|---|---|---|
| 61. **nosco,** | **is, ĕre,** | **novi**[2]**,** | **notum** | : *apprendre à connaître* |
| | ▷ **ignóscĕre,** | **ignóvi,** | **ignótum** + DAT. | : *pardonner* |
| | ► **cognóscĕre,** | **cognóvi**[2]**,** | **cógnitum** | : *apprendre à connaître* |
| 62. **pasco,** | **is, ĕre,** | **pavi,** | **pastum** | : *faire paître* |
| 63. **quiésco,** | **is, ĕre,** | **quiévi,** | **quiétum** | : *se reposer* |
| 64. **suésco,** | **is, ĕre,** | **suévi**[2]**,** | **suétum** | : *prendre l'habitude (de)* |

● Parfait en **-ui**

| | | | | |
|---|---|---|---|---|
| 65. **conticésco,** | **is, ĕre,** | **contícui,** | — | : *se taire* |
| 66. **horrésco,** | **is, ĕre,** | **hórrui,** | — | : *se hérisser, trembler* |
| 67. **pertimésco,** | **is, ĕre,** | **pertímui,** | — | : *redouter* |
| 68. **senésco,** | **is, ĕre,** | **sénui,** | — | : *vieillir* |
| 69. **incúmbo,** | **is, ĕre,** | **incúbui,** | **incúbitum** | : *s'étendre sur, s'appliquer à* |
| 70. **alo,** | **is, ĕre,** | **álui,** | **altum (álitum)** | : *nourrir* |
| 71. **colo,** | **is, ĕre,** | **cólui,** | **cultum** | : *cultiver, vénérer* |
| 72. **cónsuio,** | **is, ĕre,** | **consúlui,** | **consúltum** | : *consulter* - + DAT. : *veiller à* |
| 73. **gemo,** | **is, ĕre,** | **gémui,** | **gémitum** | : *gémir* |
| 74. **gigno,** | **is, ĕre,** | **génui,** | **génitum** | : *engendrer* |
| 75. **pono,** | **is, ĕre,** | **pósui,** | **pósitum** | : *placer, poser* |
| 76. **sero,** | **is, ĕre,** | **sérui,** | **sertum** | : *lier* |

Ne pas confondre **sero, is, ĕre, sérui, sertum** et ses composés avec
**sero, is, ĕre, sevi, satum :** *planter, semer* et ses composés (nº 55)

---

1. Le suffixe inchoatif **-sc-** des verbes nºs 57 à 68 marque le commencement ou le déroulement de l'action. Il disparaît aux radicaux du parfait et du supin.
2. Pour le sens des parfaits **novi (cognóvi)** et **suévi (assuévi, consuévi),** voir § 300, Remarque.

## 305. (suite) ● Parfait en **-si**

| | | | | | |
|---|---|---|---|---|---|
| 77. | nubo, | is, ĕre, | nupsi, | nuptum + DAT. | : *épouser (prendre pour mari)* |
| 78. | scribo, | is, ĕre, | scripsi, | scriptum | : *écrire* |
| 79. | carpo, | is, ĕre, | carpsi, | carptum | : *cueillir* |
| 80. | dico, | is, ĕre, | dixi, | dictum | : *dire* |
| 81. | duco, | is, ĕre, | duxi, | ductum | : *conduire* |
| 82. | afflígo, | is, ĕre, | afflíxi, | afflíctum | : *abattre* |
| 83. | figo, | is, ĕre, | fixi, | fixum | : *enfoncer, fixer* |
| 84. | {intéllego / intélligo} | is, ĕre, | intelléxi, | intelléctum | : *comprendre, se rendre [compte* |
| | ▷ **neglégĕre(neglígĕre)** : *négliger* - **dilígĕre** : *chérir, aimer* | | | | |
| 85. | rego | is, ĕre, | rexi, | rectum | : *diriger* |
| | ▶ erígĕre, | | eréxi, | eréctum | : *lever, dresser* |
| | pérgĕre, | | perréxi, | perréctum | : *continuer* |
| 86. | tego | is, ĕre, | texi, | tectum | : *couvrir, protéger* |
| 87. | traho, | is, ĕre, | traxi, | tractum | : *tirer, traîner* |
| 88. | veho, | is, ĕre, | vexi, | vectum | : *transporter* |
| 89. | vivo, | is, ĕre, | vixi, | victum | : *vivre* |
| | | (même supin que **víncĕre** n° 157) | | | |
| 90. | flecto, | is, ĕre, | flexi, | flexum | : *faire plier, fléchir* |
| 91. | fluo, | is, ĕre, | fluxi, | fluxum | : *couler* |
| 92. | struo, | is, ĕre, | struxi, | structum | : *ranger, construire* |
| 93. | exstínguo, | is, ĕre, | exstínxi, | exstínctum | : *éteindre* |
| 94. | cingo, | is, ĕre, | cinxi, | cinctum | : *entourer* |
| 95. | jungo, | is, ĕre, | junxi, | junctum | : *joindre* |
| 96. | fingo, | is, ĕre, | finxi, | fictum | : *façonner, imaginer* |
| 97. | pingo, | is, ĕre, | pinxi, | pictum | : *peindre* |
| 98. | stringo, | is, ĕre, | strinxi, | strictum | : *étreindre, dégaîner* |
| 99. | cedo, | is, ĕre, | cessi, | cessum | : (marcher), *céder* |
| 100. | claudo, | is, ĕre, | clausi, | clausum | : *fermer* |
| | ▶ inclúdĕre, | | inclúsi, | inclúsum | : *enfermer* |
| 101. | dívido, | is, ĕre, | divísi, | divísum | : *partager, diviser, séparer, [répartir* |
| 102. | laedo, | is, ĕre, | laesi, | laesum | : *blesser* |
| 103. | ludo, | is, ĕre, | lusi, | lusum | : *jouer* |
| 104. | plaudo, | is, ĕre, | plausi, | plausum | : *battre des mains* |
| 105. | vado, | is, ĕre, | — | — | : *aller* |
| | ▶ invádĕre, | | invási, | invásum | : *envahir* |
| 106. | mitto, | is, ĕre, | misi, | missum | : *envoyer* |
| 107. | gero, | is, ĕre, | gessi, | gestum | : *porter, faire, mener, [diriger* |
| 108. | uro, | is, ĕre, | ussi, | ustum | : *brûler* |
| 109. | mergo, | is, ĕre, | mersi, | mersum | : *plonger, enfoncer* |
| 110. | spargo, | is, ĕre, | sparsi, | sparsum | : *semer, répandre* |
| | ▶ dispérgĕre, | | dispérsi, | dispérsum | : *disperser* |
| 111. | premo, | is, ĕre, | pressi, | pressum | : *presser, serrer de près, [écraser* |
| | ▶ opprímĕre, | | oppréssi, | oppréssum | : *accabler, écraser* |
| 112. | sumo, | is, ĕre, | sumpsi, | sumptum | : *prendre* |
| 113. | contémno, | is, ĕre, | contémpsi, | contémptum | : *mépriser* |

## 305. (suite) ● Parfait en -i

### ♦ à redoublement

| | | | | | |
|---|---|---|---|---|---|
| 114. | **credo,** | is, ĕre, | **crédidi,** | **créditum** | : *croire, confier* |
| | ▷ composés de **dăre** (n°7) - Ex. : **édĕre, édidi, éditum** | | | | : *mettre au jour, produire* |
| 115. | **cado,** | is, ĕre, | **cécĭdi,** | **casum** (intransitif) | : *tomber* |
| | ► **concídĕre,** | | **cóncĭdi,** | — | : *s'écrouler* |
| 116. | **caedo,** | is, ĕre, | **cecídi,** | **caesum** (transitif) | : *couper, tailler, massacrer* |
| | ► **concídĕre,** | | **concídi,** | **concísum** | : *tailler en pièces* |
| | Ne pas confondre **caedo** et ses composés avec **cado** et ses composés (n° 115) | | | | |
| 117. | **cano,** | is, ĕre, | **cécini,** | **cantum** | : *chanter, retentir* |
| 118. | **disco,** | is, ĕre, | **dídici,** | — | : *apprendre, étudier* |
| 119. | **curro,** | is, ĕre, | **cucúrri,** | **cursum** | : *courir* |
| | ► **occúrrĕre,** | | **occúrri,** | **occúrsum** + DAT. | : *rencontrer, aller à la rencontre de* |
| 120. | **fallo,** | is, ĕre, | **feféll i,** | **falsum** | : *induire en erreur, tromper* |
| 121. | **parco,** | is, ĕre, | **pepérci,** | **parsum** + DAT. | : *épargner* |
| 122. | **pello,** | is, ĕre, | **pépuli,** | **pulsum** | : *faire sortir, chasser* |
| | ► **expéllĕre,** | | **éxpuli,** | **expúlsum** | : *chasser, bannir* |
| 123. | **pendo,** | is, ĕre, | **pepéndi,** | **pensum** | : *peser, payer* |
| | | (même parfait que **péndeo, es, ére,** n° 30) | | | |
| | ► **suspéndĕre,** | | **suspéndi,** | **suspénsum** | : *suspendre* |
| 124. | **posco,** | is, ĕre, | **popósci,** | — | : *demander, réclamer* |
| 125. | **sisto,** | is, ĕre, | **stiti,** | **statum** | : *établir, arrêter - s'arrêter* |
| | ► **consístĕre,** | | **cónstiti,** | — | : *s'arrêter, se placer, être composé [de* |
| | le parfait **-stiti** est commun aux composés de **sístĕre** et de **stare** (n° 8) | | | | |
| 126. | **tango,** | is, ĕre, | **tétigi,** | **tactum** | : *toucher* |
| | ► **attíngĕre,** | | **áttigi,** | **attáctum** | : *toucher à, atteindre* |
| 127. | **tendo,** | is, ĕre, | **teténdi,** | **tentum (tensum)** | : *tendre* |
| | ► **conténdĕre,** | | **conténdi,** | **conténtum** | : *tendre, se diriger vers, rivaliser* |

### ♦ sans modification de radical

| | | | | | |
|---|---|---|---|---|---|
| 128. | **incéndo,** | is, ĕre, | **incéndi,** | **incénsum** | : *allumer, embraser* |
| 129. | **ascéndo,** | is, ĕre, | **ascéndi,** | **ascénsum** | : *monter, gravir* |
| 130. | **defèndo,** | is, ĕre, | **defèndi,** | **defénsum** | : *écarter, défendre* (contre) |
| 131. | **prehéndo,** | is, ĕre, | **prehéndi,** | **prehénsum** | : *saisir, prendre* |
| 132. | **verto,** | is, ĕre, | **verti,** | **versum** | : *tourner* |
| 133. | **bibo,** | is, ĕre, | **bibi,** | — | : *boire* |
| 134. | **viso,** | is, ĕre, | **visi,** | **visum** | : *aller voir, visiter* |
| 135. | **vello,** | is, ĕre, | **velli (vulsi),** | **vulsum** | : *arracher* |
| 136. | **ico (ício),** | is, ĕre, | **ici,** | **ictum** | : *frapper, conclure* (un traité) |
| 137. | **ábnuo,** | is, ĕre, | **ábnui,** | **abnútum** | : *faire signe que non, refuser* |
| 138. | **árguo,** | is, ĕre, | **árgui,** | **argútum** | : *prouver, accuser* |
| 139. | **índuo,** | is, ĕre, | **índui,** | **indútum** | : *revêtir* |
| 140. | **luo,** | is, ĕre, | **lui,** | — | : *expier, subir* (un châtiment) |
| | ► **sólvĕre,** | | **solvi,** | **solútum** | : *délier, payer, acquitter* |
| 141. | **métuo,** | is, ĕre, | **métui,** | — | : *craindre, redouter* |
| 142. | **mínuo,** | is, ĕre, | **mínui,** | **minútum** | : *diminuer* |
| 143. | **ruo,** | is, ĕre, | **rui,** | **rutum** | : *précipiter, se précipiter* |
| 144. | **státuo,** | is, ĕre, | **státui,** | **statútum** | : *établir, fixer, décider* |
| | ► **constitúĕre,** | | **constítui,** | **constitútum** | : *établir, décider* |
| 145. | **tríbuo,** | is, ĕre, | **tríbui,** | **tribútum** | : *accorder, attribuer* |
| 146. | **volvo,** | is, ĕre, | **volvi,** | **volútum** | : *faire rouler, rouler* |

**305.** (suite)

### ◆ à allongement

| | | | | | |
|---|---|---|---|---|---|
| 147. | **edo, edis (es), édĕre, (esse),** | | **ēdi,** | **esum** | : *manger* (cf. § 297) |
| | Ne pas confondre 1. avec **édĕre, édidi, éditum** : *mettre au jour, produire*, n° 114 | | | | |
| | 2. avec certaines formes de **sum, es, esse** : *être* | | | | |
| 148. | **emo,** | **is, ĕre,** | **ēmi,** | **emptum** | : ***acheter*** |
| | ▷ **coémĕre,** | | **coḗmi,** | **coémptum** | : *acheter en bloc* |
| | ► **adímĕre,** | | **adḗmi,** | **adémptum** | : *enlever* |
| 149. | **lego,** | **is, ĕre,** | **lēgi,** | **lectum** | : ***cueillir, choisir, lire*** |
| | ► **collígĕre,** | | **collḗgi,** | **colléctum** | : *recueillir, rassembler* |
| | ► d'autres composés ont un parfait en **-léxi** : voir **intellégĕre,** n° 84 | | | | |

### ◆ avec changement de voyelle

| | | | | | |
|---|---|---|---|---|---|
| 150. | **ago,** | **is, ĕre,** | **egi,** | **actum** | : ***faire avancer, faire, agir - s'occuper de*** |
| | ▷ **perágĕre,** | | **perégi,** | **peráctum** | : *faire jusqu'au bout, poursuivre* |
| | ► **cógĕre,** | | **coégi,** | **coáctum** | : *rassembler, forcer, contraindre* |
| | ► **exígĕre,** • | | **exégi,** | **exáctum** | : *chasser, achever, exiger* |
| 151. | **sido,** | **is, ĕre,** | **sedi (sidi),** | **sessum** | : ***s'asseoir*** |
| | | (même parfait que **sédeo, es, ére,** n° 36) | | | |
| 152. | **tollo,** | **is, ĕre,** | **sústuli,** | **sublátum** | : ***lever, élever, soulever, enlever*** |

### ◆ avec perte de l' -n- du présent

| | | | | | |
|---|---|---|---|---|---|
| 153. | **frango,** | **is, ĕre,** | **fregi,** | **fractum** | : ***briser*** |
| | ► **effríngĕre,** | | **effrégi,** | **effráctum** | : *rompre, briser* |
| 154. | **fundo,** | **is, ĕre,** | **fudi,** | **fusum** | : ***verser, répandre - mettre [en déroute*** |
| 155. | **relínquo,** | **is, ĕre,** | **relíqui,** | **relíctum** | : ***laisser, quitter*** |
| 156. | **rumpo,** | **is, ĕre,** | **rupi,** | **ruptum** | : ***rompre*** |
| 157. | **vinco,** | **is, ĕre,** | **vici,** | **victum** | : ***vaincre*** |
| | | (même supin que **vívĕre,** n° 89) | | | |

## 3a DÉPONENTS **UTOR, ÚTERIS, UTI, USUS SUM** + ABL. : ***utiliser, se servir de***

| | | | | | |
|---|---|---|---|---|---|
| 158. | **ampléctor,** | **eris,** | **amplécti,** | **ampléxus sum** | : *embrasser* |
| 159. | **fruor,** | **eris,** | **frui,** | **frúitus (fructus) sum** + ABL. | : *jouir de* |
| 160. | **fungor,** | **eris,** | **fungi,** | **functus sum** + ABL. | : *s'acquitter de* |
| 161. | **labor,** | **eris,** | **labi,** | **lapsus sum** | : *glisser* |
| 162. | **loquor,** | **eris,** | **loqui,** | **locútus sum** | : *parler, dire* |
| 163. | **nitor,** | **eris,** | **niti,** | **nisus (nixus) sum** | : *s'efforcer de -* + ABL. : *s'appuyer sur* |
| 164. | **queror,** | **eris,** | **queri,** | **questus sum** | : *se plaindre de* |
| 165. | **revértor,** | **eris,** | **revérti,** | **revérsus sum** | : *retourner, revenir* (cf. n° 132) |
| 166. | **sequor,** | **eris,** | **sequi,** | **secútus sum** | : *suivre, poursuivre* |
| 167. | **adipíscor,** | **eris,** | **adipísci,** | **adéptus sum** | : *obtenir (par un effort), atteindre* |
| 168. | **irháscor,** | **eris,** | **irásci,** | **irátus sum** | : *se mettre en colère* |
| 169. | **nancíscor,** | **eris,** | **nancísci,** | **nactus (nanctus) sum** | : *obtenir (par hasard), rencontrer, trouver* |
| 170. | **nascor,** | **eris,** | **nasci,** | **natus sum** | : *naître* |
| 171. | **oblivíscor,** | **eris,** | **oblivísci,** | **oblítus sum** + GÉN. | : *oublier* |
| 172. | **pacíscor,** | **eris,** | **pacísci,** | **pactus sum** | : *faire un pacte, stipuler* |
| 173. | **proficíscor,** | **eris,** | **proficísci,** | **proféctus sum** | : *partir* |
| 174. | **ulcíscor,** | **eris,** | **ulcísci,** | **ultus sum** | : *venger, se venger* |

305. (suite) **3b** **CÁPIO, CAPIS, CÁPĔRE, CEPI, CAPTUM :** ***prendre***

● **Parfaits en -vi et en -ui**

175. **cúpio,** is, ĕre, cupívi (ii), cupítum : *désirer, souhaiter*
176. **sápio,** is, ĕre, sapívi (ii), — : *avoir du goût, du jugement*
177. **rápio,** is, ĕre, rápui, raptum : *ravir, emporter*
► erípĕre, erípui, eréptum : *arracher*

● **Parfait en -si**

178. **conspício,** is, ĕre, conspéxi, conspéctum : *regarder, voir, apercevoir*
179. **quátio,** is, ĕre, quassi, quassum : *secouer*
► percútĕre, percússi, percússum : *frapper*

● **Parfait en -i**

◆ à redoublement

180. **pário,** is, ĕre, péperi, partum : *mettre au monde, produire*

◆ à allongement

181. **fúgio,** is, ĕre, fūgi, fúgitum : *fuir, s'enfuir*
182. **fódio,** is, ĕre, fōdi, fossum : *creuser*

◆ avec changement de voyelle

183. **cápio,** is, ĕre, cepi, captum : *prendre*
► accípĕre, accépi, accéptum : *accueillir, recevoir - apprendre*
► incípĕre, coepi, coeptum : *commencer* (cf. § 300)
184. **fácio,** is, ĕre, feci, factum : *faire - rendre*
(impératif 2^e^ p. sg. : **fac** § 287 - passif : **fíeri** § 298)
▷ patefácĕre, pateféci, patefáctum : *ouvrir*
► confícĕre, conféci, conféctum : *achever - accabler*
(impératif 2^e^ p. sg. : **-fice** § 287 - passif : **-fici** § 298, R.)
185. **jácio,** is, ĕre, jeci, jactum : *jeter*
► conjícĕre, conjéci, conjéctum : *jeter (ensemble)*

**3b DÉPONENTS** **PÁTIOR, PÁTERIS, PATI, PASSUS SUM :** ***souffrir, supporter, permettre***

186. **grádior,** eris, gradi, gressus sum : *marcher, s'avancer*
► égredi, egréssus sum : *sortir*
187. **mórior,** eris, mori, mórtuus sum (moritúrus) : *mourir*

**RÉPERTOIRE ALPHABÉTIQUE DES**

305. (suite) **4.** **AÚDIO, AUDIS, AUDÍRE, AUDÍVI, AUDÍTUM :** ***entendre***

● **Parfait en -vi**

La plupart des verbes de la 4ᵉ c. ont, comme **audíre**, un parfait en **-ívi (ii)** et un supin en **-ítum**. Le verbe suivant a un supin irrégulier :

188. **sepélio,** **is, íre,** **sepelívi (ii),** **sepúltum** : *ensevelir*

● **Parfait en -ui**

189. **apério,** **is, íre,** **apérui,** **apértum** : *ouvrir, dévoiler*
190. **sálio,** **is, íre,** **sálui,** **saltum** : *sauter*
► **desilíre,** **desílui,** **desúltum** : *sauter à bas de*

● **Parfait en -si**

191. **sáncio,** **is, íre,** **sanxi,** **sanctum** : *rendre sacré, consacrer, ratifier*
192. **víncio,** **is, íre,** **vinxi,** **vinctum** : *attacher, enchaîner*
193. **haúrio,** **is, íre,** **hausi,** **haustum** : *puiser, retirer de*
194. **séntio,** **is, íre,** **sensi,** **sensum** : *s'apercevoir, sentir, penser*

● **Parfait en -i**

195. **repério,** **is, íre,** **répperi,** **repértum** : *trouver*
► **comperíre,** **cómperi,** **compértum** : *découvrir, apprendre*
196. **vénio,** **is, íre,** **vēni,** **ventum** : *venir*

**4.** ***DÉPONENTS*** **EXPÉRIOR, EXPERÍRIS, EXPERÍRI, EXPÉRTUS SUM :** ***essayer, éprouver***

197. **lárgior,** **íris,** **largíri,** **largítus sum** : *donner largement*
198. **mólior,** **íris,** **molíri,** **molítus sum** : *faire, entreprendre, préparer*
199. **pártior,** **íris,** **partíri,** **partítus sum** : *partager*
200. **pótior,** **íris,** **potíri,** **potítus sum** + ABL. : *s'emparer de*
201. **sórtior,** **íris,** **sortíri,** **sortítus sum** : *fixer par le sort, obtenir par le sort*
202. **adséntior,** **íris,** **adsentíri,** **adsénsus sum** : *approuver*
203. **métior,** **íris,** **metíri,** **mensus sum** : *mesurer*
204. **órdior,** **íris,** **ordíri,** **orsus sum** : *commencer*
205. **órior,** **(íris),** **oríri,** **ortus sum (oritúrus)** : *se lever, s'élever, naître, [commencer*
(**órior** présente des formes de la 3ᵉ conj. : ex. : 2ᵉ p. sg. **óreris**)

**VERBES CITÉS AU § 305 (p. 86 à 93)**

# D. emploi des formes verbales

## I. LES VOIX

306. **Les verbes actifs et déponents peuvent avoir un sens transitif** (s'ils appellent un complément d'objet) **ou intransitif** (sans complément d'objet).

► Un même verbe peut s'employer transitivement et intransitivement.

Hostes fúgiunt. *Les ennemis fuient.* Hoc me fugit. *Ceci m'échappe.*

► Un verbe transitif peut s'employer « absolument » avec ellipse du c. d'objet :

movére = movére castra : *lever le camp*

► Un verbe transitif peut indiquer que l'on fait faire quelque chose (sens factitif) :

Caesar pontem **fecit**. *César **fit faire** un pont.*

307. **Seuls les verbes transitifs actifs dont le complément d'objet est à l'accusatif peuvent avoir une conjugaison complète au passif (passif personnel).**

Pater me amat devient au passif : Amor a patre.

308. **Les verbes latins, transitifs ou intransitifs (sauf les déponents) peuvent s'employer au passif impersonnel à la 3ᵉ p. du sg. et à l'infinitif :**

**Pugnátur.** *On combat.* **Pugnári potest.** *On peut combattre.*

► Quand ces formes comportent un part, pf. ou un adj. verbal, celui-ci est au neutre sg.

**Pugnátum est.** *On combattit.* **Pugnándum est.** *Il faut combattre.*

► Le passif impersonnel peut être accompagné d'un complément d'agent.

A milítibus pugnátur. *Les soldats combattent.*

309. **Le latin évite de construire un verbe au passif impersonnel avec une proposition infinitive. Il emploie plutôt une tournure personnelle (sujet au nominatif).**

Au lieu de : Dícitur Bárbaros fórtiter pugnáre.<br>
on dira : **Bárbari dicúntur** fórtiter pugnáre.<br>
} ***On dit que les Barbares** combattent avec courage.*

**S'il y a un attribut du sujet, il passe, comme le sujet, au nominatif :**

**Homérus** dícitur **caecus** fuísse. ***On dit qu'Homère** fut aveugle.*

► La tournure personnelle s'emploie avec les temps simples des verbes signifiant *dire* et *croire* et avec tous les temps des verbes **jubére, cógĕre** et **vetáre :**

**Mílites jussi sunt** arma depónĕre. ***On ordonna aux soldats** de déposer les armes.*

► ***Pour le thème***

310. TRADUCTION D'UN VERBE PRONOMINAL FRANÇAIS

1. **Sens réfléchi :** employer le pronom réfléchi latin :
   *Il se prépare.* Se parat. *Il s'est acquis de la gloire.* Sibi glóriam comparávit.
2. **Sens simplement pronominal :** employer le verbe actif ou déponent correspondant :
   *Il se promène.* Ámbulat. *Il s'empare de la ville.* Urbe potítur. Urbem óccupat.
3. **Sens passif :** employer le passif :
   *Le temple se construit.* Templum aedificátur.
4. **Sens réciproque :** On peut
   — préciser le sens du verbe à l'aide de **inter nos, inter vos, inter se** (cf. § 182, n° 4) :
   *Nous nous louons (mutuellement).* Inter nos laudámus.
   — employer **álius... álius, alter... alter** à des cas différents (cf. § 225 et 226) :
   *Ils se louent (mutuellement).* Álii álios laudant.

## II. L'ACCORD DU VERBE

**311.** Le verbe s'accorde avec son sujet en personne et en nombre :

Pater est bonus. *Le père est bon.*

► Mais si le verbe a pour sujet un nom singulier de sens **collectif** ou un pronom tel que **quisque** suivi d'un compl. au pluriel, le verbe peut être au singulier ou au pluriel.

Turba mílitum **ruit** *ou* **ruunt**. *La foule des soldats* ***se précipite****.*

**312.** S'il a plusieurs sujets du singulier, le verbe est le plus souvent au pluriel :

Pater et mater sunt boni. *Le père et la mère sont bons.*

► Mais il s'accorde parfois seulement avec le sujet le plus proche.

► Si les sujets ne sont pas à la même personne, l'accord se fait comme en français :

Ego et pater **valémus**. *Mon père et moi* ***nous allons bien****.*

## III. LES MODES ET LES TEMPS

### A. L'INDICATIF

On notera les emplois particuliers suivants :

**313.** SENS DE CONDITIONNEL DES VERBES **POSSUM**, **DÉBEO**, etc.

L'indicatif de certains verbes peut exprimer une idée de conditionnel :

| | |
|---|---|
| **possum :** *je peux* - ***je pourrais*** (irréel présent) | **póteram** : *je pouvais*<br>**pótui** : *j'ai pu*<br>**potúeram** : *j'avais pu*<br>} ***j'aurais pu*** (irréel passé) |

Hunc librum légere **pótui**. ***J'aurais pu*** *lire ce livre.*

► Cet emploi de l'indicatif se rencontre avec :

**1. Possum :** *je peux, je pourrais*
et les verbes de sens voisin ou contraire :

- **licet** : *il est (serait) permis*
- **aequum est** : *il est (serait) juste*
- **fácile est** : *il est (serait) facile*
- **diffícile est** : *il est (serait) difficile*
- **longum est** : *il est (serait) trop long*

**2. Débeo :** *je dois, je devrais*
et les verbes de sens voisin :

- **opórtet** : *il faut (il faudrait)*
- **decet** : *il convient (il conviendrait)*
- **mélius est** : *il vaut (vaudrait) mieux*
- adjectif verbal d'obligation + **est** : *il faut (il faudrait)*

Mihi in ácie **cadéndum fuit**. ***J'aurais dû tomber*** *sur le champ de bataille.*

**314.** LE PRÉSENT HISTORIQUE (PRÉSENT DE NARRATION) équivaut à un passé :

Caesar pro castris **consédit** (parfait) : eo duces **producúntur** (présent).

*César* ***prit place*** *devant son camp : c'est là qu'on lui* ***amène*** *les chefs.*

**315.** Le PRÉSENT et l'IMPARFAIT peuvent marquer l'**effort** pour accomplir une action :

Domum **vendo**. ***Je cherche à vendre*** *ma maison.*

**316.** Le PARFAIT indique souvent qu'une action est achevée au moment où l'on parle :

Vixit. *Il a vécu, il est mort.* Dixi. *J'ai fini de parler. J'ai dit.*

**317.** Le PARFAIT peut servir à exprimer une vérité générale :

Labor ómnia **vicit** ímprobus. *Un travail opiniâtre* ***vient*** *à bout*
⟨ littéralement : *est [toujours] venu à bout* ⟩ ***de toutes les difficultés.***

**318.** Au passif, on distinguera de façon nette :

| ● PRÉSENT | ● PARFAIT | ● PARFAIT avec **fui** |
|---|---|---|
| Templum **claúditur**. | Templum **clausum est**. | Templum **clausum fuit**. |
| ***On est en train de fermer*** *le temple.* | *Le temple* ***est fermé****.* | *Le temple* ***a été fermé****.* |
| (action en cours d'exécution) | *(On l'a fermé autrefois, et actuellement, il reste fermé.)* | *(pendant un certain temps dans le passé, puis il a pu être rouvert).* |

319. LE PASSÉ « ÉPISTOLAIRE » : En latin, on se place volontiers en pensée au moment où le destinataire recevra la lettre, d'où un décalage des temps vers le passé.

Prídie Idus **scripsi**. - Nihil **habébam** quod scríberem. - Nihil **audíeram** novi.

| ⟨ *J'ai écrit* ⟩ | ⟨ *Je n'avais* ⟩ | ⟨ *Je n'avais appris* ⟩ |
|---|---|---|
| ***Je t'écris** la veille des Ides.* | ***Je n'ai** rien à t'écrire.* | ***Je n'ai** rien **appris** de nouveau.* |

320. L'INDICATIF DANS LES SUBORDONNÉES : Le latin marque avec plus de précision que le français l'antériorité d'une action par rapport à une autre action.

Quod **petíeram** (p.-q.-pf.) dedísti.
*Tu m'as donné ce que **je demandais**.*

Quod **petíero** (fut. ant.) dabis.
*Tu me donneras ce que **je demanderai**.*

Exspécta, dum **redíero** (fut. ant.).
*Attends jusqu'à ce que **je revienne**.*

Si hunc librum **légeris** (fut. ant.), laetus ero.
*Si **tu lis** ce livre, je serai content.*

## B. LE SUBJONCTIF

Le subjonctif exprime un fait envisagé par l'esprit (voulu, possible, souhaitable). Dans les propositions principales et indépendantes, il marque :

321. L'ORDRE (pour suppléer à l'impératif) à la 1re et à la 3e pers. du présent :

Hoc **faciámus**. *Faisons ceci.* **Exspéctent.** *Qu'ils attendent.*

322. LA DÉFENSE - à la 1re et à la 3e pers. :
**ne** + SUBJ. PRÉSENT
**Ne** hoc **faciámus.**
*Ne faisons pas ceci.*

à la 2e personne :
**ne** + SUBJ. PARFAIT { au lieu de **noli, nolíte** + infinitif
**Ne** hoc **féceris** (= Noli hoc fácere).
*Ne fais pas ceci.*

323. LE SOUHAIT ET LE REGRET, s'il est précédé de **útinam** (négation : **ne**) :

| | | |
|---|---|---|
| SUBJ. PRÉSENT | Útinam dives **sim**! *Puissé-je être riche!* — Útinam **ne** pauper **sim**! *Puissé-je ne pas être pauvre (un jour)!* | SOUHAIT |
| SUBJ. IMPARF. | Útinam dives **essem**! *Ah! si seulement j'étais riche (maintenant)!* | REGRET (DANS LE PRÉSENT) |
| SUBJ. PL.-Q.-PF. | Útinam dives **fuíssem**! *Ah! si seulement j'avais été riche (autrefois)!* | REGRET (DANS LE PASSÉ) |

324. LE CONDITIONNEL (négation **non**).

| | | | |
|---|---|---|---|
| PRÉSENT | Laetus **sim.** | ***Je serais** content (un jour).* | POTENTIEL |
| IMPARF. | Laetus **essem.** | ***Je serais** content (maintenant).* | IRRÉEL PRÉSENT |
| PL.-Q.-PF. | Laetus **fuíssem.** | ***J'aurais été** content (autrefois).* | IRRÉEL PASSÉ |

► Pour la différence entre le présent **(potentiel)** et l'imparfait **(irréel présent)**, cf. § 399.

► Le subjonctif **parfait** peut exprimer une affirmation atténuée :
Non affirmáverim. *Je n'affirmerais pas, je ne saurais affirmer, je ne puis affirmer.*

► Il arrive que le subjonctif **imparfait** se traduise par le conditionnel passé :
Quis créderet? *Qui aurait cru? (= Qui, à ce moment-là, pouvait croire?)*

325. LA DÉLIBÉRATION (pour se demander à soi-même quelle résolution prendre) :

PRÉSENT : Quid **fáciam**? *Que **faut-il que je fasse**? Que **puis-je faire**? Que **faire**?*
IMPARFAIT : Quid **fácerem**? *Que **fallait-il que je fisse**? Que **pouvais-je faire**?*

326. L'INDIGNATION : Ego, tibi **iráscar**! *Moi, **je m'irriterais** contre toi!*
LA SUPPOSITION : **Vendat** aedes vir bonus. ***Supposons qu'**un homme de bien **vende** sa maison.*
LA CONCESSION : Ómnia **possídeat**, non póssidet áera (§ 24) Minos.
*Minos **a beau tout posséder**, il ne possède pas l'air.*

327. LES PRINCIPAUX EMPLOIS DU SUBJONCTIF dans les indépendantes et les principales, classés selon les temps, sont les suivants :

| | | | |
|---|---|---|---|
| PRÉSENT | • **ordre** (1re–3e pers.) | Hoc faciámus. *Faisons ceci.* — Exspéctent. *Qu'ils attendent.* | |
| | • **défense** (1re–3e pers.) | Ne hoc faciámus. *Ne faisons pas ceci.* — Ne exspéctent. *Qu'ils n'attendent pas.* | Précédé de la négation **ne** |
| | • **délibération** | Quid fáciam? *Que faut-il que je fasse? - Que faire?* | Phrase interrogative (**?**). |
| | • **souhait** | Útinam dives sim! *Puissé-je être riche!* | Précédé de **útinam (ne)** Phrase exclamative (**!**) |
| | • **conditionnel** potentiel | [Si vénias,] laetus sim. *[Si tu venais,] je serais content (un jour).* | Souvent en liaison avec une subord. par **si, nisi** |
| IMPARFAIT | • **délibération** | Quid fácerem? *Que fallait-il que je fisse? Que pouvais-je faire?* | Phrase interrogative (**?**) |
| | • **regret** (dans le présent) | Útinam dives essem! *Ah! si seulement j'étais riche (maintenant)!* | Précédé de **útinam (ne)** Phrase exclamative (**!**) |
| | • **conditionnel** irréel présent | [Si veníres,] laetus essem. *[Si tu venais,] je serais content (maintenant).* | Souvent en liaison avec une subord. par **si, nisi** |
| PARFAIT | • **défense** (2e pers.) | Ne hoc féceris. *Ne fais pas ceci.* — Ne hoc fecéritis. *Ne faites pas ceci.* | Précédé de la négation **ne** |
| | • **conditionnel** (potentiel et affirm. atténuée) | Non affirmáverim. *Je n'affirmerais pas. Je ne saurais affirmer. Je ne puis affirmer.* | |
| PL.-Q.-PF. | • **regret** (dans le passé) | Útinam dives fuíssem! *Ah! si seulement j'avais été riche (autrefois)!* | Précédé de **útinam (ne)** Phrase exclamative (**!**) |
| | • **conditionnel** irréel passé | [Si venísses,] laetus fuíssem. *[Si tu étais venu,] j'aurais été content (autrefois).* | Souvent en liaison avec une subord. par **si, nisi** |

## C. L'IMPÉRATIF

328. L'impératif sert à exprimer l'ordre. Le **présent** s'emploie si l'ordre doit être exécuté immédiatement, le **futur** si l'ordre doit être exécuté plus tard.

Cras **petíto**, dábitur; nunc **abi**!
*__Demande__ demain, on te donnera; maintenant, __va-t-en__!*

329. **L'ORDRE ET LA DÉFENSE : TABLEAU RÉCAPITULATIF.**

| | | ORDRE | | DÉFENSE | |
|---|---|---|---|---|---|
| SG. | 1. | **fáciam** | *que je fasse* | **ne fáciam** | *que je ne fasse pas* |
| | 2. | fac | *fais* | **ne féceris** (noli fácĕre) | *ne fais pas* |
| | 3. | **fáciat** | *qu'il fasse* | **ne fáciat** | *qu'il ne fasse pas* |
| PL. | 1. | **faciámus** | *faisons* | **ne faciámus** | *ne faisons pas* |
| | 2. | fácite | *faites* | **ne fecéritis** (nolíte fácĕre) | *ne faites pas* |
| | 3. | **fáciant** | *qu'ils fassent* | **ne fáciant** | *qu'ils ne fassent pas* |



Abrégé de gram. latine - 4

## D. LE PARTICIPE

330. Correspondance entre les formes latines et les formes françaises :

| | ACTIF | PASSIF | DÉPONENT |
|---|---|---|---|
| PRÉSENT | amans, amántis<br>*aimant* | —<br>*(étant) aimé* | ímitans, imitántis<br>*imitant* |
| FUTUR | amatúrus, a, um<br>— | —<br>— | imitatúrus, a, um<br>— |
| PARFAIT | —<br>*ayant aimé* | amátus, a, um<br>*(ayant été) aimé* | imitátus, a, um<br>*ayant imité* |

► Le latin supplée aux participes qui manquent en employant une relative ou **cum** + SUBJ. :

*Ayant loué → Comme il avait loué :* Cum laudavísset.

*Étant loué → Comme il était loué :* Cum laudarétur.

331. LE PARTICIPE PRÉSENT indique une circonstance qui se situe **en même temps que** l'action exprimée par le verbe de la proposition. A cette valeur temporelle peut s'ajouter une autre valeur circonstancielle :

**Labórans**, beátus est. ⟨ ***Travaillant,*** *il est heureux.* ⟩

**Labórans**, beátus erat. ⟨ ***Travaillant,*** *il était heureux.* ⟩

| | | | | |
|---|---|---|---|---|
| *Il est heureux* | ***quand il travaille.*** | TEMPS | ***Quand il travaillait*** | *il était heureux.* |
| | ***parce qu'il travaille.*** | CAUSE | ***Comme il travaillait*** | |
| | ***bien qu'il travaille.*** | CONCESSION | ***Quoiqu'il travaillât*** | |
| | ***s'il travaille.*** | CONDITION | ***S'il travaillait.*** | |

332. Le participe présent (**épithète** ou **apposition**) se rapporte à un nom ou à un pronom de la proposition, avec lequel il s'accorde en genre, cas et nombre. Ce nom ou ce pronom ne sont pas toujours exprimés :

Cum Delphos venísses, **interrogánti** Pýthia respóndit.

*Alors que tu étais venu à Delphes, la Pythie répondit* ***à tes questions*** ⟨ *à toi interrogeant.* ⟩

333. Emploi particulier du participe présent.

Les verbes exprimant une perception des sens : (**vidére** : *voir* - **audíre** : *entendre*) se construisent avec un compl. d'objet accompagné d'un participe présent :

Aúdio eum **cantántem**. *Je l'entends* ***chanter****.*

Vídeo eum **proficiscéntem**. *Je le vois* ***partir****.*

► Avec une proposition infinitive, le verbe prend un sens différent :

Aúdio eum cantáre. ***J'entends dire (J'apprends)*** *qu'il chante.*

Vídeo eum proficísci. ***Je constate (Je comprends)*** *qu'il part.*

334. LE PARTICIPE FUTUR s'emploie comme **attribut** du sujet, avec le verbe **esse** (conjugué à tous les temps), pour exprimer le futur proche *(sur le point de)*, la fatalité *(destiné à)*, l'intention *(disposé à, ayant l'intention de)* :

**Scriptúrus sum.** ***Je vais écrire.***

En particulier, le participe futur + **esse** sert à former l'infinitif futur.

► A l'époque postclassique, le part. futur s'emploie aussi sans **esse** pour exprimer le but.

335. LE PARTICIPE PARFAIT sert à former les temps composés passifs et déponents.
Il peut aussi s'employer comme **épithète** ou **apposition** pour indiquer une circonstance **antérieure** à l'action exprimée par le verbe de la proposition.

Persae **victi** fugérunt. ***Vaincus,*** *les Perses s'enfuirent.*

En particulier, pour marquer la succession de deux faits, le latin emploie souvent un participe parfait pour le premier, un verbe conjugué pour le second.

**Urbem captam** hostis diripuit. *⟨L'ennemi pilla **la ville ayant été prise.**⟩*
***Après avoir pris la ville,*** *l'ennemi la pilla. - L'ennemi **prit la ville et** la pilla.*

336. Emploi particulier du participe parfait passif : Employé comme **épithète**, il se traduit souvent par un nom abstrait ou par l'expression « *le fait que...* ».

Angébat Hamílcarem **amíssa Sicília.**
***La perte de la Sicile (le fait que la Sicile avait été perdue)*** *serrait le cœur d'Hamilcar.*

337. REMARQUE GÉNÉRALE SUR LES PARTICIPES

Les participes peuvent devenir

1. de véritables **adjectifs** (ayant même parfois comparatif et superlatif) :
   sápiens : *sage* - pátiens : *patient, endurant* - doctus : *savant* - futúrus : *futur.*
2. des **noms** (en particulier au masculin pluriel et au neutre pluriel) :
   audiéntes : *les auditeurs* - spectántes : *les spectateurs* - audéntes : *les audacieux*
   obséssi : *les assiégés* - gesta : *les hauts faits* - futúra : *l'avenir.*

## E. L'INFINITIF

338. L'infinitif présent constitue parfois le verbe d'une proposition indépendante ou principale :

— INFINITIF DE NARRATION (ou INFINITIF HISTORIQUE) : sujet au nominatif.

Quotídie Caesar fruméntum **flagitáre**. *Chaque jour César **réclamait** du blé.*

— INFINITIF EXCLAMATIF (renforcé parfois par la particule **-ne**) : sujet à l'acc.

Pirátam (Pirata**mne**) **ágĕre** triúmphum ! *Un pirate, **remporter** le triomphe !*

339. L'infinitif présent et parfait peut **jouer le rôle d'un nom**, avec les fonctions de :

| • SUJET | • ATTRIBUT DU SUJET | • C. D'OBJET |
|---|---|---|
| **Erráre** humánum est. | Docto hómini, vívĕre est **cogitáre**. | **Légĕre** cúpio. |
| *Se **tromper** est humain.* | *Pour un homme instruit vivre, (c')est **penser**.* | *Je désire **lire**.* |

340. L'INFINITIF SUJET. L'infinitif peut servir de sujet :

1. au verbe **esse** accompagné

— d'un attribut (nom ou adjectif au neutre sg.) :

| | | |
|---|---|---|
| **fas est** : *il est permis par les dieux* | **aequum est** : *il est juste* | **humánum est** : *il est humain* |
| **opus est** : *il est besoin de* | **pulchrum est** : *il est beau* | **moléstum est** : *il est pénible* |
| **mos est** : *c'est la coutume de* | **fácile est** : *il est facile* | **turpe est** : *il est honteux* |

**Erráre** humánum est. *Il est humain **de se tromper**.*

— d'un génitif de possession (cf. § 270, 2) :

Est hóminis ratiónem **sequi.** *C'est le propre de l'homme **de suivre** la raison.*

2. à des verbes impersonnels (opórtet, licet, etc. - cf. § 302) :

**Lúdere** licet. *Il est permis **de jouer**.*

341. L'INFINITIF OBJET. L'infinitif peut être c. d'objet de verbes signifiant :

**1. *pouvoir, devoir***

**posse, quire** : *pouvoir*
**nequíre** : *ne pas pouvoir*
**debére** : *devoir*

**2. *commencer à, cesser de***

**incípĕre** : *commencer*
**coepísse** : *avoir commencé*
**institúĕre** : *entreprendre*
**pérgĕre** : *continuer*
**desínĕre** : *cesser*
**desístĕre** : *renoncer*
**omíttĕre**, **praetermíttĕre** } *négliger*

**3. *avoir coutume de***

**solére** : *avoir l'habitude de*
**consuéscĕre**, **(as)suéscĕre** } *prendre l'habitude de*

**4. *oser, s'efforcer de***

**audére** : *oser*
**non dubitáre** : *ne pas hésiter à*

**conári**, **niti** } *s'efforcer de*
**studére** : *s'appliquer à*
**properáre**, **festináre** } *se hâter de*

**5. *savoir***

**scire** : *savoir*
**nescíre** : *ne pas savoir*

**6. *vouloir***

**velle** : *vouloir*
**nolle** : *ne pas vouloir*
**malle** : *préférer*
**cúpĕre** : *désirer*

**7. *décider de***

**statúĕre**, **constitúĕre**, **decérnĕre** } *décider de*

**Légĕre** cúpio. *Je désire **lire**.* **Exíre** volo. *Je veux **sortir**.*

► Si le sujet de l'infinitif est différent de celui du verbe dont il dépend, on emploie :
— **la proposition infinitive** avec les verbes signifiant *savoir* (n° 5) et *vouloir* (n° 6) :
**Te légĕre** cúpio. *Je désire **que tu lises**.* **Te exíre** volo. *Je veux **que tu sortes**.*
— **une proposition par ut** + SUBJ. avec les verbes signifiant *décider* (n° 7).

## F. LE GÉRONDIF

342. Le gérondif sert à donner une déclinaison à l'infinitif présent actif et déponent.

| | INFINITIF | GÉRONDIF | Traduction |
|---|---|---|---|
| NOM. | amáre | | *aimer* |
| ACC. | amáre | | *aimer* |
| | .......... | (ad) **amándum** | ***pour aimer*** (c. de but) |
| GÉN. | .......... | **amándi** | ***d'aimer*** |
| DAT. | .......... | **amándo** | ***à aimer*** (rare) |
| ABL. | .......... | **amándo** | ***par le fait d'aimer, en aimant*** |

343. A l'ACCUSATIF, précédé de **ad**, il est complément de but :

Legit **ad discéndum**. *Il lit **pour apprendre**.*

► Il sert en particulier de complément à des verbes comme : **hortári** : *exhorter* - **impéllĕre** : *pousser à*, ou à des adjectifs se construisant avec **ad** (§ 105) :
Te hortor **ad legéndum**. *Je t'exhorte **à lire**.* Pronus **ad discéndum**. *Enclin **à apprendre**.*

Au GÉNITIF, il complète un nom, ou un adjectif exprimant le désir :

Tempus **legéndi**. *Le moment **de lire**.* Cúpidus **legéndi**. *Désireux **de lire**.*

► Dans les expressions legéndi causā, legéndi grátiā : *pour lire* (c. de but), le génitif du gérondif est complément du nom à l'ablatif **causā, grátiā**.

Au DATIF (rare), il complète certains verbes et adjectifs :

**Scribéndo** adfuérunt. *⟨Ils assistèrent au fait d'écrire.⟩ Ils assistèrent **à la rédaction**.*

A l'ABLATIF sans préposition, il est complément de moyen (cause, manière).

**Legéndo** doctus fies. *Tu deviendras savant ⟨par le fait de lire⟩, **en lisant**.*

► L'ablatif précédé d'une préposition **(in, de, ex, ab)** s'emploie comme compl. circonstanciel :
**Ex legéndo** voluptátem capit. *⟨Il tire son plaisir du fait de lire.⟩ Il prend plaisir **à lire**.*

## G. LE SUPIN

344. Le supin en **-um** exprime le but pour compléter un verbe de mouvement :

ire : *aller* - veníre : *venir* - míttěre : *envoyer*, etc.

Eo **lusum**. *Je viens* ***pour jouer***. *Je viens* ***jouer***.

► Le supin en **-u** n'existe que pour quelques verbes (Ex. : **vidére, audíre, dícěre, fácěre**) et s'emploie comme complément d'adjectifs tels que :

**jucúndus**, a, um : *agréable* — **turpis**, is, e : *honteux* — **fácilis**, is, e : *facile*
**mirábilis**, is, e : *admirable, étonnant* — **incredíbilis**, is, e : *incroyable* — **diffícilis**, is, e : *difficile*

Res jucúnda **audítu**. *Une chose agréable* ***à entendre***.

## H. L'ADJECTIF VERBAL

345. L'ADJECTIF VERBAL D'OBLIGATION

Bien que, par sa forme, l'adjectif verbal d'obligation ressemble au gérondif, il en est très différent par le sens : alors que le gérondif est une forme active, l'adjectif verbal est une forme passive qui exprime l'obligation :

**amándus, a, um** : *devant être aimé.*

1. L'adjectif verbal d'obligation s'emploie surtout comme attribut du sujet. S'il a un complément, celui-ci est au datif d'intérêt (cf. § 48) :

**Mihi colénda est** virtus. *La vertu est ⟨ devant être pratiquée en ce qui me concerne ⟩.*

***Je dois pratiquer*** *la vertu.* ***Il faut que je pratique*** *la vertu.*

2. Au passif impersonnel, on dit, avec l'adjectif verbal au neutre singulier :

**Pugnándum est.** ***Il faut combattre. On doit combattre.***

► L'adj. verbal employé au passif impersonnel peut avoir un complément au datif :
**Ómnibus homínibus moriéndum est.** *Tous les hommes doivent mourir.*

3. L'adjectif verbal d'obligation s'emploie plus rarement comme attribut du c.o.d., avec des verbes comme :

**dare** : *donner* — **tráděre** : *remettre* — **míttěre** : *envoyer* — **curáre** : *s'occuper de*

Dedit mihi libros **legéndos**
*Il m'a donné des livres ⟨ devant être lus. ⟩*
***Il m'a donné des livres à lire.***

Caesar pontem **faciéndum** curávit.
*César s'occupa d'un pont ⟨ devant être fait. ⟩*
***César fit construire un pont.***

346. L'ADJECTIF VERBAL REMPLAÇANT LE GÉRONDIF

Quand un gérondif doit avoir un complément d'objet à l'accusatif, le latin remplace cette tournure par une tournure utilisant l'adjectif verbal (qui, dans ce cas, n'exprime plus l'obligation).

Au lieu de : Cúpidus legéndi históriam.
le latin dit généralement : Cúpidus **legéndae históriae.**
} *Désireux* ***de lire l'histoire.***

► Dans la première tournure (active), le complément de **cúpidus** est le gérondif **legéndi** accompagné d'un c.o.d. à l'accusatif.
Dans la deuxième tournure, c'est **históriae** qui devient le complément de **cúpidus** et prend alors le cas qui était celui du gérondif. L'adjectif verbal s'accorde avec **históriae.** Le sens demeure inchangé.

► Cette substitution, habituelle au génitif et à l'ablatif sans préposition, est obligatoire dans les autres cas, en particulier à l'accusatif : *pour lire l'histoire* : **ad históriam legéndam**.

# 7. la phrase

## LES PROPOSITIONS INDÉPENDANTES ET PRINCIPALES

347. LE VERBE des propositions indépendantes et principales est le plus souvent à l'**indicatif** (§ 313 à 319). Mais il peut être aussi à l'**impératif** (§ 328), au **subjonctif** (§ 321 à 327), à l'**infinitif** (§ 338).

## LES PROPOSITIONS SUBORDONNÉES

348. On distingue, d'après leur forme, les propositions :
— introduites par un mot subordonnant (conjonctives, relatives, interrogatives indirectes)
— sans mot subordonnant (participiales, infinitives, au subjonctif).

► On regroupe parfois sous le nom de **complétives** les propositions **sujet, objet, attribut, apposition (§ 349 à 367)**, pour les opposer aux **circonstancielles** (§ 374 à 423).

# A. proposition infinitive

349. La proposition infinitive est une subordonnée dont le verbe est à l'INFINITIF; le **sujet** est à l'**accusatif** (ainsi que l'attribut du sujet, éventuellement).

Scio **vitam esse brevem**. *Je sais **que la vie est courte**.*

350. La proposition infinitive est généralement complément d'objet de :

● **verbes de déclaration *(dire)*, opinion *(croire)*, connaissance *(savoir)* :**
— **dícĕre** : *dire* - **scríbĕre** : *écrire* - **respondére** : *répondre* - **certiórem fácĕre** : *informer*, etc.
— **crédĕre** : *croire* - **existimáre** : *penser* - **censére** : *être d'avis*, etc.
— **scire** : *savoir* - **accípĕre, audíre** : *entendre dire, apprendre* - **cértior fíeri** : *être informé*, etc.

● **verbes de sentiment** (construits aussi avec une sub. par **quod**, cf. § 390) :
— **gaudére, laetári** : *se réjouir* - **mirári** : *s'étonner* - **dolére** : *s'affliger* - **gloriári** : *se glorifier* - **queri** : *se plaindre* - **aegre ferre** : *être fâché*, etc.

● **certains verbes de volonté :**
— **velle** : *vouloir* - **nolle** : *ne pas vouloir* - **malle** : *préférer* - **cúpĕre** : *désirer*.
► Ces verbes se construisent aussi avec l'infinitif seul (cf. § 341)
— **jubére** : *ordonner* - **sínĕre, pati** : *permettre* - **vetáre** : *défendre* - **prohibére** : *empêcher*.

Jussit **mílites arma depónĕre**. *Il ordonna **aux soldats de déposer les armes**.*

► Plus rarement, la proposition infinitive peut être :
— **sujet** de verbes impersonnels (cf. § 302) :
Constat **eum interféctum esse**. *C'est un fait établi **qu'il a été tué**.*
— **apposition** à un pronom démonstratif neutre ou à un nom comme **spes** : *l'espoir* - **núntius** : *la nouvelle*, etc.

Hoc unum scio **me nihil scire**. *Je ne sais qu'une seule chose, **que je ne sais rien**.*

Núntius **Caésarem adveníre**. *La nouvelle **que César arrive**.*

► Pour l'emploi de la tournure personnelle remplaçant la proposition infinitive, voir le § 309.

351. EMPLOI DES PRONOMS PERSONNELS ET DES ADJECTIFS POSSESSIFS dans la proposition infinitive.

1. Le pronom sujet est toujours exprimé dans une proposition infinitive, même s'il représente la même personne que le sujet du verbe principal.

   Credo **me** esse beátum. *Je crois être heureux. Je crois que **je** suis heureux.*

2. A la 3e personne (singulier et pluriel), on distingue :

   — QUINTUS credit **se** esse beátum, paréntes **suos** esse beátos. } réfléchi cf. § 185
   *QUINTUS croit qu'**il** est heureux, que **ses** parents sont heureux.*

   — Credo **eum** esse beátum, **ejus** paréntes esse beátos. } non réfléchi cf. § 186
   *Je crois qu'**il** est heureux, que **ses** parents sont heureux.*

352. EMPLOI DES TEMPS DE L'INFINITIF.

L'INFINITIF **PARFAIT** indique que l'action de la subordonnée s'est passée **avant** l'action de la principale.

L'INFINITIF **PRÉSENT** indique que l'action de la subordonnée se passe **en même temps que** l'action de la principale.

L'INFINITIF **FUTUR** indique que l'action de la subordonnée se passera **après** l'action de la principale.

**Credo...** *Je crois...*

PRINC.

SUBORD.

eum **fuísse** beátum.
*qu'il **a été** heureux.*
*qu'il **était** heureux.*

eum **esse** beátum.
*qu'il **est** heureux.*

eum {**futúrum esse** / **(fore)**} beátum
*qu'il **sera** heureux.*

L'emploi des infinitifs est le même si le verbe principal est à un temps du passé (imparfait, parfait, plus-que-parfait). Mais dans ce cas, le français modifie la forme (et non le sens) du verbe de la subordonnée par la concordance des temps. En particulier, à l'infinitif futur latin correspondra alors le conditionnel présent français (qui n'a pas ici une valeur de mode, mais exprime un futur par rapport à un passé).

**Credébam, crédidi...**
*Je croyais, j'ai cru...*

PRINC.

SUBORD.

...eum **fuísse** beátum.
*...qu'il **avait été** heureux.*

...eum **esse** beátum.
*...qu'il **était** heureux.*

...eum {**futúrum esse** / **(fore)**} beátum.
*...qu'il **serait** heureux.*

353. REMARQUES SUR L'EMPLOI DU FUTUR.

1. Le latin emploie l'infinitif **futur** avec :

   **speráre** : *espérer* - **pollicéri** : *promettre* - **juráre** : *jurer*

   Sperat se mox **profectúrum esse**. *Il espère **partir** bientôt (**qu'il partira** bientôt).*

2. On peut remplacer une proposition infinitive au futur par la périphrase :

   **futúrum esse ut (fore ut)** + SUBJONCTIF : 〈*qu'il arrivera que*〉.

   ► Cette périphrase est obligatoire si le verbe est dépourvu de supin (donc d'infinitif futur) :

   **Credo** futúrum esse ut eum **paeníteat**.
   ***Je crois** qu'il **se repentira**.*

   **Credébam** fore ut eum **paenitéret**.
   ***Je croyais** qu'il **se repentirait**.*

# B. proposition subordonnée conjonctive objet, sujet, etc.

## A. — A L'INDICATIF

354. Des verbes divers se construisent avec une sub. à l'indicatif introduite par :

**quod** : *le fait que*

Praetéreo **quod probus est**. *Je passe sous silence* ***le fait qu'il est honnête.***

**Quod Régulus Cartháginem rédiit** mirábile nobis vidétur.

***Le fait que Régulus revint à Carthage*** *nous semble admirable.*

► Dans le premier exemple, la prop. par **quod** est **COMPL. D'OBJET**; dans le 2ᵉ, elle est **SUJET**. Elle peut être aussi **APPOSITION** à un pronom neutre ou à un nom ***(à savoir que)*** :

Illum fructum cepi **quod dives factus sum.**

*J'ai retiré cet avantage ⟨ à savoir ⟩* ***que je suis devenu riche.***

## B. — AU SUBJONCTIF

355. Les verbes de VOLONTÉ, SOUHAIT, PRIÈRE, EFFORT se construisent avec une subordonnée OBJET introduite par :

**ut** (uti) : *que*

Suádeo tibi **ut legas.**

*Je te conseille* ***de lire.*** *⟨ que tu lises. ⟩*

**ne** : *que... ne... pas*

Suádeo tibi **ne legas.**

*Je te conseille* ***de ne pas lire.***

► *et que ne pas* : **neve, neu** (cf. § 244), parfois **neque (nec)**
*que personne... ne* : **ne quis**
*que rien... ne* : **ne quid**
*qu'aucun... ne* : **ne ullus**
*que jamais... ne* : **ne unquam**
*que nulle part... ne* : **ne usquam**
(ne quis ... ne usquam : cf. § 406)

EXEMPLES DE VERBES SE CONSTRUISANT AVEC **UT** (OU **NE**) + SUBJ.

● VOLONTÉ

**imperáre** álicui ut : *ordonner à qqu'un de*
**praecípĕre** álicui ut : *recommander à qqu'un de*
**suadére** álicui ut : *conseiller à qqu'un de*
**persuadére** álicui ut : *persuader qqu'un de*
**hortári** áliquem ut : *exhorter qqu'un à*
**impéllĕre** áliquem ut : *pousser qqu'un à*
**monére**, **admonére** áliquem ut : *avertir qqu'un de*

● SOUHAIT

**optáre** ut : *souhaiter que*

● PRIÈRE

**oráre** áliquem ut : *prier qqu'un de*
**rogáre** áliquem ut, **pétĕre** ab áliquo ut : *demander à qqu'un de*

● EFFORT

**fácĕre, effícĕre** ut : *faire en sorte que, de*
**curáre** ut : *prendre soin que, de*
**conténdĕre, óperam dare** ut : *s'efforcer de*
**impetráre, cónsequi, adipísci** ut : *obtenir que*
**providére, consúlĕre** ut : *veiller à ce que*
**cavére ne** : *prendre garde que ... ne*

► Par exception, **jubére** : *ordonner* se construit avec la proposition infinitive;
**velle, nolle, malle, cúpĕre** se construisent avec l'infinitif seul ou la prop. inf.

**Júbeo te exíre = Ímpero tibi ut éxeas.** *Je t'ordonne de sortir.*

**Exíre volo.** *Je veux sortir.* **Te exíre volo.** *Je veux que tu sortes.*

**356.** Les verbes exprimant un ÉVÉNEMENT (**áccidit - contíngit - évenit - fit** : *il arrive*) se construisent avec une subordonnée SUJET introduite par :

| **ut** (uti) : *que* | **ut... non** : *que... ne... pas* |
|---|---|
| Saepe áccidit **ut errémus**. | Áccidit **ut non véniat**. |
| *Il arrive souvent* ***que nous nous trompions***. | *Il arrive* ***qu'il ne vienne pas***. |

**357.** Une proposition introduite par

**ut** (uti) : *à savoir que*

est souvent en APPOSITION à un pronom neutre ou à un nom (accompagné d'un adjectif démonstratif) dont elle développe le sens.

Istum in eam opiniónem addúxi, **ut** se esse bonum **jam non putáret**.

*J'ai amené cet homme à cette opinion, ⟨à savoir⟩* ***qu'il ne pense plus*** *être bon.*

► EXPRESSIONS : **eo consílio ut, eo ánimo ut, eā mente ut** : *dans le dessein de.*

**358.** Les verbes exprimant la CRAINTE :

**timére** : *craindre (par faiblesse)*
**metúĕre** : *craindre (par prudence)*
**veréri** : *craindre (par respect)*
**perículum est** : *il est à craindre que*

se construisent avec une subordonnée introduite par **ne** :

| **ne** : *que... ne* | **ne... non** : *que ne... pas* |
|---|---|
| Tímeo **ne véniat**. | Tímeo **ne non véniat**. |
| *Je crains* ***qu'il ne vienne***. | *Je crains* ***qu'il ne vienne pas***. |

► Il arrive parfois que **ne... non** soit remplacé par **ut** :

Tímeo **ut** véniat = Tímeo **ne non** véniat. *Je crains* ***qu'il ne*** *vienne* ***pas***.

**359.** Les verbes d'EMPÊCHEMENT (ex. : **impedíre, obstáre** : *empêcher* - **recusáre** : *refuser*) se construisent avec une subordonnée objet introduite par :

**ne** (quóminus)

si le verbe d'empêchement est **affirmatif**.

Impédio **ne proficiscátur**.

*Je l'empêche* ***de partir***.

**quin** (quóminus)

si le verbe d'empêchement est **négatif** ou **interrogatif**.

Nihil obstat quin (quóminus) **proficiscátur**.

*Rien ne l'empêche* ***de partir***.

Quid obstat **quin** (quóminus) **proficiscátur**?

*Qu'est-ce qui l'empêche* ***de partir?***

**360.** Les expressions et les verbes NÉGATIFS ou INTERROGATIFS suivants se construisent avec une subordonnée introduite par :

**quin**

| | |
|---|---|
| **non dúbito quin** | : *je ne doute pas que... ne* |
| **quis dúbitat quin?** | : *qui doute que... ne...?* |
| **haud dúbium est quin** | : *il n'est pas douteux que* |
| **fácĕre non possum quin** | : *je ne peux m'empêcher de* |
| **fíeri non potest quin** | : *il est impossible que... ne... pas* |
| **haud multum abest quin** | : *il s'en faut de peu que... ne* |

Non dúbito **quin proficiscátur**. *Je ne doute pas* ***qu'il ne parte***.

361. LA CONCORDANCE DES TEMPS dans les conjonctives objet, sujet, etc.

1. Si le verbe principal est au présent (ou au futur), la subordonnée au subjonctif est au présent ou au parfait.

Tímeo ne **véniat**. *Je crains qu'il ne **vienne**.* Tímeo ne **vénerit**. *Je crains qu'il ne **soit venu**.*

2. Si le verbe principal est à un temps du passé (imparfait, parfait, pl.-q.-pf.), la subordonnée au subjonctif est à l'imparfait ou au plus-que-parfait.

Tímui ne **veníret**. *J'ai craint qu'il ne **vînt**.* Tímui ne **venísset**. *J'ai craint qu'il ne **fût venu**.*

Le présent du subjonctif **véniat** et l'imparfait du subjonctif **veníret** indiquent que l'action de la subordonnée se passe **en même temps que** l'action de la principale ou **après** celle-ci.

Le parfait du subjonctif **vénerit** et le pl.-q.-pf. du subjonctif **venísset** indiquent que l'action de la subordonnée s'est passée **avant** l'action de la principale.

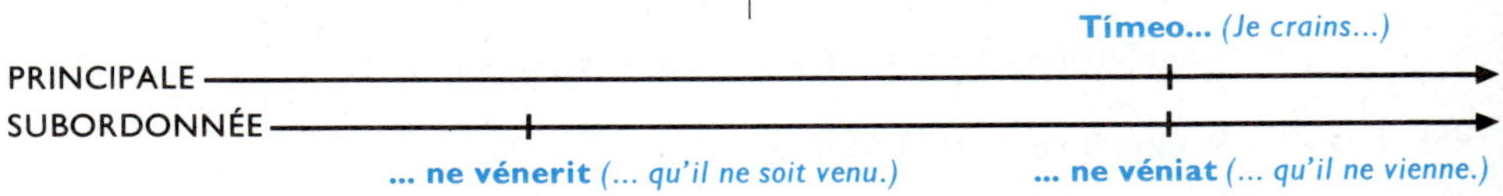


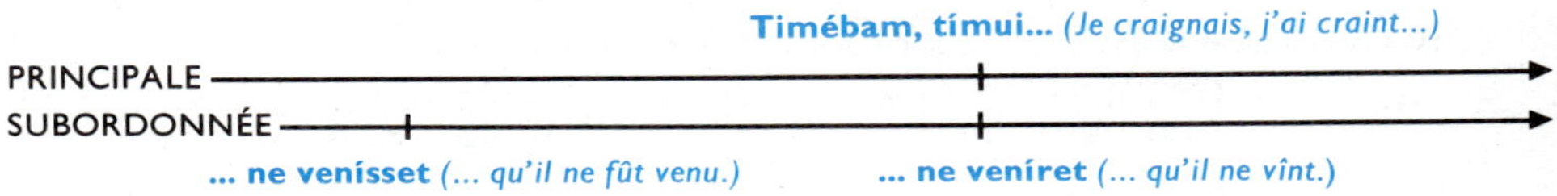


► Dans la principale, **l'infinitif de narration** est considéré comme **temps du passé.** Le **présent de narration** est considéré tantôt comme un véritable **présent** (concordance grammaticale), tantôt comme un temps du **passé** (concordance conforme au sens).

# C. subordonnée au subjonctif sans mot subordonnant

362. Certaines subordonnées au subjonctif ne sont introduites par aucune conjonction de subordination. C'est le cas avec :

- certains verbes qui sont suivis d'habitude d'une construction infinitive :

| | | |
|---|---|---|
| **velle** : *vouloir* | **malle** : *préférer* | **licet** : *il est permis* |
| **nolle** : *ne pas vouloir* | **opórtet** : *il faut* | **necésse est** : *il est nécessaire* |

Volo **véniat**. *Je veux qu'il vienne.*

- certains verbes de volonté (qui se construisent d'habitude avec **ut** + **subj.**, § 355) :

Fac **sciam**. *Fais que je sache, fais-moi savoir.* Cave **cadas**. *Prends garde de tomber.*

# D. subord. interrogative indirecte

363. ● L'interrogation **directe** constitue une proposition indépendante ou principale.
Quis venit? *Qui est venu ?*

● L'interrogation **indirecte** constitue une proposition subordonnée dont le verbe est, en latin, au SUBJONCTIF.
Quaero **quis vénerit**. *Je demande **qui est venu**.*

► La subordonnée interrogative indirecte peut être **complément d'objet** non seulement d'un verbe signifiant ***demander*** **(rogáre áliquem, interrogáre áliquem, quaérěre ab áliquo)**, mais aussi d'un verbe exprimant l'idée de ***comprendre, savoir, ignorer*** **(intellégěre, scire, nescíre,** etc.) ou ***dire*** **(dícěre, scríběre,** etc.).

Elle peut aussi être **sujet** d'expressions impersonnelles (par ex. : **incértum est, dúbium est** : *il est douteux, on ne sait pas* - **me fugit** : *il m'échappe, j'ignore* - **quid est cur...?** *quelle raison y a-t-il pour que... ?*).

364. L'interrogation indirecte est introduite par les mêmes mots que l'interr. directe : pronoms et adjectifs : cf. § 190 à 194, adverbes et particules : cf. § 249 à 251.

PARTICULARITÉS : 1. Dans l'interrogation indirecte, **num** est synonyme de **-ne**.

2. **necne** : *ou non* est plus fréquent que **annon** (2e terme d'une interr. double).

3. La traduction sera parfois différente de celle de l'interrogation directe :

**quid** : *ce qui, ce que* - **-ne, num** : *si* - **nonne** : *si... ne... pas* - **utrum (-ne)... an** : *si... ou si*

A te quaero **quid** agas. *Je te demande **ce que** tu fais.*

Quaero **num** pater tuus vénerit (venerít**ne** pater tuus). *Je demande **si** ton père est venu.*

4. **an** (employé seul) signifie ***si... ne... pas*** dans les expressions :

**néscio an** : *je ne sais si... ne... pas*
**dúbito an** : *je me demande si... ne... pas*
**incértum est an** : *on ne sait si... ne... pas*
} *peut-être*

**néscio an non**
**dúbito an non**
**incértum est an non**
} *peut-être... ne... pas*

**Néscio an** proféctus sit. *Il est **peut-être** parti.* **Néscio an non** proféctus sit. ***Peut-être n'**est-il **pas** parti.*

365. DÉLIBÉRATION : L'interrogation indirecte peut comporter un sens délibératif :

Néscio **quid fáciam**. *Je ne sais **ce qu'il faut que je fasse**. Je ne sais **que faire**.*

366. CONCORDANCE DES TEMPS DANS L'INTERROGATION INDIRECTE

La concordance des temps (cf. § 361) s'applique dans l'interrogation indirecte. On utilise en outre (pour indiquer que l'action de la subordonnée se passera après l'action de la principale) une périphrase formée du participe futur en **-úrus, a, um + sim (essem)** et qui joue le rôle d'une sorte de subjonctif futur.

Quis véniet? *Qui viendra ?*

Quaero **quis ventúrus sit**. *Je demande **qui viendra**.*

Quaerébam **quis ventúrus esset**. *Je demandais **qui viendrait**.*

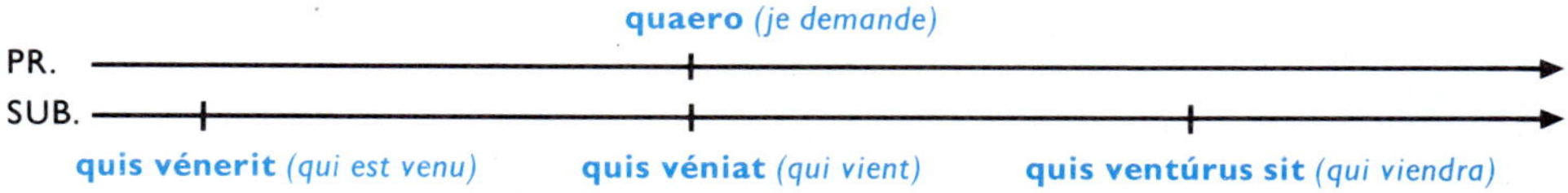


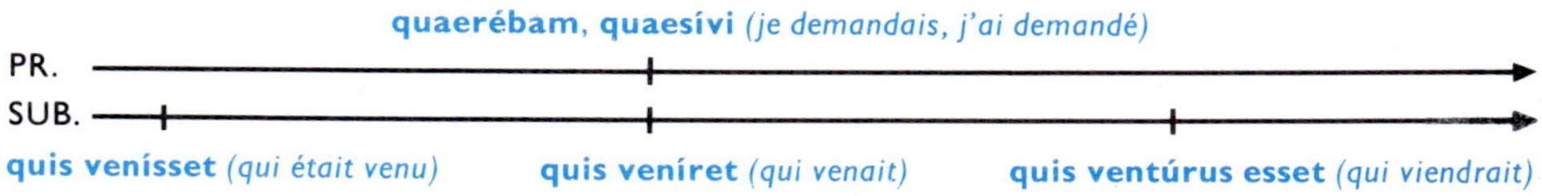


367. La SUBORDONNÉE EXCLAMATIVE INDIRECTE se construit comme l'interrogative indirecte.

Vidéte **quantum créverit**. *Voyez **combien il a grandi**.*

## VERBES A CONSTRUCTIONS MULTIPLES

De nombreux verbes peuvent admettre **plusieurs constructions** correspondant généralement à des différences de sens. En voici quelques exemples.

368. Verbes signifiant ***dire*** **:**

**dícĕre** : *dire* - **nuntiáre** : *annoncer* - **scríbĕre** : *écrire* - **respondére** : *répondre*, etc.

1. + PROPOSITION INFINITIVE (pour préciser ce que l'on dit) :

Dico **eum veníre**. *Je dis* ***qu'il vient***.

2. ut (ne) + SUBJ. - parfois SUBJ. **sans subordonnant** (pour exprimer un ordre) :

Ei dico **ut véniat**. *Je lui dis* ***qu'il vienne***. *Je lui dis* ***de venir***.

3. + SUBORDONNÉE INTERROGATIVE INDIRECTE :

Dico **quis vénerit**. *Je dis* ***qui est venu***.

369. **monére - admonére.**

1. + PROPOSITION INFINITIVE : *faire observer que, rappeler que.*

Mónuit **victóriam in virtúte constáre**. *Il rappela* ***que la victoire dépendait du courage***.

2. ut (ne) + SUBJONCTIF : *avertir de (de... ne pas), engager à (à... ne pas).*

Eos mónuit **ut fórtiter pugnárent**. *Il les engagea* ***à combattre avec courage***.

370. Verbes signifiant ***savoir*** **:**

**scire** : *savoir* - **nescíre** : *ne pas savoir* - **ignoráre** : *ignorer* - **animadvértĕre** : *remarquer* - **intellégĕre** : *comprendre* - **certiórem fácĕre** : *informer* - **cértior fíeri** : *être informé.*

1. + PROPOSITION INFINITIVE

Scio vitam **esse brevem**. *Je sais* ***que la vie est courte***.

2. + SUBORDONNÉE INTERROGATIVE INDIRECTE

Scio **quis vénerit**. *Je sais* ***qui est venu***.

371. **vidére.**

1. + PARTICIPE PRÉSENT accompagnant un compl. d'objet : *voir.*

Vídeo eum **proficiscéntem**. *Je le vois* ***partir***.

2. + PROPOSITION INFINITIVE : *constater, comprendre, se rendre compte que.*

Vídeo **eum proficísci**. *Je constate, je comprends* ***qu'il part***.

3. + SUBORDONNÉE INTERROGATIVE - EXCLAMATIVE INDIRECTE : *voir, examiner.*

Vidéte **quantum créverit**. *Voyez* ***combien il a grandi***.

4. ut (ne) + SUBJ. (= providére ut, ne) : *veiller à ce que (à ce que... ne... pas).*

Vídeant cónsules **ne quid respública detriménti cápiat**.
*Que les consuls veillent* ***à ce que l'État ne subisse aucun dommage***.

372. **velle** : *vouloir* - **nolle** : *ne pas vouloir* - **malle** : *préférer* - **cúpĕre** : *désirer* - **licet** : *il est permis* - **opórtet** : *il faut* - **necésse est** : *il est nécessaire.*

1. + INFINITIF SEUL — **Exíre** volo. *Je veux* ***sortir***.
2. + PROPOSITION INFINITIVE (cf. § 341, R.) — **Te exíre** volo. *Je veux* ***que tu sortes***.
3. + SUBORD. AU SUBJONCTIF sans subordonnant — Velim **éxeas**. *Je voudrais* ***que tu sortes***.

373. **dubitáre.**

1. + INFINITIF seul : *hésiter à* (surtout à la forme négative).

Non dúbito **proficísci**. *Je n'hésite pas* ***à partir***.

2. + SUBORDONNÉE INTERROGATIVE INDIRECTE

a) cas général : *se demander...*

Dúbito **quis vénerit**. *Je me demande* ***qui est venu***.

b) dubitáre an + SUBJ. : *se demander si... ne... pas (= peut-être, cf. § 364)*

Dúbito **an proféctus sit**. 〈*Je me demande* ***s'il n'est pas parti***.〉 *Il est* ***peut-être*** *parti.*

3. non dubitáre quin + SUBJ. : *ne pas douter que... ne* - quis dúbitat quin + SUBJ. : *qui doute que... ne... ?*

Non dúbito **quin proficiscátur**. *Je ne doute pas* ***qu'il ne parte***.

# E. proposition participiale (ablatif absolu)

374. La proposition participiale, rare en français, est très fréquente en latin. Le **sujet** et le **participe** (présent ou parfait) sont à l'**ablatif** (ablatif absolu) :

**Pártibus factis**, verba fecit leo. — ***Les parts ayant été faites,*** *le lion parla.*

**Rómulo regnánte,...** — *⟨Romulus régnant,...⟩* ***Sous le règne de Romulus,...***

► Le sujet de l'ablatif absolu ne doit figurer ni comme sujet, ni comme complément dans la proposition principale. On dira donc :

**Urbe captā**, hostis ábiit.
***Après avoir pris la ville,*** *l'ennemi s'en alla.*
(ablatif absolu)

Mais : **Urbem captam** hostis diripuit.
***Après avoir pris la ville,*** *l'ennemi la pilla.*
(participe apposé, cf. § 335)

375. TRADUCTION DE L'ABLATIF ABSOLU. On conserve rarement la traduction littérale de l'ablatif absolu. On la remplace d'habitude par une tournure moins lourde et plus précise, qui souligne la **valeur circonstancielle de l'ablatif absolu** (temps, cause, concession, condition) :

Temps : **Pártibus factis**, verba fecit leo.
***Une fois les parts faites,*** *le lion parla.*
***Après qu'il eut fait les parts,*** *le lion parla.*
***Après avoir fait les parts,*** *le lion parla.*
***Après le partage,*** *le lion parla.*
***Le lion fit les parts, puis*** *parla.*

Cause : **Nuntiáto Caésaris advéntu**, hostes fugérunt.
***Comme on avait annoncé l'arrivée de César,*** / ***A la nouvelle de l'arrivée de César,*** } *les ennemis s'enfuirent.*

Concession : **Nuntiáto Caésaris advéntu**, hostes non fugérunt.
***Bien qu'on eût annoncé l'arrivée de César,*** / ***Malgré la nouvelle de l'arrivée de César,*** } *les ennemis ne s'enfuirent pas.*

Condition : **Nuntiáto Caésaris advéntu**, hostes fugíssent.
***Si l'on avait annoncé l'arrivée de César,*** *les ennemis auraient fui.*

► Une particule précise parfois la nuance circonstancielle du participe :

**simul** : *en même temps que*
**statim** : *aussitôt que*

**quippe, útpote** : *puisque*
**ut** : *étant donné que, dans la pensée que*

**quanquam, etsi** : *bien que*
**velut, sicut, quasi** : *comme si*

376. ABLATIF ABSOLU SANS VERBE EXPRIMÉ. Le verbe **esse** n'ayant pas de participe présent, on rencontre des ablatifs absolus ne comportant que le sujet et l'attribut.

**Ciceróne cónsule,...** *⟨Cicéron étant consul,...⟩* ***Sous le consulat de Cicéron,...***

377. ABLATIF ABSOLU SANS SUJET A L'ABLATIF.

1. Quelques participes s'emploient sans sujet, à l'abl. neutre sg. (passif impersonnel) :

**auspicáto, auguráto** : *après avoir pris les auspices* - **sortíto** : *après tirage au sort.*

2. Le participe neutre peut avoir pour sujet une proposition qui suit :

**Nuntiáto** Caésarem advenire... *⟨Le fait que César arrivait ayant été annoncé...⟩*
*A la nouvelle de l'arrivée de César...*

# F. subordonnées conjonctives compléments circonstanciels

## I. SUBORDONNÉES DE TEMPS (TEMPORELLES)

### A CONJONCTIONS DE SUBORDINATION SUIVIES DE L' INDICATIF

378.

| | |
|---|---|
| **ut, ubi** : *quand, lorsque* | **postquam**, post... quam } *après que* |
| **ut primum - ubi primum** } *dès que, aussitôt que* | **posteáquam**, póstea... quam } *après que* |
| **simul atque** (simul ac) } *dès que, aussitôt que* | **quóties** (quótiens) } *chaque fois que* |
| **quámdiu** : *aussi longtemps que* | **quotiescúmque** } *chaque fois que* |

Ces conjonctions expriment un simple rapport de temps entre deux faits réels :

**1.** fait unique : **Haec ubi** (ut) **dixit**, ábiit. — **Haec postquam dixit**, ábiit.
***Quand il eut dit cela,*** *il partit.* — ***Après qu'il eut dit cela,*** *il partit.*

**2.** répétition : **Quóties** (ubi) **nóctua cecínerat**, multi pavébant.
***Chaque fois qu'une chouette criait*** *⟨avait crié⟩, beaucoup de gens avaient peur.*

► A partir de Tite-Live, les subordonnées de répétition sont souvent au SUBJONCTIF.

### B CONJONCTIONS DE SUBORDINATION SUIVIES TANTÔT DE L' INDICATIF , TANTÔT DU SUBJONCTIF

379. **cum** + INDICATIF 1. *au moment où, quand, lorsque* (fait unique)
2. *chaque fois que, quand, lorsque* (répétition)

**Cum** suivi de l'indicatif indique un simple rapport de temps :

**1.** fait unique : **Cum Caesar in Gálliam venit**, factiónes erant.
***Quand César arriva en Gaule,*** *il y avait des partis rivaux.*

| | | | |
|---|---|---|---|
| ► **tum... cum** | : *au moment où* | **vix... cum** | : *à peine... quand (que)* |
| **cum... tum** | : *quand..., alors* | **jam... cum** | : *déjà... quand* |
| **tempus cum** | : *une époque où* | **nondum... cum** | : *ne.. pas encore... quand* |

**2.** fait répété : **Cum nóctua cecínerat**, multi pavébant.
***Chaque fois qu'une chouette criait*** *⟨avait crié⟩, beaucoup de gens avaient peur.*

380. **cum** + SUBJONCTIF IMPARFAIT OU PLUS-QUE-PARFAIT : *comme, alors que*

**1.** Le subjonctif IMPARFAIT indique que l'action de la subordonnée se passe **en même temps que** celle de la principale :

**Cum Athénae florérent**, nímia libértas civitátem míscuit.
***Alors qu'Athènes était florissante,*** *la liberté excessive mit le désordre dans la cité.*

**2.** Le subjonctif PL.-Q.-PF. indique que l'action de la subordonnée s'est passée **avant** celle de la principale :

Alexánder, **cum Clitum interfecísset**, magnitúdinem facínoris perspéxit.
***Après avoir tué Clitus,*** *Alexandre reconnut la grandeur de son crime.*

► Dans ce cas, une idée de **cause** s'ajoute parfois à l'idée de temps.

| 381. | | |
|---|---|---|
| | **ántequam, priúsquam** ante..., prius... quam + INDICATIF *avant le moment où, avant que* | **dum, donec, quoad** + INDICATIF 1. *jusqu'au moment où* 2. *tant que, aussi longtemps que* |

Ces conj. de sub. se construisent avec l'indicatif quand elles indiquent un simple rapport de temps.

Res ita se habébant **ántequam in Sicíliam veni.**
*〈Les choses étaient dans cette situation* ***avant le moment où je vins en Sicile.*** *〉*
*Telle était la situation* ***avant mon arrivée en Sicile.***

Exspécta **dum redíero.**
*〈Attends* ***jusqu'au moment où je serai revenu.*** *〉 Attends* ***mon retour.***

**Donec eris felix,** multos numerábis amícos.
***Aussi longtemps que tu seras heureux,*** *tu compteras de nombreux amis.*

382. **dum** + INDICATIF PRÉSENT : *pendant que*

**Dum** au sens de *pendant que* est toujours suivi du **présent**, même s'il s'agit de passé ou d'avenir. On traduit souvent la subordonnée par le gérondif français (***en*** + participe présent).

**Dum quaerit** (présent) **escam,** margarítam répperit (parfait) gallus.
***Pendant qu'il cherchait (En cherchant) sa nourriture,*** *le coq trouva une perle.*

| 383. | | |
|---|---|---|
| | **ántequam, priúsquam** ante..., prius... quam + SUBJONCTIF *avant que, sans attendre que* | **dum, donec, quoad** + SUBJONCTIF *jusqu'à ce que, en attendant que* |

Ces conj. de sub. se construisent avec le subjonctif quand l'action n'est pas réalisée, mais simplement envisagée.

**Ántequam agátis,** cogitáte.
*Réfléchissez* ***avant d'agir.***
*(= Avant d'envisager d'agir, réfléchissez)*

Exspécta **dum rédeam.**
*Attends* ***jusqu'à ce que je revienne.***
(Le retour n'est pas considéré comme réalisé ; il est seulement envisagé.)

► La nuance marquée par le subjonctif est parfois à peine perceptible, surtout dans la langue postclassique.

► ***Pour le thème***

384. 1. La tournure ***avant de*** *(faire)* ne peut se traduire littéralement en latin. Il faut employer une subordonnée de temps par **ántequam, priúsquam.**

2. La tournure ***après*** *(avoir fait)* ne peut se traduire littéralement en latin. Il faut employer une subordonnée de temps par **postquam** + INDIC., **cum** + SUBJ., ou avoir recours au participe parfait (participe apposé ou ablatif absolu).

## II. SUBORDONNÉES DE CAUSE (CAUSALES)

### A CONJONCTIONS DE SUBORDINATION SUIVIES DE L'INDICATIF

385. **Quóniam** (plus rarement **quando**) + INDICATIF : *puisque*

**Quóniam id cupis**, máneo. ***Puisque tu le désires,*** *je reste.*

386. **ut** (uti) + INDICATIF : *vu que, étant donné que*

Magnífice, **ut erat copiósus**, convívium apparávit.
***Étant donné qu'il était fort riche,*** *il fit préparer le festin de façon somptueuse.*

### B CONJONCTION DE SUBORDINATION SUIVIE DU SUBJONCTIF

387. **cum** + SUBJONCTIF : *comme, puisque*

**Cum id cúpias**, máneo. ***Puisque tu le désires,*** *je reste.*

### C CONJONCTIONS DE SUBORDINATION SUIVIES TANTÔT DE L'INDICATIF, TANTÔT DU SUBJONCTIF

388.

| **quod, quia** + INDICATIF<br>*parce que* | **quod** (plus rarement **quia**) + SUBJONCTIF<br>*sous prétexte que, parce que dis-tu, dit-il, dit-on*<br>*(disais-tu, disait-il, disait-on)* |
|---|---|
| **Quod**, **quia** suivis de l'indicatif indiquent une cause réelle, qui ne peut être mise en doute. | **Quod** (et plus rarement **quia**) suivis du subjonctif indiquent une cause dont on ne peut affirmer la réalité (prétexte allégué par quelqu'un, pensée ou parole d'autrui). |
| Táceo **quod cogor**.<br>*Je me tais* ***parce que j'y suis forcé.*** | Sócrates accusátus est **quod juventútem corrúmperet**.<br>*Socrate fut accusé* ***de corrompre la jeunesse.***<br>*⟨* ***parce que, disait-on, il corrompait la jeunesse.*** *⟩* |

389. **Non quod**, **non quo** (et, plus rarement, **non quia**) + SUBJONCTIF : *non que* servent à indiquer une cause qui n'est pas réelle et qu'on repousse.

Táceo **non quod asséntiar**, sed quod cogor.
*Je me tais,* ***non que j'approuve,*** *mais parce que j'y suis forcé.*

390. Les VERBES DE SENTIMENT (qui se construisent souvent avec une infinitive : § 350) peuvent se construire avec une sub. de cause introduite par **quod** : *parce que.*

- L'INDICATIF indique que la cause est un fait réel :
  Dóleo **quod mórtuus est**.
  *Je m'afflige* ***parce qu'il est mort.***
- Le SUBJONCTIF indique que la cause est présentée comme la pensée du sujet :
  Gaúdeo **quod tibi profúerim**.
  *Je me réjouis* ***à la pensée de t'avoir été utile.***

391. CORRÉLATION : Les conj. de sub. **quod** et **quia** sont souvent annoncées ou reprises dans la principale par des adverbes corrélatifs :

**eo - hoc - ídeo - idcírco - proptérea...** quod (quia) :
*pour cette raison précisément que...*

# III. SUBORDONNÉES DE CONCESSION ET D'OPPOSITION (CONCESSIVES)

## A CONJONCTIONS DE SUBORDINATION SUIVIES DE L'INDICATIF

392. **quanquam, etsi, támetsi** + INDICATIF : *bien que, quoique*

**Quanquam abest a culpā**, accusátur.

***Bien qu'il soit innocent,*** *il est accusé.* ***Il a beau être innocent,*** *il est accusé.*

► **Quanquam** sert aussi à coordonner deux phrases au sens de ***mais, toutefois, cependant.***

## B CONJONCTIONS DE SUBORDINATION SUIVIES DU SUBJONCTIF

393. **cum** + SUBJONCTIF : *bien que, quoique, alors que*

**Cum absit a culpā**, accusátur.

***Bien qu'il soit innocent,*** *il est accusé.* ***Il a beau être innocent,*** *il est accusé.*

394. **quamvis** (+ adjectif ou adverbe) + SUBJONCTIF { *quelque... que* / *si... que* } + SUBJ. ; *tout... que* + INDICATIF

**Quamvis cállidus sis**, tamen decéptus es.
{ ***Quelque rusé que tu sois,*** / ***Si rusé que tu sois,*** / ***Tout rusé que tu es,*** } *tu t'es cependant laissé prendre.*

► Dans la langue classique, **quamvis** porte habituellement sur un **adjectif** ou un **adverbe.** On le trouve parfois sans verbe au subj., (à côté d'un adjectif, d'un adverbe, d'un participe).

395. **ut** + SUBJONCTIF : *en admettant que, à supposer que*

**Ut desint vires**, tamen est laudánda volúntas.

***A supposer que manquent les forces,*** { *il faut cependant louer l'intention.* / *il n'en faut pas moins louer l'intention.* }

396. PARTICULARITÉS

1. La concession peut s'exprimer sans conj. de sub. par un simple subjonctif (cf. § 326).
2. Le verbe impersonnel **licet** : *il est permis*, construit directement avec le SUBJONCTIF (cf. § 362), a pris, dans la langue postclassique, la valeur d'une conj. de sub. : *bien que, quoique*.

   **Licet omnes fremant**, dicam quod séntio. ***Bien que tous murmurent,*** *je dirai ce que je pense.*

397. CORRÉLATION

La principale qui suit une subordonnée de concession débute souvent par :

| **tamen** | **at, certe, saltem** | **nihilóminus** |
| --- | --- | --- |
| *pourtant, cependant, néanmoins* | *du moins* | *néanmoins* |

# IV. SUBORDONNÉES DE CONDITION (CONDITIONNELLES)

## A LA CONJONCTION DE SUBORDINATION SI

La conj. de sub. **si** se construit tantôt avec **l'indicatif**, tantôt avec **le subjonctif**. A ces différences de mode correspondent des nuances de sens différentes.

398.

| LATIN : **si** + INDICATIF ► **et principale à l'INDICATIF** | *FRANÇAIS : si + INDICATIF* ► ***et principale à l'INDICATIF*** |
|---|---|

**Les temps sont les mêmes qu'en français (sauf pour l'expression du futur).**

| | | |
|---|---|---|
| INDICATIF PRÉSENT | **Si sunt dii**, sunt boni.<br>***Si les dieux existent,*** *ils sont bons.* | **Si** signifie dans cet exemple : *s'il est vrai que...* |
| INDICATIF IMPARFAIT | **Si legébas**, laetus eram.<br>***Si tu lisais,*** *j'étais content.* | **Si** indique ici la répétition : *si... et chaque fois que...* |
| INDICATIF FUTUR | **Si hunc librum {leges, légeris,}** laetus ero.<br>***Si tu lis ce livre,*** *je serai content.* | **Avec une principale au futur, la subordonnée est en latin au futur simple ou antérieur.** |

399.

| LATIN : **si** + SUBJONCTIF ► **et principale au SUBJONCTIF** | *FRANÇAIS : si + INDICATIF* ► ***et principale au CONDITIONNEL*** |
|---|---|

| | | |
|---|---|---|
| SUBJONCTIF PRÉSENT | **Si vénias**, laetus sim.<br>***Si tu venais*** *(un jour),* ***je serais content.***<br>(Il est possible que tu viennes un jour.) | POTENTIEL |
| SUBJONCTIF IMPARFAIT | **Si veníres**, laetus essem.<br>***Si tu venais*** *(maintenant),* ***je serais content.***<br>(Mais en réalité tu ne viens pas maintenant.) | IRRÉEL DU PRÉSENT |
| SUBJONCTIF PL.-Q.-PF. | **Si venísses**, laetus fuíssem.<br>***Si tu étais venu*** *(autrefois),* ***j'aurais été content.***<br>(Mais en réalité, tu n'es pas venu.) | IRRÉEL DU PASSÉ |

► En thème, pour traduire une prop. introduite par ***si***, procéder aux 3 vérifications suivantes :

1. NATURE DE LA PROPOSITION. Vérifier qu'il s'agit bien d'une subordonnée de **condition**, et non d'une **interrogative indirecte** introduite par l'adverbe ***si***.

2. MODE. Toutes les **subordonnées** de condition introduites par ***si*** sont en français à l'indicatif. Ce n'est donc pas le verbe de la subordonnée qui renseignera sur le mode à employer; c'est le verbe de la **principale**. Si le verbe de la **principale** française est

- à l'INDICATIF : employer en latin l'INDICATIF } **dans la principale**
- au CONDITIONNEL : employer en latin le SUBJONCTIF } **et la subordonnée.**

3. TEMPS. a) à l'INDICATIF, distinguer :

— *Si tu lis* (présent), *je me* ***réjouis*** (présent) → Si **legis** (présent)...
— *Si tu lis* (présent), *je me* ***réjouirai*** (futur) → Si **leges** (futur) - Si **légeris** (futur ant.)

b) au CONDITIONNEL, le français confond le **potentiel** et l'**irréel présent**, tous deux exprimés par le conditionnel **présent**. Pour déterminer le temps du subjonctif latin, on peut ajouter un adverbe de temps ou un complément de temps :

Si cet adverbe ou ce complément de temps exprime une **idée d'avenir** *(ce soir, un jour, bientôt, dans quelque temps)*, il s'agit d'un **potentiel (subj. présent)**.

Si cet adverbe ou ce compl. de temps exprime une **idée de présent** *(maintenant, en ce moment, aujourd'hui)*, il s'agit d'un **irréel présent (subj. imparfait)**.

400. NÉGATIONS. On emploie :

a) **nisi** (ni) : *si... ne... pas, à moins que, excepté si* dans la majorité des cas.

**Nisi ábero**, tibi ádero. ***A moins d'être absent,*** *je t'aiderai.*

b) **Si... non (si... minus) :** *si... ne... pas* pour opposer la subordonnée

— **à une principale** commençant par **at** ou **saltem** : *du moins :*

**Si non tibi ádero**, at tibi non óbero.
***Si je ne t'aide pas,*** *du moins je ne te nuirai pas.*

— **à une première subordonnée** introduite par **si** :

Si pótero, tibi ádero. **Si non pótero**, non tibi óbero.
*Si je le peux, je t'aiderai.* ***Mais si je ne peux pas,*** *je ne te nuirai pas.*

► Quand la subordonnée est elliptique du verbe, on emploie **si minus** : *sinon.*

401. PARTICULARITÉS

1. Quand la subordonnée de condition est en tête de phrase, spécialement dans les phrases oratoires, on trouve **quod si..., quod nisi...** On ne traduit pas quod.

2. **Si** + SUBJ. a parfois le sens de *pour le cas où* (négation : **si... non, si... minus**)
Exspéctant **si nostri ímpetum fáciant**. *Ils attendent* ***pour le cas où les nôtres attaqueraient.***

3. Le plus souvent, la principale et la subordonnée sont en latin au même mode et au même temps. Cependant, quand le sens l'exige, il peut y avoir des différences. C'est souvent le cas :
— quand la principale est à l'impératif (ou au subj. d'ordre ou de défense) :
Si **vis** pacem, **para** bellum. *Si tu* ***veux*** *la paix,* ***prépare*** *la guerre.*
— dans les conditionnelles à l'irréel :
Si **laboravísses**, nunc beátus **esses**. *Si tu* ***avais travaillé,*** *tu* ***serais*** *heureux maintenant.*

## B AUTRES CONJONCTIONS DE SUBORDINATION

402. Certaines d'entre elles se construisent comme **si :**

| | | |
|---|---|---|
| **1.** toujours avec l'INDICATIF : (alternative) | **sive... sive...** / **seu... seu...** : *soit que... soit que...* / *que... ou que...* | |
| **2.** toujours avec le SUBJONCTIF : (condition + comparaison) | **ut si - tanquam si** / **velut si - perínde ac si** : *comme si* | |
| **3.** avec l'INDICATIF ou le SUBJ. : (condition + opposition) | **sin :** *mais si* | **étiam si :** *même si* |

403. Quelques conj. de sub. conditionnelles, toujours suivies du SUBJONCTIF, suivent la règle de concordance des temps, sans distinction entre le potentiel et l'irréel :

**dum - modo - dúmmodo** : *pourvu que* (négation **ne**)
(condition + restriction)

**quasi - tanquam** : *comme si*
(condition + comparaison)

Óderint, **dum métuant**. *Qu'ils haïssent,* ***pourvu qu'ils craignent.***

## V. SUBORDONNÉES DE BUT (FINALES)

404. Les subordonnées de but sont toujours au **SUBJONCTIF.** Elles sont introduites par

| **ut** (uti) | **ne** (parfois **ut ne**) |
|---|---|
| *pour que..., afin que...*<br>*pour, afin de* (+ infinitif) | *pour que... ne... pas, afin que... ne... pas, de peur que*<br>*pour ne pas, afin de ne pas, de peur de* (+ infinitif) |

Audi **ut discas.**
*Écoute* ***pour apprendre.***

Hoc fecit **ne poenas daret.**
*Il a agi ainsi* ***de peur d'être puni.***

► COORDINATION : *et pour que :* **et [ut]** - *et pour que... ne... pas :* **neve, neu** (cf. § 244)

405. Lorsque la subordonnée de but comporte un **comparatif**, on remplace généralement **ut** par

**quo** : *afin que* ⟨*par là*⟩

Tace **quo mélius discas.**
*Tais-toi* ***pour mieux apprendre.***

406. Pour éviter qu'une deuxième négation ne détruise la première, on emploie après **ne** ou **neve** un mot positif :

ne quis : *pour que personne... ne*
ne quid : *pour que rien... ne*
ne ullus : *pour qu'aucun... ne*
ne unquam : *pour que jamais... ne*
ne usquam : *pour que nulle part... ne*

407. Dans les subordonnées de but

1. la concordance des temps (§ 361) s'applique de façon stricte :
   Principale { au présent ou au futur → subj. présent / à un temps du passé → subj. imparfait } dans la subordonnée.
2. comme dans les subordonnées objet, on utilise le réfléchi pour renvoyer au sujet du verbe principal (réfléchi indirect, § 185).

408. CORRÉLATION

La proposition de but est parfois annoncée dans la principale par un adverbe corrélatif : **eo - ídeo - idcírco... ut** : *dans le dessein de...*

409. RÉCAPITULATION : **LES DIVERS MOYENS D'EXPRIMER LE BUT**

Agrícola multos servos mittit

| | | |
|---|---|---|
| **1. ut metant** | § 404 | **1. ut (ne)** + SUBJ. : toujours possible |
| **2. ad meténdum** / **meténdi causā** (grátiā) | § 343 | **2. gérondif** } l'une de ces deux tournures est toujours possible, selon que le verbe a, ou non, un c.o.d. à l'acc. |
| **3. ad fruméntum meténdum** / **fruménti meténdi causā** | § 346 | **3. adj. verbal** } l'une de ces deux tournures est toujours possible, selon que le verbe a, ou non, un c.o.d. à l'acc. |
| **4. messum** | § 344 | **4. supin** : n'est possible que pour compléter un verbe de mouvement |
| **5. qui metant** | § 426 | **5. relative au subj.** : n'est possible que si la principale contient un antécédent |
| **6. quo celérius metant** | § 405 | **6. quo** + SUBJ. : n'est possible que si la subord. contient un comparatif |

*Le paysan envoie de nombreux esclaves* { ***1. 2. 4. 5. pour qu'ils moissonnent, [pour] moissonner.*** / ***3. pour moissonner le blé - 6. pour moissonner plus vite.*** }

# VI. SUBORDONNÉES DE CONSÉQUENCE
## (CONSÉCUTIVES)

410. Les sub. de conséquence sont toujours au **SUBJONCTIF.** Elles sont introduites par

| **ut** (uti) | **ut... non** |
|---|---|
| *de telle sorte que, si bien que, dans des conditions telles que* | *de telle sorte que... ne... pas, si bien que... ne... pas* |

Prudens est, **ut décipi non possit.** *Il est avisé, **si bien qu'on ne peut le tromper**.*

411. CORRÉLATION : La conj. de sub. est généralement **annoncée** par un corrélatif :

| | | | |
|---|---|---|---|
| adverbes corrélatifs | **tam** (+ adjectif ou adverbe) | : *si, tellement* | **...ut - ut non** / *...que - que... ne... pas* |
| | **ita - sic - tantum** / **ádeo - eo** (+ verbe) | *tellement, à tel point* | |
| adjectifs corrélatifs | **talis, talis, tale - is, ea, id** | : *tel* | |
| | **tantus, a, um** | : *si grand* | |
| | **tot** (indécl. = tam multi) | : *si nombreux* | |

**Tam** prudens est hic homo **ut** décipi **non** possit.
*Cet homme est **si** avisé **qu'**on ne peut le tromper.*

Ejus prudéntia **talis** erat (Ejus prudéntia **ea** erat) **ut** décipi **non** posset.
*Sa prudence était **telle qu'**on ne pouvait le tromper.*

412. PARTICULARITÉS

1. Après une principale **négative** on peut trouver **quin** au lieu de **ut non** :

   **Non** tam prudens est **quin décipi possit**. *Il **n'**est **pas** si avisé **qu'on ne puisse le tromper**.*

2. Dans ce cas, **quin** prend parfois le sens de *sans que* :

   Harúspex harúspicem vidére non potest **quin rídeat**.
   *Un haruspice ne peut voir un autre haruspice **sans rire**.*

3. Noter la tournure **tantum abest ut... ut...** : *tant s'en faut que... que...*

   **Tantum** abest ut aeger sit **ut óptimā valetúdine utátur** .
   sub. sujet — sub. de conséquence (annoncée par **tantum**)

   *⟨ Qu'il soit malade est si loin [de la réalité] qu'il jouit d'une excellente santé. ⟩*
   ***Tant s'en faut qu'il soit malade qu'il jouit d'une excellente santé.***
   ***Bien loin d'être malade, il est en excellente santé.***

4. **tam... ut** se traduit parfois par : *assez... pour* - comparatif + **quam ut** : *trop... pour* (cf. § 139).

413. La CONCORDANCE DES TEMPS s'applique en général dans les sub. de conséquence. Toutefois, avec un verbe principal au **passé**, on peut trouver dans la sub. :

— le SUBJ. PRÉSENT pour indiquer que la conséquence d'un fait passé dure encore :

Ita rem familiárem **dissipávit** ut nunc pauper **sit**.
*Il **a** si bien **dissipé** son patrimoine qu'aujourd'hui il **est** pauvre.*

— le SUBJ. PARFAIT pour préciser que la conséquence a vraiment eu lieu à un moment précis du passé, et qu'elle n'a pas duré.

Cárcere **conténti sunt** tam diu ut fame **interíerint**.
*Ils furent maintenus en prison si longtemps qu'ils **moururent** de faim.*

# VII. SUBORDONNÉES DE COMPARAISON (COMPARATIVES)

414. Les subordonnées de comparaison sont à **l'INDICATIF** (voir cependant § 419).

Elles sont d'ailleurs souvent elliptiques du verbe, si celui-ci est le même que le verbe de la principale. Elles sont introduites par des conjonctions, adverbes et adjectifs souvent annoncés ou repris dans la principale par un mot corrélatif.

**A**

415. **ut** (uti) - **sicut** (sícuti) - **velut** (véluti) / **quemádmodum** - **quómodo** - **tanquam** } *de même que, ainsi que, comme*

Est **ut dicis** : *C'est **comme tu le dis**.*

416. CORRÉLATION. Ces conjonctions de subordination, particulièrement **ut**, sont souvent annoncées ou reprises dans la principale par les corrélatifs **sic**, **ita** : *de même*.

ordre normal

**ita... ut** + INDICATIF — **sic... ut** + INDICATIF : *de même que, comme*

**Ita** metes **ut** seméntem fácies (féceris). *Tu moissonneras **comme** tu sèmeras (auras semé).*

ordre inversé

417. **ut** + INDICATIF **...sic (ita)** : *de même que... de même - comme... ainsi*

**Ut** seméntem fácies (féceris), **ita** metes. ***Comme** tu sèmeras (auras semé), tu moissonneras.*

► La comparaison aboutit parfois à une opposition : **ut... ita (sic)** : *si... en revanche (du moins)* :
Haec via **ut** brévior **ita** aspérior est. ***Si** cette route est plus courte, **en revanche** elle est plus rude.*

**B**

418. **quam** : *que* introduit une subordonnée de comparaison après :

— un comparatif (cf. § 138) : Dóctior **quam putas** - Fórtior est **quam prudéntior**.

Dóctior **quam Petrus** - Minus doctus **quam Petrus** - Tam doctus **quam Petrus**.

— un verbe de comparaison (**malle** : *aimer mieux* - **praestat** : *il vaut mieux*) :

Malo mori **quam servíre**. *J'aime mieux mourir **que d'être esclave**.*

► Mais on emploie **atque (ac)** après des mots exprimant **l'égalité ou la différence** :

ADJ. :
- **idem atque** : *le même que*
- **álius atque** : *autre que*
- **par atque** / **aequus atque** } *égal à*

**Iisdem** libris utor **atque** tu.
*Je me sers des **mêmes** livres **que** toi.*

ADV. :
- **perínde ac** : *de même que*
- **áliter ac** : *autrement que*
- **páriter ac** : *de la même façon que*
- **aeque ac** : *autant que*

**Áliter** lóquitur **ac** sentit.
*Il parle **autrement qu'**il ne pense.*

419. **Potiúsquam** (pótius... quam) : *plutôt que* se construit avec

— l'INDICATIF quand il s'agit d'une simple comparaison :

Clamat **pótius quam cantat**. *Il crie **plutôt qu'il ne chante**.*

— le SUBJONCTIF quand on exprime une préférence :

Depúgna **pótius quam sérvias**. *Combats **plutôt que d'être esclave**.*

— l'INFINITIF ou l'ADJECTIF VERBAL quand le premier verbe est à ce mode :

Decet pugnáre **pótius quam servíre**.
Pugnándum **est pótius quam serviéndum**. } *Il faut combattre **plutôt que d'être esclave**.*

## C EXPRESSIONS CORRÉLATIVES DE COMPARAISON

420.

ordre normal

| | | | |
|---|---|---|---|
| Adjectifs corrélatifs (cf. § 213) | **talis, is, e** ......... | **qualis, is, e** | : *tel... que* |
| | **tantus, a, um** ...... | **quantus, a, um** | : *aussi grand... que* |
| | **tot** (invariable) ..... | **quot** (invariable) | *aussi nombreux... que,* |
| | **tam multi, ae, a** ... | **quam (multi, ae, a)** | *autant de... que de* |
| Adverbes corrélatifs | **tantum** ........... | **quantum** (et autres adverbes de quantité, cf. § 246 à 248) | : *autant... que* |
| | **támdiu** .............. | **quámdiu** | : *aussi longtemps que* |
| | **tóties** ................ | **quóties** | : *autant de fois... que* |

**Talis** est fílius **qualis** pater. *Le fils est **tel que** le père.*

421.

ordre inversé

| | | | |
|---|---|---|---|
| Adjectifs corrélatifs (cf. § 214) | **qualis** ............. | **talis** | : *tel... tel* |
| | **quantus** .......... | **tantus** | : *aussi grand... aussi grand* |
| | **quot** .............. | **tot** | *aussi nombreux... aussi nombreux,* |
| | **quam multi** ....... | **tam multi** | *autant de... autant de* |
| Adverbes corrélatifs | **quantum** .......... | **tantum** (et autres adverbes de quantité, cf. § 246 à 248) | : *autant... autant* |
| | **quámdiu** ............. | **támdiu** | : *aussi longtemps... aussi longtemps* |
| | **quóties** .............. | **tóties** | : *autant de fois... autant de fois* |

**Qualis** pater, **talis** fílius. ***Tel** père, **tel** fils.*

► Le corrélatif subordonnant est parfois seul exprimé (cf. § 214, Remarque)

## D EXPRESSIONS CORRÉLATIVES DE PROPORTION

422.

ordre normal

| | | | | |
|---|---|---|---|---|
| **eo** (hoc-tanto) | magis (ou comparatif) | **...quo** (quanto) | magis (ou comparatif) | : *d'autant plus... que plus* |

**Eo** modést**ior** [est] **quo** dóct**ior** est.

*Il est **d'autant plus** modeste **qu'**il est **plus** instruit.*

► Quand le deuxième terme ne comporte pas de comparatif, on dit :

**eo (hoc, tanto)** magis (ou comparatif) **...quod** : *d'autant plus... que*

**Eo** modést**ior** **quod** doctus est. *Il est **d'autant plus** modeste **qu'**il est instruit.*

423.

ordre inversé

**quo (quanto)** magis (ou compar.) **...eo (hoc - tanto)** magis (ou compar.) : *plus... plus*

**Quo** quis dóct**ior**, **eo** modést**ior** est. ***Plus** on est instruit, **plus** on est modeste.*

► On dit aussi : **ut quisque** + superlatif... **ita (sic)** + superlatif : *plus on... plus on...*

**Ut quisque** doct**íssimus**, **ita** modest**íssimus** est. ***Plus on** est instruit, **plus on** est modeste.*

# G. subordonnées relatives

424. Les propositions relatives sont introduites par :

| DES PRONOMS-ADJECTIFS RELATIFS | | DES ADVERBES RELATIFS | |
|---|---|---|---|
| **qui, quae, quod** | § 195 | **ubi - quo - unde - quā** | § 234 |
| **quicúmque, quaecúmque, quodcúmque** | § 211 | **ubicúmque - quocúmque** | § 234 |
| **quisquis, —, quidquid (quicquid)** | § 212 | **undecúmque - quācúmque** | |

425. Le plus souvent, les relatives sont à l'INDICATIF. C'est en particulier le cas pour les relatives introduites par les relatifs indéfinis (quicúmque, quisquis, ubicúmque, etc.).

426. Les relatives sont au SUBJONCTIF quand elles équivalent à une subordonnée de :

**1. BUT** Misit legátos **qui pacem péterent.**

*Il envoya des ambassadeurs **pour demander la paix**.* (qui péterent = ut péterent)

► On applique strictement la concordance des temps, et on emploie le réfléchi pour renvoyer au sujet du verbe principal (cf. § 407).

**2. CONSÉQUENCE**

Secútae sunt tempestátes **quae nostros in castris continérent.**

*Il arriva ensuite des tempêtes **si violentes qu'elles retinrent nos soldats au camp**.*

(quae continérent = tales ut continérent)

Les expressions suivantes sont très fréquentes :

**is... qui** + SUBJ. : *tel... qu'il, homme à, capable de* — Is est **quem omnes admiréntur.** *C'est un homme **tel que tous l'admirent**.*

**dignus qui** + SUBJ. : *digne de* — Dignus est **qui ímperet.** *Il est digne **de commander**.*

comparatif + **quam qui** + SUBJ. : *trop pour* (cf. § 139) — Poténtior **quam qui vinci possit.** ***Trop** puissant **pour pouvoir être vaincu**.*

**sunt qui** + SUBJ. : *il y a des gens qui* — Sunt **qui sciant.** *Il y a **des gens qui savent**.*

► Autres expressions :

**Nihil hábeo quod scribam.**
*1. Je n'ai rien à écrire.*
*2. Je n'ai aucune raison d'écrire.*

**Quid est quod véniat?**
*Quelle raison y a-t-il pour qu'il vienne ?*
**Nihil est quod véniat.**
*Il n'y a aucune raison pour qu'il vienne.*

**3. CAUSE** Te amo **qui me ames.** *Je t'aime **puisque tu m'aimes**.*

(qui me ames = quóniam me amas)

► Souvent le relatif est renforcé par une particule :
**quippe qui, ut qui, útpote qui** : *étant donné qu'il, puisqu'il.*

**4. OPPOSITION** Ignóvit Augústus **qui saevíre posset.**

*Auguste pardonna, **alors qu'il pouvait (bien qu'il pût) punir**.*

(qui posset = quanquam póterat.)

► **quod memínerim** : *autant que je m'en souvienne.*
**quod sciam** : *(autant) que je sache, du moins à ce que je sais.* } propositions intercalées

**5. CONDITION** Erret **qui putet** ómnia in terris hóminis causā esse creáta.

*On se tromperait **si l'on pensait (en pensant)** que tout sur terre a été créé pour l'homme.*

(qui putet = si quis putet : *si quelqu'un pensait* : potentiel)

# REMARQUES GÉNÉRALES SUR LES SUBORDONNÉES

## A. L'ATTRACTION MODALE

427. Une subordonnée qui serait normalement à l'indicatif se met souvent au SUBJONCTIF par **attraction modale, si elle dépend d'une autre subordonnée au subjonctif ou à l'infinitif**.

Áccidit ut mílites **qui e castris exiíssent** ab hóstibus caperéntur.

*Il arriva que les soldats **qui étaient sortis du camp** furent pris par les ennemis.*

(**exiíssent** peut remplacer **exíerant**, par attraction de **caperéntur**.)

## B. L'EXPRESSION DE LA CONDITION DANS LES SUBORDONNÉES

### 1. SUBORDONNÉES NORMALEMENT A L'INDICATIF

428. Dans les subordonnées qui seraient normalement à l'indicatif, le conditionnel s'exprime comme dans les indépendantes :

| | |
|---|---|
| FUTUR | Lege, quod **laetus ero**, si hunc librum **leges (légeris)**.<br>*Lis, parce que **je serai** content, si **tu lis** ce livre.* |
| POTENTIEL | Praetéreo quod **laetus sim**, si **vénias**.<br>*Je passe sous silence le fait que **je serais** content, si **tu venais** (un jour).* |
| IRRÉEL DU PRÉSENT | Laetus sum solus, sicut **laetus essem**, si **veníres**.<br>*Je suis content seul, comme je **serais** content, si **tu venais** (maintenant).* |
| IRRÉEL DU PASSÉ | Non queror, quanquam **laetus fuíssem**, si **venísses**.<br>*Je ne me plains pas, bien que **j'eusse été** content, si **tu étais venu**.* |

### 2. SUBORDONNÉES NORMALEMENT AU SUBJONCTIF

429. Dans les sub. interrog. indir. et conjonctives qui sont normalement au subjonctif, le conditionnel s'exprime, par souci de clarté, au moyen de périphrases :

— en **-úrus sim** pour le futur et, le plus souvent, pour le potentiel ;

— en **-úrus fúerim** pour l'irréel du passé.

► Les subordonnées introduites par **si** passent au subjonctif (par attraction modale) ou restent au subjonctif.

| | |
|---|---|
| FUTUR | Quaero quid **factúrus sit**, si dives **fiat**.<br>*Je demande ce qu'**il fera**, s'**il devient** riche.* |
| POTENTIEL | Quaero quid **fáciat (factúrus sit)**, si dives **fiat**.<br>*Je demande ce qu'**il ferait**, s'**il devenait** riche.* |
| IRRÉEL DU PRÉSENT | Quaero quid **fáceret**, si dives **esset**.<br>*Je demande ce qu'**il ferait**, s'**il était** riche.* |
| IRRÉEL DU PASSÉ | Quaero quid **factúrus fúerit**, si dives **fuísset**.<br>*Je demande ce qu'**il aurait fait**, s'**il avait été** riche.* |

430. INFLUENCE DE LA CONCORDANCE DES TEMPS. Si le verbe dont dépend la phrase au conditionnel est à un temps du passé, on dira par concordance :

| | |
|---|---|
| FUTUR et POTENTIEL | Quaerébam quid **fáceret (factúrus esset)**, si dives **fíeret**.<br>*Je demandais ce qu'**il ferait**, s'**il devenait** riche.* |
| IRRÉEL DU PRÉSENT | Quaerébam quid **fáceret**, si dives esset.<br>*Je demandais ce qu'il ferait, s'il était riche.* |
| IRRÉEL DU PASSÉ | Quaerébam quid **factúrus fuísset**, si dives fuísset.<br>*Je demandais ce qu'il aurait fait, s'il avait été riche.* |

### 3. EXPRESSION DE LA CONDITION DANS LES SUBORDONNÉES INFINITIVES

431. Dans les propositions infinitives, le conditionnel s'exprime par :
— l'infinitif futur en **-úrum, -úram, -úrum esse** pour le futur ou le potentiel ;
— une périphrase en **-úrum, -úram, -úrum fuísse** pour l'irréel présent ou passé.

► Les subordonnées introduites par **si** passent au subjonctif (par attraction modale), ou restent au subjonctif.

| | |
|---|---|
| FUTUR | Dico me laetum **futúrum esse,** { si hunc librum **legas** (subj. prés.) / si hunc librum **légeris** (subj. pf.) }<br>*Je dis que **je serai** content, si **tu lis** ce livre.* |
| POTENTIEL | Dico me laetum **futúrum esse,** si cras **vénias.**<br>*Je dis que **je serais** content, si **tu venais** demain.* |
| IRRÉEL DU PRÉSENT | Dico me laetum **futúrum fuísse,** si nunc **veníres.**<br>*Je dis que **je serais** content, si **tu venais** maintenant.* |
| IRRÉEL DU PASSÉ | Dico me laetum **futúrum fuísse,** si heri **venísses.**<br>*Je dis que **j'aurais été** content, si **tu étais venu** hier.* |

432. INFLUENCE DE LA CONCORDANCE DES TEMPS. Si le verbe dont dépend la phrase au conditionnel est à un temps du **passé**, la subordonnée introduite par **si** exprimant le futur ou le potentiel subira l'influence de la concordance des temps :

| | |
|---|---|
| FUTUR | Dicébam me laetum **futúrum esse,** { si hunc librum **légeres.** / si hunc librum **legísses.** }<br>*Je disais que **je serais** content, si **tu lisais** ce livre.* |
| POTENTIEL | Dicébam me laetum **futúrum esse,** si póstero die **veníres.**<br>*Je disais que je serais content, si tu venais le lendemain.* |
| IRRÉEL DU PRÉSENT | Dicébam me laetum **futúrum fuísse,** si tunc veníres.<br>*Je disais que je serais content, si tu venais alors.* |
| IRRÉEL DU PASSÉ | Dicébam me laetum **futúrum fuísse,** si prídie venísses.<br>*Je disais que j'aurais été content, si tu étais venu la veille.* |

433. CAS PARTICULIERS

**1.** Les verbes **possum, débeo**, etc. (cf. § 313) peuvent avoir à l'infinitif (présent ou parfait) la même valeur de conditionnel qu'à l'indicatif :

Dico eum **posse...** *Je dis qu'**il pourra**, qu'**il pourrait**...* : FUTUR - POTENTIEL - IRRÉEL PRÉSENT
Dico eum **potuísse...** *Je dis qu'**il aurait pu**...* : IRRÉEL PASSÉ

**2. Les verbes actifs sans supin** et les **verbes passifs** utilisent les périphrases :

| | |
|---|---|
| — **futúrum esse ut** + SUBJ. **(fore ut)** { présent ou imparfait de concordance (cf. § 353) } | FUTUR et POTENTIEL |
| — **futúrum fuísse ut** + SUBJ. imparfait | IRRÉEL PRÉSENT ou PASSÉ |

Credo **futúrum fuísse ut eum paenitéret**. *Je crois qu'**il se serait repenti**.*

► Pour exprimer le **futur** et le **potentiel**, on emploie aussi **posse** + infinitif :
Dico eum felícem **existimári posse...** *Je dis qu'**on le jugerait** heureux...*

# le discours indirect (ou style indirect)

434. DISCOURS DIRECT ET DISCOURS INDIRECT.

● **Le discours direct** rapporte les paroles de qqu'un dans la forme exacte où elles ont été exprimées.

Dixit : **« Ego civis Románus sum... »**
*Il dit : « **Moi, je suis un citoyen romain...** »*

● **Le discours indirect** rapporte les paroles de qqu'un sous forme de subordonnées dépendant d'un verbe dire.

Dixit **'se civem Románum esse...'**
*Il dit **qu'il était un citoyen romain...***

► **La proposition infinitive** constitue donc la forme essentielle du discours indirect. Mais :
— le verbe dont elle dépend est toujours à la 3ᵉ personne ;
— il peut y avoir une longue succession de propositions infinitives ;
— aux propositions infinitives se trouvent mélangées des interrogatives indirectes et des propositions au subjonctif exprimant l'ordre ;
— l'attraction modale (§ 427) est obligatoire.

435. LES PROPOSITIONS ET LES MODES.

On ne trouve dans le discours indirect ni l'indicatif ni l'impératif. Ils sont remplacés par l'**infinitif** et le **subjonctif**.

| Du discours DIRECT | au discours **INDIRECT** |
|---|---|
| **A.** INDÉPENDANTES ET PRINCIPALES | ► **SUBORDONNÉES** |
| 1. affirmatives et négatives ......... | ► **infinitives** |
| 2. interrogatives (directes) ......... | ► **interrogatives indirectes** |
| 3. à l'impératif ou au subjonctif ..... | ► **au subj. sans subordonnant** |
| **B.** SUBORDONNÉES .................. | ► SUBORDONNÉES AU 2ᵉ DEGRÉ |
| relat. et conj. à l'indicatif .......... | ► relat. et conj. au **subjonctif** |

► Les subordonnées déjà au subjonctif restent à ce mode, mais avec **concordance des temps.** Les autres subordonnées (ablatif absolu, sub. infinitive) ne varient pas.

Dux Germanórum legáto Románo dixit :
1. « Ego in Gálliam jámdiu **invási**.
2. Cur Románi **constituérunt** Germános inde expéllere?
3. **Decédite** pótius de eā província, quam Germáni jure prími occupántis **tenent**. »

*Le chef des Germains dit à l'ambassadeur romain :*
*1. « Il y a longtemps que j'ai envahi la Gaule.*
*2. Pourquoi les Romains ont-ils décidé d'en chasser les Germains ?*
*3. Quittez plutôt cette province, que les Germains détiennent du droit du premier occupant. »*

Dux Germanórum legáto Románo dixit 'se in Gálliam jámdiu **invasísse**; cur Románi **constituíssent** Germános inde expéllere? **decéderent** pótius de eā província, quam Germáni jure primi occupántis **tenérent**'.

*Le chef des Germains dit à l'ambassadeur romain qu'il avait depuis longtemps envahi la Gaule. Pourquoi les Romains avaient-ils décidé d'en chasser les Germains ? 〈Qu'ils quittassent〉 Ils devaient plutôt quitter cette province, que les Germains détenaient du droit du premier occupant.*

436. CONCORDANCE DES TEMPS : C'est par rapport au verbe dont dépend l'ensemble du discours indirect que se fait la concordance des temps au subjonctif.

| Verbe introduisant le discours indirect | |
|---|---|
| | 1. au présent → subord. au subj. présent ou parfait. |
| | 2. au passé → subord. au subj. imparfait ou pl.-q.-pf. |

► Cependant, assez souvent, l'on trouve le **présent** ou le **parfait** dans les sub. au subjonctif dépendant d'un verbe au **passé**.

## 437. LES PRONOMS DANS LE DISCOURS INDIRECT

Tous les pronoms (et les adjectifs correspondants) sont à la **3e personne**.

| Du discours DIRECT | au discours **INDIRECT** |
|---|---|
| PR. ego, me..., nos - ADJ. meus, noster | ► PR. **se** - ADJ. **suus** |
| PR. tu, vos - ADJ. tuus, vester | ► PR. **is, ille - ejus, eórum, eárum** |

Dans **toutes** les propositions faisant partie du discours indirect, les réfléchis **se** et **suus** s'emploient (selon la règle donnée au § 185) pour renvoyer :
— soit au sujet de la proposition dans laquelle ils se trouvent (réfléchi **direct**)
— soit au sujet du verbe qui commande le discours indirect (réfléchi **indirect**).

Ariovístus legátis Románis respóndit :
1. « **Ego** non peto ut **vos** de jure **vestro** decedátis.
2. Opórtet ígitur **me** a **vobis** in jure **meo** non impedíri. »

*Arioviste répondit aux ambassadeurs romains : 1. « Je ne vous demande pas de renoncer à l'exercice de vos droits. 2. Il convient donc que je ne sois pas gêné par vous dans l'exercice des miens. »*

ARIOVÍSTUS legátis Románis respóndit
'**se** non pétere ut **illi** de jure **suo** decéderent;
oportére ígitur **se** ab **illis** in jure **suo** non impedíri'.

*ARIOVISTE répondit aux ambassadeurs romains qu'il ne leur demandait pas de renoncer à l'exercice de leurs droits; il convenait donc qu'il ne fût pas gêné par eux dans l'exercice des siens.*

► Pour renvoyer au sujet du verbe qui commande le discours indirect, on trouve parfois **ipse**.

## 438. REMARQUES COMPLÉMENTAIRES.

1. Le français emploie beaucoup moins souvent que le latin le discours indirect. Il est cependant de tradition de conserver le style indirect dans la traduction française. Pour alléger la traduction, on évite de répéter la conj. de sub. *que* après l'avoir exprimée une première fois.

2. Le verbe qui commande le style indirect (**dícĕre** ou un verbe équivalent) peut n'être pas exprimé, mais seulement suggéré. Il doit presque toujours être exprimé dans la traduction :

Ad pedes Caésaris flens se projécit : 'se conténdere ne ea quae dixísset ab eo enuntiaréntur.'

*Il se jeta en pleurant aux pieds de César : **il disait qu'**il désirait vivement (il désirait vivement, **disait-il**,) que ses paroles ne fussent pas divulguées par César.*

3. Le latin évite les plus graves équivoques sur les pronoms, car il dispose à la fois du réfléchi **(se)** et du non-réfléchi **(is)**. Dans la traduction, on n'hésitera pas, par souci de clarté, à remplacer un pronom par le nom qu'il représente (cf. ex. précédent : **ab eo** : ***par César***).

4. Certaines questions sont en réalité des procédés pour affirmer ou nier avec force **(questions oratoires)**. Elles deviennent donc des **subordonnées infinitives**.

Dixit 'fórtiter pugnándum esse; num eos servitútem quam victóriam **malle**?'

*Il dit qu'il fallait combattre avec courage; préféraient-ils la servitude à la victoire?*

(Style direct : « **Num servitútem quam victóriam mavúltis?** » « *Préférez-vous la servitude à la victoire?* » ce qui équivaut à : « *Vous ne préférez certes pas la servitude à la victoire.* »)

5. Le style indirect est parfois coupé d'une proposition à l'INDICATIF. L'auteur signale ainsi que cette proposition ne fait pas partie des paroles rapportées, mais constitue une sorte de parenthèse ou de note qu'il ajoute pour donner une explication.

Caésari nuntiátur Sulmonénses, quod óppidum a Corfínio VII mílium intervállo **abest**, cúpere ea fácere quae vellet, sed a Q. Lucrétio prohibéri, qui id óppidum **tenébat**.

*On annonce à César que les habitants de Sulmone (place forte distante de Corfinium de sept milles) désiraient obéir à ses ordres, mais qu'ils en étaient empêchés par Q. Lucrétius (qui tenait cette place forte).*

6. LA CONDITION DANS LE DISCOURS INDIRECT : mêmes règles que dans les infinitives (§ 431 à 433).

# 8. le style

## A. ordre des mots et des propositions

### I. L'ORDRE NORMAL DES MOTS

439. L'ordre normal des mots obéit aux principes suivants :

1. Le sujet est en tête de la proposition, le verbe à la fin de la proposition.
2. Le mot déterminant précède généralement le mot déterminé :
   — l'adjectif épithète et le complément de nom précèdent le nom ;
   — l'adverbe précède le mot qu'il modifie ;
   — l'attribut et les compléments du verbe précèdent le verbe.

► Il est cependant tout à fait conforme à l'ordre normal de trouver

- le verbe en tête de phrase s'il s'agit d'un **impératif** ou des formes **est, sunt...** signifiant : *il y a* (cf. § 270, 1)
- certains adjectifs placés après le nom :
  — adjectifs possessifs : **pater meus - mílites nostri**
  — adj. qualificatifs formés sur des noms propres : **miles Romànus**
  — adjectifs qualificatifs désignant la matière : **vas aúreum**
  — adj. qualificatifs figurant dans de nombreuses expressions traditionnelles :

  **consul designàtus** : *consul désigné*
  **praetor urbànus** : *préteur urbain*
  **navis longa** : *bateau de guerre*
  **navis onerària** : *bateau de transport*

  en particulier quand le nom est un monosyllabe :

  **vir bonus** : *homme de bien*
  **aes aliénum** : *argent emprunté, dette*
- le complément de nom placé après le nom, en particulier dans les expressions :

  **tribúnus plebi(s)** : *tribun de la plèbe*
  **tribúnus mílitum** : *tribun militaire*
  **orbis terrárum** : *l'ensemble de la terre*
  **mos majórum** : *la coutume des ancêtres*

440. ENCLAVE. Entre la préposition et le nom, ou entre l'adjectif épithète et le nom vient souvent s'enclaver un complément de nom.

Ante [deórum] státuas - Pulchrae [deórum] státuae - Ante pulchras [deórum] státuas.

*Devant les statues des dieux. Les belles statues des dieux. Devant les belles statues des dieux.*

Enclave double : Máxima [ómnium [ejus urbis] cívium] virtus.

*Le très grand courage des habitants de cette ville.*

441. VERBE OU SUJET « EN FACTEUR COMMUN »

● Un verbe, s'il a plusieurs sujets et plusieurs compléments ou attributs différents, reste placé à la fin de la phrase, « en facteur commun », alors que le français l'exprime dès la première partie de la phrase.

Senéctus in homínibus pulchra, in úrbibus sacra **est**.

*La vieillesse* ***est*** *belle quand il s'agit des hommes, sacrée quand il s'agit des villes.*

● Le sujet commun au verbe de la subordonnée et à celui de la principale se place en tête de phrase (notamment avec **cum + SUBJ.**) ;

**Alexánder**, cum Clitum interfecísset, magnitúdinem facínoris perspéxit.

*Après avoir tué Clitus,* ***Alexandre*** *reconnut la grandeur de son crime.*

## II. L'ORDRE EXPRESSIF DES MOTS

442. L'ordre normal des mots peut être modifié pour de multiples raisons : désir de variété, effets de symétrie, d'opposition, d'harmonie, de rythme. Mais le plus souvent, un mot déplacé est mis en relief :

- par **inversion** :

  Pugnátum est **ácriter**. *On combattit, **et avec acharnement**.*

- par **disjonction** (le mot est séparé du groupe dont il fait normalement partie) :

  Regem **suā** interfécit manu. *Il tua le roi de **sa propre** main.*

  Labor ómnia vicit **ímprobus**.
  *Le travail vient à bout de toutes les difficultés, **s'il est opiniâtre**.*

► Pour mettre en valeur un mot ou une expression qui ferait normalement partie d'une sub. conjonctive ou interr. indirecte, il arrive qu'on l'exprime dans la principale :

Nosti **Marcéllum** quam tardus sit. *Tu connais **Marcellus** et sa nonchalance.*
(= Nosti quam tardus sit Marcéllus. *Tu sais combien Marcellus est nonchalant.*)

443. Les deux places de choix de la phrase latine sont

- **le début de la phrase :** **Clamant** omnes. ***C'est un cri** général.*
- **la fin de la phrase :** Ut desint vires, tamen est laudánda **volúntas**.
  *A supposer que manquent les forces, il n'en faut pas moins louer **l'intention**.*

► Dans la traduction, on n'abusera pas des tournures ***c'est... qui, c'est... que, quant à...*** ou de **l'inversion**, qui rendent le style lourd et peu naturel.

## III. L'ORDRE DES PROPOSITIONS DANS LA PHRASE

444. PLACE DES SUBORDONNÉES OBJET.

On trouve assez souvent une subordonnée objet précédant le verbe principal. Il faut dans ce cas, traduire la principale avant de traduire la subordonnée.

Quid fíeri vellet | dixit. *Il dit ce qu'il voulait qu'on fît.*

Quod non víderat | pro viso renuntiávit. *Il rapporta comme s'il avait été témoin ce qu'il n'avait pas vu.*

445. LES PROPOSITIONS ENCLAVÉES

Il est fréquent que la subordonnée s'enclave dans la proposition qu'elle complète.

Caesar equitátum [qui hóstium ímpetum sustinéret] misit.
*César envoya la cavalerie pour soutenir l'assaut des ennemis.*

L'enclave peut être double, triple, quadruple même : chaque proposition est amorcée sans être terminée, et l'on trouve, accumulés à la fin de la phrase, les verbes des propositions successives dans l'ordre inverse de celui où les propositions ont débuté.

Paulísper, [dum se uxor, [ut fit,] cómparat,] commorátus est.
*Il s'attarda un peu pendant que sa femme, comme c'est l'habitude, se préparait.*

Caesar, [cum [legiónem [quae constíterat] urgéri ab hoste] vidísset,] equitátum misit.
*Ayant vu que la légion qui s'était arrêtée était pressée par l'ennemi, César envoya la cavalerie.*

# B. le style périodique

La rigueur de la syntaxe latine jointe à la liberté relative de l'ordre des mots permet aux écrivains de rédiger de longues phrases solidement charpentées ou **périodes**.

446. LA PÉRIODE NARRATIVE présente un événement dans toute sa complexité. En traduisant, on conservera l'ordre dans lequel les faits sont exposés, mais on pourra souvent couper en phrases plus courtes.

Ubi néminem in aequum locum sese demíttere, sed toto úndique muro circumfúndi vidérunt, veriti ne omníno spes fugae tollerétur, abjéctis armis últimas óppidi partes continénti ímpetu petiérunt, parsque ibi, cum angústo éxitu portárum se ipsi prémerent, a milítibus, pars jam egréssa portis ab equítibus est interfécta.

(César, B.G. VII, 28, 2-3.)

*Ils (les habitants d'Avaricum) constatèrent qu'au lieu de descendre lutter de plain-pied, les soldats romains les enveloppaient en occupant toute la muraille. Craignant de se voir enlever toute chance de fuite, ils jetèrent leurs armes et gagnèrent d'un seul élan l'extrémité de la place forte. Là, alors qu'ils s'écrasaient les uns contre les autres devant l'étroite issue des portes, ils furent massacrés par les fantassins romains, tandis que ceux qui étaient déjà sortis tombaient sous les coups des cavaliers.*

447. LA PÉRIODE ORATOIRE présente des faits ou des idées dans une phrase ample, divisée en éléments symétriques, où les balancements, les oppositions, les énumérations tiennent une grande place. On peut souvent y distinguer une partie ascendante et une partie descendante, elles-mêmes subdivisées en plusieurs membres. La période oratoire se termine souvent selon un rythme déterminé, appelé **clausule.**

En traduisant, on conservera l'allure générale de la période, et on évitera de la couper.

Quod precátus a dis immortálibus sum, júdices, more institutóque majórum, illo die quo auspicáto comítiis centuriátis L. Murénam cónsulem renuntiávi, ut ea res mihi, fidéi magistratuíque meo, pópulo plebíque Románae bene atque felíciter evéníret, idem precor ab iísdem dis immortálibus ob ejúsdem hóminis consulátum unā cum salúte obtinéndum, et ut vestrae mentes atque senténtiae cum pópuli Románi voluntátibus suffragiísque conséntiant, eáque res vobis populóque Románo pacem, tranquillitátem, ótium concordiámque ífferat.

(Cicéron : Pro Muréna - Exorde.)

*La prière que j'ai adressée aux dieux immortels, juges, selon l'usage et la tradition de nos ancêtres, le jour où, après avoir pris les auspices, j'ai proclamé devant les comices centuriates l'élection de L. Muréna au consulat, cette prière où je formais le vœu que ce choix se révélât bon et heureux pour moi-même, pour ma conscience de magistrat, pour la fonction que j'exerce aussi bien que pour le peuple et la plèbe de Rome, voici que je la renouvelle aux mêmes dieux immortels et en faveur du même homme aujourd'hui qu'il s'agit de lui conserver le consulat tout en assurant son salut, et j'y ajoute le vœu que vos convictions et votre sentence s'accordent avec les sympathies et les suffrages du peuple romain pour vous assurer, ainsi qu'au peuple romain, la paix, la tranquillité, le calme et la concorde.*

448. ## LA TRADUCTION D'UNE PHRASE COMPLEXE

### 1° PRÉLIMINAIRES

Une phrase fait partie d'un ensemble. Avant d'aborder la première phrase, on lira au moins deux fois l'ensemble du texte. On en comprendra ainsi souvent l'idée générale, ce qui aidera ensuite à interpréter chaque phrase.

### 2° DÉTERMINER L'ARCHITECTURE GÉNÉRALE DE LA PHRASE

● Lire lentement la phrase, un crayon à la main. Souligner d'un trait les verbes à un mode personnel. Encadrer les mots subordonnants (pronoms ou adv. relatifs, conj. de subord., mots interrogatifs introduisant une interrogation indirecte).

● Reprendre la phrase en limitant par des traits verticaux les subordonnées à un mode personnel. La proposition principale apparaît alors : souligner d'un deuxième trait le verbe principal (il n'est pas forcément à l'indicatif).

Il est alors possible, le plus souvent, de repérer
— les propositions infinitives : les mettre entre crochets obliques : 〈 〉;
— les prop. participiales (ablatif absolu) : les mettre entre crochets droits : [ ].

► Cette construction préalable est provisoire; seule la traduction permettra d'en vérifier l'exactitude.

### 3° TRADUIRE EN SUIVANT L'ORDRE DES PROPOSITIONS

Il est important maintenant de ne pas détruire l'architecture de la phrase qu'on vient de déterminer. Pour traduire, respecter l'ordre dans lequel les propositions se présentent : c'est l'ordre logique ou chronologique. Les propositions s'éclaireront les unes par les autres à mesure qu'on progressera dans la traduction.

► Prendre les propositions enclavées (§ 445) dans l'ordre où elles débutent, et traduire complètement chacune d'elles.

### 4° TRADUIRE CHAQUE PROPOSITION MÉTHODIQUEMENT

● Partir du verbe. Chercher le groupe sujet. Traduire provisoirement le groupe sujet et le verbe (éventuellement accompagné d'un adverbe).

● Pour préciser le sens du verbe, déterminer sa construction (les verbes sont, en latin, les mots qui ont les sens les plus variés). Traduire le verbe et ses différents compléments.

● Grouper les mots (épithète, apposition, complément de nom avec le nom - préposition avec le mot qu'elle introduit - mots coordonnés entre eux...).

► Dans l'explication orale, on cite le groupe de mots latin qu'on va traduire avant d'en donner la traduction.

### 5° TRADUCTION DÉFINITIVE

Traduire avec précision, sans bouleverser l'ordre du texte, en tenant compte des intentions de l'auteur. Couper la phrase si c'est nécessaire pour l'alléger ou la rendre plus claire.

## 449. TEXTE : L'ARMÉE D'HANNIBAL ARRIVE EN VUE DE LA PLAINE DU PÔ.

Per ómnia nive oppléta cum, signis primā luce motis, ségniter agmen incéderet pigritiáque et desperátio in ómnium vultu eminéret, praegréssus signa Hánnibal in promuntúrio quodam, unde longe ac late prospéctus erat, consístere jussis milítibus Itáliam osténtat subjectósque Alpínis móntibus Circumpadános campos ' moeniáque eos tum transcéndere non Itáliae modo, sed étiam urbis Románae ; cétera plana, proclívia fore ; uno aut summum áltero proélio arcem et caput Itáliae in manu ac potestáte habitúros '. (Tite-Live, XXI, 35, 7 à 9.)

**CONSTRUCTION :** On a marqué en bleu ce qui peut être indiqué dès la première lecture, en rouge ce qui sera précisé lors de la deuxième lecture :

Per ómnia nive oppléta [cum], [signis primā luce motis,] ségniter agmen incéderet | pigritiáque et desperátio in ómnium vultu eminéret, | praegréssus signa Hánnibal in promuntúrio quodam, | [unde] longe ac late prospéctus erat, | consístere jussis milítibus Itáliam osténtat subjectósque Alpínis móntibus Circumpadános campos | ' <moeniáque eos tum transcéndere non Itáliae modo, sed étiam urbis Románae ;> <cétera plana, proclívia fore ;> <uno aut summum áltero proélio arcem et caput Itáliae in manu ac potestáte habitúros.> '

**REMARQUE** : La phrase offre trois difficultés de construction :

1. On peut être tenté de rattacher **Per ómnia nive oppléta** à la principale. On s'apercevra en traduisant que ce groupe de mots est en réalité complément de **incéderet**. Il est donc placé avant la conjonction de subordination et mis ainsi en valeur.

2. On peut hésiter sur la proposition à laquelle rattacher **in promuntúrio quodam**. L'ordre des mots et le fait qu'il s'agit d'un complément répondant à la question **ubi** empêcheront de le rattacher à **praegréssus**, et imposeront de le rattacher à **consístere**.

3. Les guillemets indiquent le début du discours indirect. Mais le verbe dont il dépend n'est pas exprimé, et doit être tiré du contexte (cf. § 438, 2). Construire : **dixítque eos tum transcéndere moénia.**

## TRADUCTION

On traduira d'abord littéralement cette période narrative. Mais on ne s'en tiendra pas à cette traduction, lourde, embarrassée, difficile à comprendre pour un esprit français habitué aux phrases courtes et claires. On coupera donc la période en plusieurs phrases.

*Tout était couvert de neige ; l'armée, qui s'était mise en marche au point du jour, avançait avec mauvaise volonté. Le découragement et le désespoir se lisaient sur le visage de chacun. Alors Hannibal devance les enseignes ; il donne aux soldats l'ordre de faire halte sur un belvédère d'où l'on découvrait un vaste panorama et, du geste, montre aux soldats l'Italie et la plaine du Pô étendue au pied des Alpes. « Ce qu'ils sont en train de franchir, leur dit-il, ce ne sont pas seulement les murailles de l'Italie, ce sont celles de la ville de Rome ; tout le reste ne sera que terrain plat et descentes ; un combat, deux tout au plus mettront entre leurs mains et sous leur domination la citadelle de l'Italie, sa capitale. »*

# C. procédés de style

450. RACCOURCIS D'EXPRESSION

● **Phrases nominales**, où le verbe **esse** n'est pas exprimé :

Quid novi?
*Quoi de neuf?*

Quot hómines, tot senténtiae.
*Autant d'hommes, autant d'avis.*

Ne quid nimis [sit].
*Rien de trop! Pas d'excès!*

► L'ellipse du verbe **esse** est fréquente dans les formes verbales composées (cf. § 270, 3, R.).

● **Omission d'un mot qui vient d'être employé ou qui va l'être.**

Scipiónis oratiónes melióres sunt quam Laélii. (= quam **Laélii** oratiónes)
*Les discours de Scipion sont meilleurs que **ceux de** Lélius.* (cf. § 179, 2).

Qui pecúniā meā voluére usi sunt. (= Qui pecúniā meā **uti** voluére usi sunt.)
*Ceux qui ont voulu **profiter** de mon argent l'ont fait.*

Cette ellipse est très fréquente dans les subordonnées de comparaison (cf. § 414) et dans des propositions symétriques où certains termes sont mis « en facteur commun » (cf. § 441) :

Patrem amísit cum quartum annum agébat, matrem cum décimum.
(= matrem **amísit** cum décimum **annum agébat**.)
*Il perdit son père alors qu'il avait trois ans, sa mère alors qu'il en avait neuf.*

● **Ellipse d'un mot que le contexte suggère :**

— verbe signifiant *dire, faire, concerner*...

Quid plura? (ou quid multa? )
(= Quid plura **dicam?**)
*Pourquoi **en dirais-je** plus? - Bref.*

Ego sic.
(= Ego sic **fácio**.)
*Pour moi, **j'agis** ainsi.*

Nihil ad me.
(= Nihil ad me **áttinet**.)
*Cela ne me **concerne** point.*

— nom comme uxor : *femme de*, fílius : *fils de*, fília : *fille de*, aedes : *temple de* (dont seul le complément au génitif est exprimé) :

Alexánder Philíppi (fílius).
*Alexandre, **fils de** Philippe.*

Ad Vestae (aedem).
*Près du **temple** de Vesta.*

— nom à côté de certains adjectifs :

dextra (manus) : *la main droite*
altum (mare) : *la haute mer*
hibérna (castra) : *les quartiers d'hiver.*
grammática (ars) : *la grammaire.*

— nom compl. d'objet d'un verbe qui se trouve ainsi employé « absolument » (§ 306) :

movére (castra) : *lever le camp.*

— verbe dont dépend le discours indirect (§ 438, 2).

● D'une façon générale, les écrivains latins recherchent les **« senténtiae »**, formules brèves et frappantes, énonçant une pensée générale.

Faber suae quisque fortúnae. *Chacun est l'artisan de son propre sort.*

451. FIGURE DE STYLE RELATIVE AUX SONS

● l'**allitération** est la répétition de la même consonne, particulièrement au début de plusieurs mots successifs.

**V**eni, **v**idi, **v**ici. *Je suis **v**enu, j'ai **v**u, j'ai **v**aincu.*

## 452. FIGURES DE STYLE FONDÉES SUR LE SENS DES MOTS

● le **pléonasme** consiste à renforcer un mot par un mot de sens analogue (il exprime l'insistance en latin, mais serait une négligence en français).

Rursus revértī : *revenir.* - Inítio caedis orto : *le massacre ayant commencé.*

● la **redondance** consiste à exprimer deux fois la même idée par des synonymes coordonnés pour donner de l'ampleur à la phrase (style oratoire).

Memória et recordátio. *La mémoire et le souvenir.*

● la **litote** consiste à remplacer un mot par un mot de sens contraire accompagné d'une négation. L'expression s'en trouve renforcée.

Non ignóro. - Non néscius sum. *Je n'ignore pas = Je sais très bien.*

● l'**alliance de mots** consiste à réunir deux mots que leur sens ne semblait pas destiner à être groupés.

Aúrea mediócritas. *Une médiocrité bienheureuse* 〈 littéralement : *en or* 〉.

● la **métonymie** consiste à désigner un objet non par son nom, mais par un nom qui l'évoque.

ábies (le sapin) = *le navire.* Bacchus = *le vin.*

● l'**antithèse** consiste à opposer vivement deux mots, deux expressions, deux idées ; l'**asyndète**, ou absence de liaison, souligne souvent l'antithèse.

Lácrimas, gaúdium miscébant. *Ils mêlaient les larmes, la joie.*

## 453. FIGURES DE STYLE RELATIVES A LA DISPOSITION DES MOTS (style oratoire)

● l'**anaphore** est la répétition d'un même mot au début de membres de phrases symétriques.

Óbviam fit ei Clódius in equo, nullā raedā, nullis impediméntis, nullis comítibus.
*Clodius vient à sa rencontre à cheval, **sans** chariot, **sans** bagages, **sans** escorte.*

● Le **chiasme** est un effet de symétrie dans lequel les mots du deuxième groupe sont énoncés dans l'ordre inverse de ceux du premier groupe. En disposant les mots sur deux lignes, on obtient une croix analogue à la lettre grecque $\chi$ (chi).

**Satis** eloquéntiae,
adv. ⤡ nom
nom ⤢ adv.
sapiéntiae **parum**.

*Assez d'éloquence, trop peu de sagesse.*

● Inversement, d'autres auteurs (par ex. Tacite) recherchent systématiquement l'**asymétrie** dans l'expression par désir de variété.

## 454. FIGURES DE STYLE FONDÉES SUR UNE MODIFICATION DE LA CONSTRUCTION GRAMMATICALE (fréquentes en poésie et dans la langue postclassique)

● l'**hendiadyn** (ou **hendiadys**) consiste à coordonner deux noms alors que, pour le sens, l'un dépend de l'autre. On traduit en employant un nom accompagné d'un adjectif ou d'un complément de nom.

Moderátio et sapiéntia. *Une **sage** modération.* Herbae et vénena. *Des herbes **vénéneuses**.*

● l'**hypallage** est un transfert d'adjectif. Au lieu d'accorder l'adjectif avec le nom auquel il se rapporte logiquement, on l'accorde avec un nom voisin.

Ibant **obscúri solā** sub nocte. (interversion des qualificatifs)
*Ils allaient, **obscurs**, dans la nuit **solitaire**.* (= Ibant soli obscúrā sub nocte.)

● le **zeugma** consiste à donner à un verbe deux compléments, alors que seul le plus proche du verbe lui convient pour le sens :

**Óculos** dextrámque proténdens. ***Levant les yeux** et tendant la main.*

# 9. le vers

455. Le vers latin ne comporte ni rime, ni nombre déterminé de syllabes. Il se partage en **pieds**, ou groupements de syllabes brèves (∪) ou longues (—).
La versification latine repose donc essentiellement sur la **quantité** des syllabes.

- La **prosodie** enseigne à reconnaître les longues et les brèves.
- La **métrique** enseigne à scander les vers en les décomposant en pieds.

## A. prosodie

456. LA QUANTITÉ DES VOYELLES

**1. Une voyelle est brève quand elle est suivie d'une autre voyelle** (même si un **h** s'intercale entre les deux voyelles) :

audĭo - monĕo - omnĭa - pŭer - trăhere - nĭhil

► EXCEPTIONS NOTABLES :
— à la 5e déclinaison, **e** est **long** entre deux **i** : diēi (mais **rĕi**)
— **i** est **long** dans les formes sans **r** de **fio** : fīam (mais **fĭeri**)
— **i** est généralement **long** au génitif en **-īus** des pronoms : illīus (parfois **íllĭus**)

**2. a) une diphtongue** (ae, au, eu, oe) **est toujours longue** : magna͞e poena͞e
**b) une voyelle est toujours longue quand elle provient**
**— de la contraction d'une diphtongue** : acquīro (〈 ad-qua͞ero)
**— de la contraction de deux voyelles** : nīl (〈 nĭhĭl) - cōgo (〈 cŏ + ăgo).

► Pour connaître la quantité des autres voyelles, consulter le dictionnaire.

457. LA QUANTITÉ DES SYLLABES

Pour scander un vers, c'est la quantité des **syllabes** qu'il importe de connaître.
**Toute syllabe comportant une voyelle longue est longue par nature. Mais de plus, une syllabe est longue par position si la voyelle est suivie de deux consonnes** (ou plus de deux consonnes). Ces deux consonnes peuvent appartenir
— au mot : ē**ss**e - ā**rm**a - dĭ**gn**us - potĕ**nt**em
— à deux mots consécutifs : Jovī**s f**ílius erat (mais : Jovĭs erat fílius).

► **x** (= **cs**), **j**, **z** comptent pour 2 consonnes : trāxi - ējus - gāza.
**h** ne compte pas comme consonne : philósŏphus.

EXCEPTION IMPORTANTE : La syllabe est longue ou brève, si elle comporte une voyelle brève suivie de 2 consonnes dont la seconde est **r** ou **l** :

ā̆gri - pā̆tris - tenē̆brae - rē̆flúere - trī̆plex

► Toutefois **2 r** ou **2 s** constituent une **consonne double qui allonge toujours la syllabe.**

## 458. L'ÉLISION

1. **Une voyelle** (ou une diphtongue) **qui termine un mot s'élide devant une voyelle** (ou une diphtongue ou un **h**) commençant le mot suivant :

mult[i] eunt - mult[i] habent - mult[ae] erant

2. Dès l'époque classique, le **m** final ne se prononçait plus, si le mot suivant commençait par une voyelle. Il en résulte que **les syllabes finales en -m s'élident aussi devant une voyelle** (ou une diphtongue ou un **h**) commençant le mot suivant :

Monstr[um] horrénd[um], infórm[e], ingens.

*Un monstre horrible, hideux, colossal.*

► Par suite, les finales **-am, -em, -im, -um** sont nécessairement
— **soit élidées** devant la voyelle, la diphtongue ou le **h** du mot suivant
— **soit longues par position** si le mot suivant commence par une consonne.

REMARQUE :

Après un mot terminé par une voyelle (ou voyelle + **m**), c'est le **e** des formes **est** et **es** qui s'élide :
data [e]st - tuum [e]st. (On écrit parfois : datast, tuumst.)

## 459. QUANTITÉ DES FINALES

1. A la finale d'un mot de deux ou plusieurs syllabes, la voyelle est brève si elle est suivie d'une consonne autre que **-s** :

amăt - amŏr - flumĕn - consŭl

► Les monosyllabes sont tantôt brefs, tantôt longs.

2. Les finales en **-as** et en **-os** sont toujours longues :

amās - rosās - deōs - nōs

► Les finales en **-es** sont généralement **longues**, les finales en **-is** et en **-us** **brèves**.

3. Les finales vocaliques sont tantôt brèves, tantôt longues.

► Les nominatifs, vocatifs, accusatifs en **-a** (type **rosa**, ou neutres pluriels) sont toujours **brefs**. Les ablatifs en **-a**, les datifs-ablatifs en **-o** sont toujours **longs**.

## 460. QUANTITÉ DES PÉNULTIÈMES (avant-dernières syllabes).

Si le texte dont on dispose est accentué, on se souviendra que la pénultième d'un mot de plus de deux syllabes est
— longue par nature ou par position si elle est accentuée : Romā́nus
— brève si c'est l'antépénultième qui est accentuée : dóminus.

► ATTENTION : l'antépénultième accentuée peut être brève (**dŏminus**) ou longue (**dēbeo**).

## 461. REMARQUE :

Les règles de prosodie précédentes (§ 456 à 460) permettent de scander la plupart des vers. En cas de difficulté, on pourra se reporter aux tableaux suivants (§ 462 à 464), qui ne sont pas destinés à être appris systématiquement.

## 462. QUANTITÉ DE QUELQUES MOTS USUELS :

- PRONOMS PERSONNELS — les monosyllabes sont longs : **tū, mē, tē, sē, nōs, vōs**
  — autres formes : **ĕgŏ, mĭhĭ, tĭbĭ, sĭbĭ, nōbīs, vōbīs**
- ADJECTIFS : Comparatif : **ĭŏr, ĭŭs** ; gén. **ĭōrĭs**. Superlatif : **-īssĭmŭs, īllĭmŭs, ērrĭmŭs**
- ADVERBES — de manière en **-ē** (sauf **bĕnĕ, mălĕ**) et en **-ĭtĕr**
  — comparatif en **ĭŭs**, superlatif en **-īssĭmē, īllĭmē, ērrĭmē**
  — **măgĭs, mĭnŭs, ĭtă, sīc - nōn, nĕquĕ, nĕc, nē, nēvĕ**
- PRÉPOSITIONS monosyllabiques — à finale vocalique : longues : **ā, ē, dē, prō**
  — à finale consonantique : brèves : **ăb, ăd, ĭn, ŏb, pĕr, sŭb**
- CONJONCTIONS — de subord. : **ŭt, nē, sī, quŏd, quĭă, quŏnĭam** — de coord. : **ĕt, -quĕ, ātquĕ, quŏquĕ, ĕtĭam, vĕl, -vĕ, ăt, sĕd, vērō, ĕnim, tămĕn**

## 463. QUANTITÉ DES TERMINAISONS DANS LES DÉCLINAISONS :

| | 1. | 2. | 3. | 4. | 5. |
|---|---|---|---|---|---|
| SG. - N. | ă | ŭs ; ĕr, um | finales diverses | ŭs, ŭ | ēs |
| V. | ă | ĕ | | | |
| AC. | am | um | em, im | um, ŭ | em |
| G. | āe | ī | ĭs | ūs | ĕī, ĭēī |
| D. | āe | ō | ī | ŭī | ĕī, ĭēī |
| AB. | ā | ō | ĕ, ī | ū | ē |
| PL. - N.V. | āe | ī ; ă | ēs, ă, ĭă | ūs, ŭă | ēs |
| AC. | ās | ōs | | | |
| G. | ārum | ōrum | ĭum, um | ŭum | ērum |
| D.A. | īs | īs | ĭbŭs | ĭbŭs, ŭbŭs | ēbus |

## 464. QUANTITÉ DES TERMINAISONS VERBALES :

| | | | |
|---|---|---|---|
| INDICATIF | PRÉSENT | A | **Am-ō, ās, ăt, āmŭs, ātĭs, ānt - Mon-ĕō, ēs, ĕt, ēmŭs, ētĭs, ēnt** |
| | | | **Leg-ō / Cap-ĭō : ĭs, ĭt, ĭmŭs, ĭtĭs ; ŭnt / ĭŭnt - Aud-ĭō, īs, ĭt, īmŭs, ītĭs, ĭŭnt** |
| | | P | **Am-ŏr, ārĭs, (ārĕ), ātŭr, āmŭr, āmĭnī, āntŭr** |
| | | | **Mon-ĕŏr, ērĭs (ērĕ), ētŭr, ēmŭr, ēmĭnī, ēntŭr** |
| | | | **Leg-ŏr (Cap-ĭŏr), ĕrĭs (ĕrĕ), ĭtŭr, ĭmŭr, ĭmĭnī, ŭntŭr (ĭŭntŭr)** |
| | | | **Aud-ĭŏr, īrĭs (īrĕ), ītŭr, īmŭr, īmĭnī, ĭŭntŭr** |
| | IMPF. | A | **āb-am, ēb-am, ās, ăt, āmŭs, ātĭs, ānt** |
| | | P | **āb-ăr, ēb-ăr, ārĭs (ārĕ), ātŭr, āmŭr, āmĭnī, āntŭr** |
| | FUTUR | A | **āb-ō, ēb-ō, ĭs, ĭt, ĭmŭs, ĭtĭs, ūnt - am, ēs, ĕt, ēmŭs, ētĭs, ēnt** |
| | | P | **āb-ŏr, ēb-ŏr, ĕrĭs (ĕrĕ), ĭtŭr, ĭmŭr, ĭmĭnī, ūntŭr** |
| | | | **ăr, ērĭs (ērĕ), ētŭr, ēmŭr, ēmĭnī, ēntŭr** |
| | PARFAIT | A | **ī, īstī, ĭt, ĭmŭs, īstĭs, ērūnt (ĕrūnt, ērĕ)** |
| | P.-Q.-P. | A | **ĕr-am, ās, ăt, āmŭs, ātĭs, ānt** - F.A. [A] **ĕr-ō, ĭs, ĭt, ĭmŭs, ĭtĭs, ĭnt** |
| SUBJONCTIF | PRÉSENT | A | **am, ās, ăt, āmŭs, ātĭs, ānt** (Même quantité pour les formes à voyelle **i** ou **e**) |
| | | P | **ăr, ārĭs (ārĕ), ātŭr, āmŭr, āmĭnī, āntŭr** (Même quantité pour les formes à voyelle **i** ou **e**) |
| | IMPF. | A | **rem, rēs, rĕt, rēmŭs, rētĭs, rēnt** |
| | | P | **rĕr, rērīs (rērĕ), rētŭr, rēmŭr, rēmĭnī, rēntŭr** |
| | PARFAIT | A | **ĕr-im, ĭs, ĭt, ĭmŭs, ĭtĭs, ĭnt** |
| | P.-Q.-P. | A | **īs-sem, sēs, sĕt, sēmŭs, sētĭs, sēnt** |

| | | | |
|---|---|---|---|
| IMPÉRATIF | PRÉSENT | A | **Am-ā, ātĕ - Mon-ē, ētĕ - Leg-ĕ (Cap-ĕ), ĭtĕ - Aud-ī, ītĕ** |
| INFINITIF | PRÉSENT | A | **ārĕ - ērĕ - ĕrĕ - īrĕ** |
| | PARFAIT | A | **īssĕ** |
| INFINITIF | PRÉSENT | P | **ārī - ērī - ī - īrī** |
| PARTICIPE | FUTUR | A | **ūrŭs, ă, um** |

# B. métrique

465. LE PIED est l'élément le plus simple envisagé par la métrique. Il est formé d'une succession déterminée de syllabes longues ou brèves (chaque longue vaut deux brèves). Chaque pied constitue une unité musicale.

Les principaux pieds sont :

| | | | | | |
|---|---|---|---|---|---|
| le **spondée** | : — — | ♩ ♩ | le **trochée** | : — U | ♩ ♪ |
| le **dactyle** | : — U U | ♩ ♪ ♪ | l'**iambe** | : U — | ♪ ♩ |
| l'**anapeste** | : U U — | ♪ ♪ ♩ | le **tribraque** | : U U U | ♪ ♪ ♪ |

466. LE VERS est formé par un assemblage de pieds.

- **La syllabe finale d'un vers est indifférente** : elle peut être longue ou brève (pratiquement, même si elle est brève, elle se trouve allongée par la pause qui marque la fin du vers).
- Le vers comporte des **temps forts** [ ▼ ], indépendants de l'accent tonique du mot, et des **temps faibles**.
- Généralement, le vers comporte un ou plusieurs temps d'arrêt, les **coupes**.
- **Scander** un vers, c'est le dire à haute voix en marquant la quantité des syllabes, les temps forts et les coupes.

467. L'HEXAMÈTRE DACTYLIQUE.

C'est le vers le plus employé de la poésie latine. Il comprend :

| 4 dactyles ou spondées | | | | + 1 dactyle | + 1 spondée (ou trochée) |
|---|---|---|---|---|---|
| ▼— U U<br>▼— — | ▼— U U<br>▼— — | ▼— U U<br>▼— — | ▼— U U<br>▼— — | ▼— U U | ▼— U̲ |
| 1 | 2 | 3 | 4 | 5 | 6 |

La **coupe principale (césure)** se trouve généralement après le troisième temps fort :

Ūt dē|sīnt vī|rēs, ‖ tămĕn | ēst lāu|dāndă vŏ|lūntās.

*A supposer que manquent les forces, il n'en faut pas moins louer l'intention.*

▶ MÉTHODE PRATIQUE POUR SCANDER UN HEXAMÈTRE :

1. Noter les élisions.
2. Isoler le 5ᵉ et le 6ᵉ pieds : — U U | — U̲
3. Indiquer dans les quatre premiers pieds la quantité des syllabes que l'on connaît grâce aux règles de prosodie.
4. Même si l'on ignore la quantité de quelques syllabes, on voit généralement alors sans difficulté comment les syllabes se répartissent entre les quatre premiers pieds.

1. Clarescunt sonitus armorumqu[e] ingruit horror.
2. Clarescunt sonitus armorum|qu[e] īngrŭĭt | hōrrŏr.
3. Clarēscūnt sonitus ārmorūm|qu[e] īngrŭĭt | hōrrŏr.
4. Clārēs|cūnt sŏnĭ|tūs ār|mōrūm|qu[e] īngrŭĭt | hōrrŏr.

*Les bruits deviennent plus distincts et l'horrible fracas des armes se rapproche.*

## 468. LE PENTAMÈTRE DACTYLIQUE

Il se compose de 6 pieds dont le 3ᵉ et le 6ᵉ sont catalectiques (ou incomplets : ils ne comportent qu'une syllabe). Il se compose de deux éléments selon le schéma suivant :

| 1ᵉʳ ÉLÉMENT | | | coupe | 2ᵉ ÉLÉMENT | | |
|---|---|---|---|---|---|---|
| — U U / — — | — U U / — — | — | ‖ | — U U | — U U | U̲ |
| 1 | 2 | 3 | | 4 | 5 | 6 |

Le pentamètre dactylique ne s'emploie jamais seul ; il est toujours groupé avec un hexamètre dactylique pour former un **distique élégiaque** (Catulle, Tibulle, Properce, Ovide).

| | | |
|---|---|---|
| Dōnĕc ĕ\|rīs fē\|līx, ‖ mūl\|tōs nŭmĕ\|rābĭs ă\|mīcōs. | hexamètre | distique |
| Tēmpŏră \| sī fŭĕ\|rīnt ‖ nūbĭlă, \| sōlŭs ĕ\|rĭs. | pentamètre | |

*Aussi longtemps que tu seras heureux, tu compteras de nombreux amis.*
*Mais si le temps devient sombre, tu seras seul.*

▶ Les débutants utiliseront pour scander le pentamètre la même méthode que pour l'hexamètre (cf. § 467). Les pieds à isoler seront les quatre derniers :

— ‖ — U U | — U U | U̲

## 469. AUTRES VERS

1. **vers iambiques** : pied fondamental : l'**iambe** (U —). Mais, sauf au dernier pied, de nombreuses substitutions sont possibles : tribraque (U U U), spondée (— —), anapeste (U U —), dactyle (— U U).

   — iambique **sénaire**
   — iambique **septénaire** } voir LES LETTRES LATINES, page 29.
   — iambique **octonaire**

2. **vers trochaïques** : pied fondamental : le **trochée** (— U). Mais les mêmes substitutions sont possibles que dans les vers iambiques :

   — trochaïque **septénaire**
   — trochaïque **octonaire** } voir LES LETTRES LATINES, page 29.

3. **vers logaédiques** ou **lyriques** (Horace) : voir LES LETTRES LATINES, p. 634-635.

## 470. REMARQUE SUR L'UTILITÉ PRATIQUE DE LA SCANSION :

La scansion permet de sentir le rythme des vers. Mais elle peut aussi avoir une utilité pratique, en permettant de distinguer des formes qui prêtent à confusion :

**rosă** (nominatif) - **rosā** (ablatif)
**dŭci** (de dux) - **dūci** (de duco)
**rĕgis** (de rego) - **rēgis** (de rex)
**lĕgit** (présent) - **lēgit** (parfait)
**vĕnit** (présent) - **vēnit** (parfait)
**lĕvis** *(léger)* - **lēvis** *(lisse)*

**jacĕre** *(jeter)* - **jacēre** *(être étendu)*
**occĭdere** *(tomber)* - **occīdere** *(tuer)*
(et autres composés de **cădere** et **cāedere**)
**ŭti** (conj. de sub.) - **ūti** (de utor)
**quŏque** *(aussi)* - **quōque** (et quō ou abl. de **quisque**)

# tableaux récapitulatifs

471. **CUM**

**A. Préposition** + ABLATIF : *avec* (accompagnement, parfois **manière** § 256)

Cum amíco cenábam. *Je dînais avec un ami.*
Bellum gérĕre cum áliquo. *Faire la guerre à quelqu'un.*
Cum curā. *Avec soin.*

**B. Conjonction de subordination**

**1.** + INDICATIF : sens essentiel : ***quand*** (§ 379)

- *au moment où, quand, lorsque* (fait unique)
  Cum Caesar in Gálliam venit, factiónes erant.
  *Quand César vint en Gaule, il y avait des partis rivaux.*
- *chaque fois que, quand, lorsque* (répétition)
  Cum nóctua cecínerat, multi pavébant.
  *Chaque fois qu'une chouette criait, beaucoup de gens avaient peur.*

**2.** + SUBJONCTIF : sens essentiel : ***comme*** (§ 380)

- *comme, alors que,* ou traduction par un participe
  Cum Athénae florérent, nímia libértas civitátem míscuit.
  *Alors qu'Athènes était florissante, la liberté excessive mit le désordre dans la cité.*
  Alexánder, cum Clitum interfecísset, magnitúdinem facínoris perspéxit.
  *Après avoir tué Clitus, Alexandre reconnut la grandeur de son crime.*
- *puisque* (cause - § 387)
  Cum id cúpias, máneo. *Puisque tu le désires, je reste.*
- *bien que, quoique, alors que* (concession, opposition - § 393)
  Cum absit a culpā, accusátur. *Bien qu'il soit innocent, il est accusé.*

CORRÉLATION

**TUM... CUM**

a) + INDIC. : ⟨*alors*⟩... *quand*
b) + SUBJ. : ⟨*alors*⟩... *comme* (rare)

**CUM... TUM**

**1.** construction ci-contre inversée (§ 379)
a) + INDIC. : *quand... alors*
b) + SUBJ. : *comme... alors* (rare)
**2. liaison symétrique** (§ 260)
*non seulement... mais surtout,*
*en général... en particulier*
Consília cum ómnibus, tum mihi grata.
*Des projets agréables à tous, et en particulier à moi.*

472. **QUANDO**

**A. Adverbe de temps**

- **interrogatif** (interrogation directe (§ 249) et indirecte (§ 364) : *quand*
- **indéfini** (= aliquándo) : *un jour*
  (utilisé après **si, nisi, ne, num, cum** (répétition), **dum**, un relatif)

**B. Conjonction de subordination** + INDICATIF : *puisque* (§ 385)

► Rare et peu classique comme conj. de sub. de temps *(quand, lorsque).*

473. **UT (UTI)**

**A. Adverbe interrogatif-exclamatif :** *comment... ? comme... !* (§ 249)
(interrogation directe et indirecte)

**B. Conjonction de subordination**

1. + INDICATIF

- temps : *quand, lorsque* (§ 378) ► **ut primum :** *dès que, aussitôt que.*
  Haec ut dixit, ábiit. *Quand il eut dit cela, il partit.*
- comparaison : *de même que, ainsi que, comme* (§ 415)
  ► CORRÉLATION : cf. ci-dessous
  Est ut dicis. *C'est comme tu le dis* - Ut fit : *comme il arrive.*
- cause : *vu que, étant donné que* (§ 386)
  Magnífice, ut erat copiósus, convívium apparávit.
  *Étant donné qu'il était fort riche, il fit préparer le festin de façon somptueuse.*

2. + SUBJONCTIF

- prop. sujet, objet, apposition : *que, à savoir que* (§ 355 à 357)
  objet (négation **ne**) : Suádeo tibi ut legas. *Je te conseille de lire.*
  sujet (nég. **ut non**) : Saepe áccidit ut errémus. *Il arrive souvent que nous nous trompions.*
  apposition : Istum in eam opiniónem addúxi ut... putáret.
  *Je l'ai amené à cette opinion, ⟨à savoir⟩ qu'il pense...*
- but (nég. **ne**) : *pour que, afin que (pour, afin de)* (§ 404)
  Audi ut discas. *Écoute pour apprendre.*
- conséquence (nég. **ut non**) : *de telle sorte que, si bien que, dans des conditions telles que* (§ 410 à 412)
  ► CORRÉLATION : cf. ci-dessous.
  Tam prudens est hic homo ut décipi non possit.
  *Cet homme est si avisé qu'on ne peut le tromper*
- concession (+ supposition) : *en admettant que, à supposer que* (§ 395)
  Ut desint vires, tamen est laudánda volúntas.
  *A supposer que manquent les forces, il n'en faut pas moins louer l'intention.*

**C. Emplois particuliers :**

+ PARTICIPE : *étant donné que, dans la pensée que* (§ 375, R.)
+ RELATIF : ut qui + SUBJONCTIF : *étant donné qu'il, puisqu'il* (§ 426, 3)

**CORRÉLATION**

**ITA (SIC)... UT**

**1.** + INDICATIF : comparaison (§ 416)

*⟨ainsi⟩... que - (—)... comme*

Ita metes ut seméntem fácies (féceris).
*Tu moissonneras comme tu auras semé.*

**2.** + SUBJONCTIF : conséquence (§ 411)

*si, tellement, à tel point, de telle sorte* } *...que*

**UT... ITA (SIC)**

+ INDICATIF : comparaison (§ 417)
*de même que... de même - comme... ainsi*

Ut seméntem fácies (féceris), ita metes.
*Comme tu auras semé, tu moissonneras.*

► nuance d'opposition (§ 417)
Haec via ut brévior, ita aspérior est.
*Si cette route est plus courte, en revanche elle est plus rude.*

► proportion (§ 423, R.) :
**ut quisque** + superl... **ita (sic)** + superl.
Ut quisque doctíssimus, ita modestíssimus est.
*Plus on est savant, plus on est modeste.*

474. **NĒ**

**A. Adverbe de négation** : *ne... pas*

1. dans la locution **ne... quidem** : *ne... pas même, ne... pas non plus* **(§ 244)**
2. dans les indépendantes et les princ. de **défense, souhait, regret (§ 322, 323)**

| | | |
|---|---|---|
| Ne hoc faciámus. | Ne hoc féceris. | Útinam ne pauper sim! |
| *Ne faisons pas ceci.* | *Ne fais pas ceci.* | *Puissé-je ne pas être pauvre!* |

3. dans les subordonnées par **dum, modo, dúmmodo** : *pourvu que* **(§ 403)** et les subordonnées par **ut (objet § 355 - but § 404)**

► **ut ne** est d'habitude réduit à **ne**, qui devient ainsi conjonction de subordination.

**B. Conjonction de subordination** + SUBJONCTIF

● **introduisant une complétive objet d'un verbe**

— **de volonté, souhait, prière, effort :** *que... ne... pas* **(§ 355)**

Suádeo tibi ne legas. *Je te conseille de ne pas lire.*

— **de crainte (ne :** *que... ne* **- ne... non :** *que... ne... pas* **(§ 358)**

Tímeo ne véniat. *Je crains qu'il ne vienne.* Tímeo ne non véniat. *Je crains qu'il ne vienne pas.*

— **d'empêchement :** *que... ne* **(§ 359)**

Impédio ne proficiscátur. *Je l'empêche de partir.*

● **but :** ***pour que... ne... pas - afin que... ne... pas - de peur que*** **(§ 404)**

Hoc fecit ne poenas daret. *Il a agi ainsi de peur d'être puni.*

475. NE PAS CONFONDRE AVEC :

**A. -nĕ : particule interrogative enclitique**

● interrog. directe **(§ 250)**

Vidistíne Romam?

*As-tu vu Rome?*

● interrog. indirecte (+ **SUBJ. § 364) :** ***si***

Quaero patérne tuus vénerit.

*Je demande si ton père est venu.*

► **-nĕ** peut introduire le premier terme d'une interrogation double **(-ne... an § 251)**

**B. nē (nae)** : **adverbe d'affirmation** (rare) : ***oui, assurément***

476. **QUIN**

**A. Adverbe** — interrogatif : *pourquoi... ne... pas? que... ne...?* **(§ 249)**
— d'affirmation : **quin, quin étiam :** *bien plus, et même* **(§ 240)**

**B. Conjonction de subordination** + SUBJONCTIF : *que... ne...*
(après une principale négative ou interrogative)

— **empêchement (§ 359) :** Nihil obstat quin proficiscátur. *Rien ne l'empêche de partir.*
— **doute (§ 360) :** Non dúbito quin proficiscátur. *Je ne doute pas qu'il ne parte.*
— **conséquence négative = ut non (§ 412)**

Non tam prudens est quin décipi possit.
*Il n'est pas si avisé qu'on ne puisse le tromper.*
Harúspex harúspicem vidére non potest quin rídeat.
*Un haruspice ne peut voir un autre haruspice sans rire.*

► **nemo est quin :** *il n'y a personne qui... ne* - **quis est quin...?** *qui est-ce qui... ne...?*

## 477. QUAM

**A. Accusatif féminin singulier de pronoms-adjectifs**

1. Pronom-adjectif interrogatif : *laquelle, quelle* (§ 190)
   (interrogation directe et indirecte)
2. Pronom-adjectif relatif : *que* (§ 195) et relatif de liaison (§ 210)
3. Pronom-adjectif indéfini (enclitique[1] = áliquam) : *quelque*

**B. Adverbe de quantité**

1. interrogatif-exclamatif : *combien, comme, que* (§ 247)
   - interr.-excl. directe :
     Quam pulcher est!
     *Comme il est beau!*
   - interrog.-excl. indirecte (+ SUBJ.) :
     Vide quam pulcher sit.
     *Vois comme il est beau.*
2. corrélatif : **tam... quam** : *aussi... que* (§ 247)
   Tam pulcher quam bonus est. *Il est aussi beau que bon.*
3. devant un superlatif (avec ou sans possum) : *le plus possible* (§ 146)
   Quam máximā [potest] voce clamat. *Il crie le plus fort possible.*

**C. Conjonction de subordination** + INDICATIF : *que* (§ 138 et 418)

Dóctior quam putas. *Plus savant que tu ne le penses.*
Dóctior quam Petrus. *Plus savant que Pierre.*
Malo mori quam servíre. *J'aime mieux mourir que d'être esclave.*

► major quam pro + ABLATIF : *trop grand pour* (§ 139)
major quam qui (ut) + SUBJONCTIF : *trop grand pour que* (§ 139)

**D. Élément des conjonctions de subordination :**

ante... quam - prius... quam - post... quam - pótius... quam (§ 378, 381, 419)

## 478. QUO

**A. Adverbe de lieu** (où l'on va § 234)

1. adverbe interrogatif : *où*
   — interr. directe : Quo is? *Où vas-tu?*
   — interr. ind. + SUBJONCTIF
   Quaero quo eas. *Je demande où tu vas.*
2. adverbe relatif : [*là*] *où*
   et relatif de liaison : *et là*
3. Adv. indéfini (enclitique[1] = áliquo) :
   *vers quelque endroit, qque part*

**B. Abl. sg. masc. et neutre de pronoms-adjectifs**

1. Pr.-adj. interrogatif (§ 190)
   (interrog. directe et indirecte)
   *par qui, par lequel, par quel*
2. Pr.-adj. relatif (§ 195)
   et relatif de liaison
3. Pr.-adj. indéf. (enclitique[1] = áliquo) : *quelqu'un, quelque*

**C. Conjonction de subordination** + SUBJONCTIF

1. but (sub. avec compar. § 405) — Tace quo mélius discas. *Tais-toi pour mieux apprendre.*
2. cause : non quo : *non que* (§ 389) — Táceo non quo asséntiar, sed quod cogor. *Je me tais, non que j'approuve, mais parce que j'y suis forcé.*

CORRÉLATION

**eo** magis... **quo** magis + INDIC. (§ 422)
**(hoc)** (comp.) (comp.)
*d'autant plus... que plus*
Eo modéstior quo dóctior est.
*Il est d'autant plus modeste qu'il est plus instruit.*

**quo** magis + INDIC. **...eo** magis (§ 423)
(comp.) **(hoc)** (compar.)
*Plus . . . . . . . . . . . . . . . . plus*
Quo quis dóctior, eo modéstior est.
*Plus on est instruit, plus on est modeste.*

1. enclitique après **si, nisi, ne, num, cum** (répétition), **dum,** un relatif.

479. **QUOD**

**A. Nominatif et accusatif neutre singulier de pronoms-adjectifs :**

**1.** adjectif interrogatif : *quel* (§ 190) - interrogation directe et indirecte :

**Quod templum vidísti?** *Quel temple as-tu vu?* — **Quaero quod templum víderis.** *Je demande quel temple tu as vu.*

**2.** adjectif indéfini (enclitique = **áliquod** - cf. note 1 p. 140) : *quelque* (§ 220)

**Si quod templum vides...** *Si tu vois un temple...*

**3.** pronom (-adjectif) relatif : *qui - que* (§ 195) et relatif de liaison (§ 210)

**Age quod agis.** *Fais ce que tu fais.* **Quod cum vidísset, ábiit.** *Après avoir vu cela, il partit.*

► LOCUTIONS (quod + SUBJONCTIF) (§ 426, 2 et 4) :

**Nihil hábeo quod scribam :** *1. Je n'ai rien à écrire - 2. Je n'ai aucune raison d'écrire.*
**quid est quod?** *quelle raison y a-t-il pour que?* - **nihil est quod :** *il n'y a pas de raison que.*
**quod memínerim :** *autant que je m'en souvienne.* - **quod sciam :** *(autant) que je sache.*

**4.** explétif (en tête de phrase oratoire) dans quod si (= si), quod nisi (= nisi) (§ 401)

**B. Conjonction de subordination :**

**1.** + INDICATIF

- introduisant une complétive sujet, objet, attribut, apposition : *le fait que - quant au fait que - ⟨ à savoir ⟩ que* (§ 354)

  **Praetéreo quod probus est.** *Je passe sous silence le fait qu'il est honnête.*
  **Illum fructum cepi quod...** *J'ai retiré cet avantage, ⟨ à savoir ⟩ que...*

- cause : *parce que* (§ 388, 390)

  **Táceo quod cogor.** *Je me tais parce que j'y suis forcé.* — **Dóleo quod mórtuus est.** *Je m'afflige parce qu'il est mort.*

**2.** + SUBJONCTIF

- cause : *sous prétexte que, parce que, dis-tu, dit-il, dit-on...* (§ 388)

  **Sócrates accusátus est quod juventútem corrúmperet.**
  *Socrate fut accusé de corrompre la jeunesse.*

  non quod : *non que* (§ 389) : **Táceo, non quod asséntiar, sed quod cogor.** *Je me tais, non que j'approuve, mais parce que j'y suis forcé.*

- avec un verbe de sentiment : *à la pensée que* (§ 390)

  **Gaúdeo quod tibi profúerim.** *Je me réjouis à la pensée de t'avoir été utile.*

CORRÉLATION

**eo - hoc - ídeo - idcírco - proptérea... quod** + INDICATIF (§ 391)
*pour cette raison précisément que*

**eo (hoc, tanto)** magis (ou comparatif) **...quod** + INDICATIF : *d'autant plus... que*

**Eo modéstior [est] quod doctus est.** *Il est d'autant plus modeste qu'il est instruit.*

480. **UBI**

**A. Adverbe de lieu** (lieu où l'on est, § 234 et 235)

— interrogatif : *où* (interrogation directe et indirecte)
— relatif : [*là*] *où* et relatif de liaison : (et) *là*

**B. Conjonction de subord.** + INDIC. : *quand, lorsque* ► ubi primum : *dès que*

# liste récapitulative des exemples-types

***(circulaire ministérielle du 20 août 1979)***

## LE NOM

### — apposition

Urbs Roma. *La ville de Rome.* ....... 33

### — complément du verbe

Amo patrem. *J'aime mon père.* ..... 34

Dóceo púeros grammáticam .... 35
*J'enseigne la grammaire aux enfants.*

Id stúdeo. *Je m'applique à cela.* ..... 56

Beneficiórum mémini .......... 38
*Je me souviens des bienfaits.*

Me paénitet erróris mei ........ 304
*Je me repens de mon erreur.*

Est hóminis ratiónem sequi.. 97, 270
*C'est le propre de l'homme de suivre la raison.*

Vires mihi desunt ............. 39
*Les forces me manquent.*

Stúdeo amicítiae .............. 39
*Je recherche l'amitié.*

Do panem fratri............... 45
*Je donne du pain à mon frère.*

Mihi est liber. *J'ai un livre.* ....... 49

Hoc erit tibi dolóri ............ 51
*Ceci te causera de la douleur.*

Feríre gládio. *Frapper avec une épée..* 52

Fame intériit. *Il est mort de faim....* 53

Utor memóriā. *J'utilise ma mémoire..* 40

Abúndat divítiis, nullā re caret .. 40
*Il regorge de richesses,*
*il ne manque de rien.*

Magnā voce clamat. *Il crie fort.....* 45

Cum amíco cenábam .......... 55
*Je dînais avec un ami.*

Ámbulat in horto ............. 61
*Il se promène dans le jardin.*

Natus est Athénis ............. 61
*Il est né à Athènes.*

Sum Lugdúni. *Je suis à Lyon.* ...... 61

Venit in hortum .............. 62
*Il vient dans le jardin.*

Eo Lutétiam. *Je vais à Lutèce.* ...... 62

Victi sunt cónsules ad (apud) Cannas...................... 72
*Les consuls furent vaincus près de Cannes.*

Rédeo ex urbe. *Je reviens de la ville..* 63

Rédeo Romā. *Je reviens de Rome....* 63

Iter feci per Gálliam ........... 64
*Je suis passé par la Gaule.*

Ibam viā Sacrā ............... 64
*J'allais par la voie Sacrée.*

Accépi lítteras a patre ......... 76
*J'ai reçu une lettre de mon père.*

Tértiā horā véniet ............ 79
*Il viendra à la troisième heure.*

Tres annos regnávit ........... 83
*Il a régné pendant trois ans.*

Quartum jam annum regnat .... 84
*Il règne depuis trois ans.*
*Il y a trois ans qu'il règne.*

Amor a patre ............... 90
*Je suis aimé par (de) mon père.*

Maeróre confícior ............. 90
*Je suis accablé de chagrin.*

Mihi colénda est virtus ..... 90, 345
*Je dois pratiquer la vertu.*
*Il faut que je pratique la vertu.*

***Les chiffres renvoient aux numéros des paragraphes***

***Les chiffres renvoient aux numéros des paragraphes***

## LE VERBE

**Pugnátur. - Pugnándum est** .... 308
*On combat. — Il faut combattre.*

**Scriptúrus sum** ................ 334
*Je suis sur le point d'écrire.*
*Je vais écrire.*

**Urbem captam hostis dirípuit** ... 335
*Après avoir pris la ville, l'ennemi la pilla.*
*L'ennemi prit la ville et la pilla.*

**Angébat Hamílcarem amíssa Sicília** ........................ 336
*La perte de la Sicile serrait le cœur d'Hamilcar.*

**Cúpidus legéndi** .............. 343
*Désireux de lire.*

**Cúpidus legéndi históriam** ..... 346
**Cúpidus legéndae históriae** .... 346
*Désireux de lire l'histoire.*

**Eo lusum** ..................... 344
*Je viens [pour] jouer.*

**Res jucúnda audítu** ............ 344
*Une chose agréable à entendre.*

**Noli hoc fácere** .............. 322
**Ne hoc féceris** .......... 244, 322
*Ne fais pas ceci.*

**Ne hoc faciámus** .............. 322
*Ne faisons pas ceci.*

**Quid fáciam ?** ................. 325
*Que faut-il que je fasse? Que faire?*

**Quid fácerem ?** ............... 325
*Que pouvais-je faire?*

**Útinam dives sim !** ............ 323
*Puissé-je être riche!*

**Útinam dives essem !** .......... 323
*Ah! si seulement j'étais riche!*

**Útinam dives fuíssem !** ......... 323
*Ah! si seulement j'avais été riche!*

## LA PHRASE

### • proposition infinitive

**Scio vitam esse brevem** ........ 349
*Je sais que la vie est courte.*

**Dicunt Homérum caecum fuísse** 230
**Homérus dícitur caecus fuísse** 124, 309
*On dit qu'Homère fut aveugle.*

### • subordonnée conjonctive objet

**Suádeo tibi ut legas (ne legas)** ... 355
*Je te conseille de (de ne pas) lire.*

**Tímeo ne véniat** ............... 358
*Je crains qu'il ne vienne.*

**Tímeo ne non véniat** ........... 358
*Je crains qu'il ne vienne pas.*

**Impédio ne proficiscátur** ....... 359
*Je l'empêche de partir.*

### • subordonnée interrogative indirecte

**Quaero quis vénerit** ........... 363
*Je demande qui est venu.*

**Quaero num pater tuus vénerit** 364
**Quaero venerítne pater tuus** .. 364
*Je demande si ton père est venu.*

### • subordonnée participiale (abl. absolu)

**Pártibus factis, verba fecit leo** .. 374
*Les parts ayant été faites, le lion parla.*

**Ciceróne cónsule** ............. 376
*Sous le consulat de Cicéron...*

### • subordonnée conjonctive complément circonstanciel

#### — de temps

**Haec ubi (ut) dixit, ábiit** ....... 378
*Quand il eut dit cela, il partit.*

**Haec postquam dixit, ábiit** ..... 378
*Après qu'il eut dit cela, il partit.*

**Cum Caesar in Gálliam venit, factiónes erant** .................. 379
*Quand César arriva en Gaule, il y avait des partis rivaux.*

**Res ita se habébant ántequam in Sicíliam veni** ................ 381
*Telle était la situation avant le moment où je vins en Sicile.*

**Donec eris felix, multos numerábis amícos** .................. 381
*Aussi longtemps que tu seras heureux, tu compteras de nombreux amis.*

**Exspécta dum redíero** ......... 381
*Attends mon retour.*

*Les chiffres renvoient aux numéros des paragraphes*

Dum quaerit escam, margarítam répperit gallus . . . . . . . . . . . . . . . . 382
*Pendant qu'il cherchait sa nourriture, le coq trouva une perle.*

Cum Athénae florérent, nímia libértas civitátem míscuit . . . . . . 380
*Alors qu'Athènes était florissante, la liberté excessive mit le désordre dans la cité.*

Alexánder, cum Clitum interfecísset, magnitúdinem facínoris perspéxit. . . . . . . . . . . . . . . . . . . . . . 380
*Après avoir tué Clitus, Alexandre reconnut la grandeur de son crime.*

Ántequam agátis, cogitáte . . . . . . 383
*Réfléchissez avant d'agir.*

Exspécta dum rédeam . . . . . . . . . 383
*Attends jusqu'à ce que je revienne.*

— de cause

Quóniam id cupis, máneo . . . . . 385
Cum id cúpias, máneo . . . . . . . . 387
*Puisque tu le désires, je reste.*

Sócrates accusátus est, quod juventútem corrúmperet . . . . . . . 388
*Socrate fut accusé de corrompre la jeunesse.*

— de but

Audi ut discas . . . . . . . . . . . . . . . . 404
*Écoute pour apprendre.*

Hoc fecit ne poenas daret . . . . . . 404
*Il a agi ainsi de peur d'être puni.*

Tace quo mélius discas . . . . . . . . 405
*Tais-toi pour mieux apprendre.*

— de concession

Quanquam abest a culpā, accusátur . . . . . . . . . . . . . . . . . . . . . . 392
Cum absit a culpā, accusátur . . 393
*Bien qu'il soit innocent, il est accusé.*

Quamvis cállidus sis, tamen decéptus es . . . . . . . . . . . . . . . . . . . . 394
*Quelque rusé que tu sois, tu t'es cependant laissé prendre.*

Ut desint vires, tamen est laudánda volúntas . . . . . . . . . . . . . . . 395
*A supposer que manquent les forces, il n'en faut pas moins louer l'intention.*

— de condition

Si sunt dii, sunt boni . . . . . . . . . . 398
*Si les dieux existent, ils sont bons.*

Si hunc librum leges (légeris), laetus ero . . . . . . . . . . . . . . . . . . . . . . 398
*Si tu lis ce livre, je serai content.*

Si vénias, laetus sim . . . . . . . . . . . 399
*Si tu venais, je serais content.*

Si venímes, laetus essem . . . . . . . . 399
*Si tu venais, je serais content.*

Si venísses, laetus fuíssem . . . . . . 399
*Si tu étais venu, j'aurais été content.*

Óderint, dum métuant . . . . . . . . 403
*Qu'ils haïssent pourvu qu'ils craignent.*

— de conséquence

Tam prudens est hic homo ut décipi non possit . . . . . . . . . . . . . 411
*Cet homme est si avisé qu'on ne peut le tromper.*

— de comparaison

Ut seméntem { fácies, / féceris, } ita metes 417
*Comme tu { sèmeras, / auras semé, } tu moissonneras.*

Qualis pater, talis fílius. . . . 214, 421
*Tel père, tel fils.*

Quo quis dóctior, eo modéstior est 423
*Plus on est savant, plus on est modeste.*

Dóctior quam putas . . . . . . 138, 418
*Plus savant que tu ne le penses.*

**• subordonnée relative**

Misit legátos qui pacem péterent 426
*Il envoya des ambassadeurs pour demander la paix.*

Is est quem omnes admiréntur . . 426
*C'est un homme tel que tous l'admirent.*

Dignus est qui ímperet . . . . . . . . 426
*Il est digne de commander.*

Sunt qui sciant . . . . . . . . . . . . . . . 426
*Il y a des gens qui savent.*

***Les chiffres renvoient aux numéros des paragraphes***

## RÉPERTOIRE ALPHABÉTIQUE DES EXEMPLES-TYPES

*(circulaire ministérielle du 20 août 1979)*



*Les chiffres renvoient aux numéros des paragraphes*

*Cet ouvrage constitue l'abrégé du*

**PRÉCIS DE GRAMMAIRE DES LETTRES LATINES**

(mêmes auteurs, même éditeur, 210 pages)

*que vous pourrez éventuellement consulter pour avoir plus de détails*

# index alphabétique

*Les chiffres renvoient aux numéros des paragraphes*

## D

## Q

## T

# table des matières

*Les chiffres renvoient aux numéros des pages*

***Cet ouvrage constitue l'abrégé du***
**PRÉCIS DE GRAMMAIRE DES LETTRES LATINES**
(mêmes auteurs, même éditeur, 210 pages)
***que vous pourrez éventuellement consulter pour avoir plus de détails***



I.M.E. - 25-Baume-les-Dames - Dépôt légal Septembre 1986 - N° éditeur 7198

**Timgad** : vue aérienne *Ph. Ray-Delvert*